教育部人文社会科学研究规划基金项目（12YJA710073）
河北省社会科学基金项目（HB14WT029）
河北省燕赵文化英才资助项目（2014YZWHYCGCZZ021）
河北省高等学校人文社会科学研究项目（BJ2014070）

U0731626

SURVEY REPORT OF THE POST-90´S
UNDERGRADUATES´ SENSE
OF SOCIAL RESPONSIBILITY

90后大学生社会责任感调查报告

魏娜◎著

知识产权出版社

全国百佳图书出版单位

图书在版编目（CIP）数据

90 后大学生社会责任感调查报告/魏娜著. —北京：知识产权出版社，2015.6
ISBN 978 - 7 - 5130 - 3519 - 4

Ⅰ.①9… Ⅱ.①魏… Ⅲ.①大学生—社会责任—责任感—研究报告—中国
Ⅳ.①G641.7

中国版本图书馆 CIP 数据核字（2015）第 115372 号

责任编辑：李　潇　　　　　　　　　责任校对：韩秀天
封面设计：李志伟　　　　　　　　　责任出版：刘译文

90 后大学生社会责任感调查报告

魏　娜　著

出版发行：知识产权出版社 有限责任公司　　网　　址：http：//www.ipph.cn
社　　址：北京市海淀区马甸南村 1 号　　　　邮　　编：100088
责编电话：010-82000860 转 8133　　　　　　责编邮箱：lixiao@ cnipr.com
发行电话：010-82000860 转 8101/8102　　　 发行传真：010-82000893/82005070/82000270
印　　刷：北京科信印刷有限公司　　　　　　经　　销：各大网上书店、新华书店及相关专业书店
开　　本：787mm×1092mm　1/16　　　　　　印　　张：14.25
版　　次：2015 年 6 月第 1 版　　　　　　　　印　　次：2015 年 6 月第 1 次印刷
字　　数：271 千字　　　　　　　　　　　　定　　价：68.00 元
ISBN 978 -7 -5130 -3519 -4

关于加强大学生社会责任教育的思考（代序）

　　社会主义核心价值观是我们党凝聚全党全社会价值共识作出的重要论断，培育和践行社会主义核心价值观是我国面向未来发展的凝魂聚气、强基固本的基础工程、战略工程。"青年的价值取向决定了未来整个社会的价值取向，而青年又处在价值观形成和确立的时期，抓好这一时期的价值观养成十分重要。"习近平总书记在2014年五四青年节时的重要讲话中，深刻阐述了青年价值取向和价值观养成的极端重要性，明确指出这一基础工程、战略工程的重中之重在于青年。大学生是青年中的优秀分子，其价值观养成具有独特的阶段性、鲜明的时代性和内在的规律性。面对世界范围思想文化交流交融交锋形势下价值观较量的新态势，面对改革开放和发展社会主义市场经济条件下思想意识多元多样多变的新特点，抓好大学生社会主义核心价值观教育是高校落实立德树人根本任务的核心要求，任务十分艰巨而紧迫。

　　责任人人有，是人之为人的标志；责任担当只有大小之别，没有有无之分。要"使社会主义核心价值观无处不在、无时不有"，就必须在贯穿结合融入上下功夫，努力实现工作全领域覆盖、全方位推进，使之落实到各个领域、行业、部门和单位的每一个人，落实到每一个人在日常学习、工作、生活中的社会责任担当之中。大学生社会责任感不仅仅是一种内在、静态的心理状态、自觉意识、情感体验或素质，更是大学生对社会责任的深刻认知、特殊情感认同和负责任的行动❶，是大学生发展核心素养之一，是大学生培育和践行社会主义核心价值观的重要体现，是高校人才培养质量的重要标志。就大学生而言，培育和践行社会主义核心价值观是他们对国家、对社会、对个人的社会责任，大学生对社会主义核心价值观的认知、认同和践行，必然符合他们对社会责任认知、认同和践行的教育和实践规律，必然离不开大学生社会责任教育。大学生社会责任教育是高校有

<hr />

　　❶ 魏进平，冯石岗. 大学生社会责任感的形成机理和提高策略［J］. 河北师范大学学报（哲学社会科学版），2013（4）：153－160.

目的、有计划地通过提高大学生的社会责任认知水平、丰富大学生的社会责任情感认同、强化大学生的社会责任担当，从而培养大学生社会责任感的教育活动。加强大学生责任教育对于我国高校适应国际教育发展大势，贯彻落实教育重大决策部署和习近平总书记系列重要讲话精神，培育和践行社会主义核心价值观，具有重大意义。

一、适应国际教育发展大势的客观需要

20世纪70年代以后，美国社会提出了"责任公民"的概念，其主要内涵是要承认他人享有法律上规定的各种权利的责任，遵守各种规则，信守诺言的责任。❶ 进入21世纪，美国高校责任教育的核心为"国家责任"教育，要求学生要自觉地为国家安全及国家利益服务。英国公民责任教育的基本方式是由公民教育的国家课程、跨学科的主题模式、参与学校与社区活动等组成。❷ 德国在《联邦德国教育总法》规定："学校的德育目标是培养学生对自己行为的责任感，包括对涉及他人、社会及自然环境的行为的责任心。""培养学生在一个自由、民主和福利的法律社会中……对自己的行为有责任感"❸ 在法国，社会责任教育主要是加强大学生的爱国教育、道德教育、公民教育和生计教育。新加坡高校在道德培养的课程内容方面开设公民课，其教学内容涉及到个人与修养、家庭、学校、社会和国家之间的关系，不同的学习阶段进行不同教学内容的学习和实践，按照一定的层次性对学生进行培养。日本要求教育必须以陶冶人格为目标，培养出和平国家和社会的建设者，爱好真理与正义，尊重个人价值，注重劳动和责任，充满独立自主精神的身心健康的国民，建立了由学校、家庭和社会共同负责的德育体制。

国际组织也非常重视学生的责任教育。1972年，联合国科教文组织将使每个人承担起包括道德责任在内的一切责任确定为教育发展的方向之一。1989年该组织将"面向21世纪的教育"国际研讨会的主题确定为"学会关心"，呼吁一种道德关怀与道德责任；1998年该组织在首次世界高等教育大会明确提出把"负责任"作为高等教育培养的人才的重要素质。2012年3月世界经济合作与发展组织（OECD）发表的《为21世纪培育教师提高学校领导力：来自世界的经验》报告，也将担当社会责任作为了21世纪学生必须掌握的

---

❶ 张宗海. 西方主要国家的高校学生责任教育与启示 [J], 高教探索, 2002 (3): 371.

❷ 檀传宝. 公民教育引论：国际经验、历史变迁与中国公民教育的选择 [M]. 北京：人民出版社, 2011.

❸ 陆芸. 73.2%受访者觉大学生社会实践存流于形式现象 [N]. 中国青年报, 2012 – 05 – 19.

"生活技能"之一。

二、贯彻落实教育重大决策部署和习近平总书记系列重要讲话精神的现实要求

进入新世纪以来，党和国家越来越重视大学生社会责任教育。2001 年 10 月，中共中央颁布的《公民道德建设实施纲要》强调"引导每一个公民自觉履行宪法和法律规定的各项义务，积极承担自己应尽的社会责任"。2004 年中共中央、国务院《关于进一步加强和改进大学生思想政治教育的意见》指出，要使大学生"正确认识社会发展规律，认识国家的前途命运，认识自己的社会责任"。2010 年国家中长期教育改革和发展规划纲要首次将"提高学生服务国家服务人民的社会责任感"增列为思想道德素质教育的着力点。2012 年党的十八大报告将教育放在民生之首，首次在党代会报告中提出"培养学生的社会责任感"。党的十八届三中全会通过的《关于全面深化改革的若干重大问题的决定》，对深化教育领域综合改革进行了部署，再次强调"增强学生社会责任感"。

习近平总书记非常关注大学生的责任担当问题。2005 年时任浙江省委书记的习近平在"同大学生谈人生"报告会上勉励大学生，要学会对自己负责，对亲人负责，对周围的人和更多的人负责，进而对民族、祖国、社会和人类负责，做一个有价值、负责任的人❶。十八大以来，习近平总书记在五四青年节座谈会讲话或给大学生的回信中，多次寄语青年大学生："历史和现实都告诉我们，青年一代有理想、有担当，国家就有前途，民族就有希望，实现我们的发展目标就有源源不断的强大力量。""中华民族伟大复兴终将在广大青年的接力奋斗中变为现实。""当代大学生是可爱、可信、可贵、可为的。""距离实现中华民族伟大复兴的目标越近，我们越不能懈怠、越要加倍努力，越要动员广大青年为之奋斗。""广大青年要勇敢肩负起时代赋予的重任，志存高远，脚踏实地，努力在实现中华民族伟大复兴的中国梦的生动实践中放飞青春梦想。""要勤于学习、敏于求知，注重把所学知识内化于心，形成自己的见解，既要专攻博览，又要关心国家、关心人民、关心世界，学会担当社会责任。"他相信"当代中国青年一定能够担当起党和人民赋予的历史重任，在激扬青春、开拓人生、奉献社会的进程中书写无愧于时代的壮丽篇章！"

我国关于学生责任教育的重大决策部署和习总书记系列讲话既高瞻远瞩又情

---

❶ 习近平：做事要吃得起苦，为人要多予宽容［EB/OL］. 人民网，2005 - 06 - 29，http：//www. people. com. cn/GB/paper40/15092/1338920. html.

真意切，既充分肯定又寄予厚望，为广大青年特别是大学生成长成才成功和广大高校教育工作者、学术界研究者推进大学生社会责任教育研究和实践提出了明确要求。

三、培育和践行社会主义核心价值观的迫切需要

大学生是社会的人，是社会成员中的优秀分子，是实现中华民族伟大复兴的中国梦今天的后备军、明天的生力军、后天的主力军。习近平总书记强调："核心价值观，其实就是一种德，既是个人的德，也是一种大德，就是国家的德、社会的德。国无德不兴，人无德不立。""青年的价值取向决定了未来整个社会的价值取向，而青年又处在价值观形成和确立的时期，抓好这一时期的价值观养成十分重要。""青年要从现在做起、从自己做起，使社会主义核心价值观成为自己的基本遵循，并身体力行大力将其推广到全社会去"。可以说，社会主义核心价值观是大学生成长成才成功的价值引领和实践要求，为大学生思想道德素质教育指明了方向。

思想道德素质教育是素质教育的灵魂，在素质教育中发挥着统帅作用，是高校教育引导大学生践行社会主义核心价值观的主要载体。大学生思想道德素质教育一般又划分为政治素质教育、道德素质教育、法制素质教育等。然而，当前大学生思想道德素质教育的实效性面临着严峻的挑战。长期以来，由于受应试教育理念陈旧化、教学内容教条化、教学方法灌输化、教学载体单一化、教学环境单纯化的负面影响，一些大学生对于政治教育有抵触心理，充耳不闻；对道德教育有厌烦心理，"希望只做普通人"；对法制教育有冷漠心理，认为"不触及法律底线就行"……现实中一些大学生对社会责任不甚了解，重个人和家庭利益，轻他人、集体和国家利益，以自我为中心、对他人和社会冷漠、考试作弊、沉溺网络、违反法律法规、充当网络水军、害己伤人等行为失范情况。这些是大学生缺乏社会责任感的具体表现，虽然不是普遍现象，但也足以使人痛心、令人惋惜、发人深思，探究根源，是其价值观出了问题。

通过大学生社会责任教育有助于将社会主义核心价值观国家、社会和个人三个层面的价值要求内化为大学生不同层面的责任认知、认同和行动，增强大学生对社会主义核心价值观的认知、认同和践行，从而把培育和践行社会主义核心价值观在高校落细落小落实，使之内化为大学生的精神追求、外化为日常学习生活中的社会责任担当。一个对国家价值目标、社会价值取向、个人价值规范清醒认识、高度认同的大学生，必定能够把对人类、对国家、对社会、对他人、对自身

的责任转化为坚定信念并时刻践行，必定会赢得社会和他人的尊重、赞誉、支持，其自身也会形成强大的内在动力使其思维更加活跃，对社会、事物的关注和观察更加敏锐，促进创新精神和实践能力的形成和提升。

四、几点建议

加强大学生社会责任教育，应坚持问题导向，理论研究和实践探索相结合，其中客观评价、准确把握大学生社会责任感现状是重要前提和基础。根据此次"全国大学生社会责任感现状调查"情况，有几点建议供各方面参考。

坚持社会责任教育的系统性。坚持大学生社会责任教育的系统性，就是要在社会主义核心价值观教育贯穿结合融入上下功夫，努力实现全领域覆盖、全方位推进，不仅体现在其社会责任认知、认同和行动各环节教育的系统性及大学生各类社会责任教育的系统性，还体现在全社会要为大学生主动承担社会责任营造良好的环境上。首先，高校各级领导干部要先学一步、学深一步，弄懂、弄通，学深、学透，把大学生社会主义核心价值观教育作为重大政治任务，摆上工作议事日程，围绕立德树人这一根本任务，面向全体学生，促进学生全面发展，全面、全程、全员实施社会责任教育，使大学生社会主义核心价值观的培育和践行贯穿人才培养、科学研究、社会服务和文化传承创新全过程中，与更新教育理念、改革课程体系、加强学风建设、完善教学公共服务体系紧密结合，融入到思想政治理论教育和专业教育各个环节，体现到教书育人、管理育人、服务育人各个方面，落实到大学生学习生活、评优资助和择业就业的日常活动之中，帮助大学生"扣好人生的第一粒扣子"。广大教师要自觉增强立德树人、教书育人的荣誉感和责任感，牢固树立中国特色社会主义理想信念、终身学习理念，增强改革创新意识，做有理想信念、道德情操、扎实学识、仁爱之心的党和人民满意的好老师，做学生主动承担社会责任的指导者和引路人，率先垂范、以身作则，使大学生学有榜样、行有示范。其次，系统推进大学生社会责任教育，使大学生感受到"真理的光芒"、体会到"真理的魅力"、拥有"真理的力量"。"晓之以理"，深化大学生对社会主义核心价值观国家价值目标、社会价值取向和个人价值准则的深刻认知，将社会主义核心价值观转变为社会责任，固化责任意识，为践行社会主义核心价值观奠定坚实的思想基础。"动之以情"。强化大学生对国家富强、民主、文明、和谐、社会民主、自由、公正、法治和个人爱国、敬业、诚信、友善的责任情感认同，将社会主义核心价值观内化为精神追求、凝聚成强大力量，为践行社会主义核心价值观提供强大的内源动力。"导之以行"。引导大学生自觉践行国家价值目标、社会价值取向和个人价值准则，在日常学习生活的责任担当中将社会主义核心价值观外化为自觉行动，形成行为习惯，落实社会主义核心价值观的价值要求。再次，各级党委政府应高度重视、真情关心、大力支持高等教育事业发展，更好地服务和帮助大学生解决实际困难，使大学生感到温暖、感到理解和支持。社会各界要关注、支持高校社会责任教育，多献科学发展之策，多做雪中送炭之事，使大学生践行社会主义核心价值观有平台、有载体、有激励。

突出社会责任教育的针对性。大学生社会责任教育不仅要坚持系统性，而且要针对大学生存在的政治责任感、学校责任感"知行倒挂"现象，加强政治责任认知教育、学校责任认知教育，有重点地把社会主义核心价值教育落到实处。首先，针对大学生在政治责任担当方面存在"知行倒挂"的情况，绝不能忽视和放松高校思想政治理论教育。高校应高度重视大学生的世情、国情、党情宣传教育，要把中国特色社会主义理论教育、中国梦宣传教育、社会主义核心价值观宣传教育和习近平总书记系列讲话宣传教育作为重大政治任务，以内容"精选"和学生"受用"为出发点和落脚点，充分发挥思想政治理论课主阵地、主渠道作用，丰富思想政治理论课教学内容，创新教学方法，不断提高实效性和针对性。高校应充分利用专业教育课堂、课外实践、志愿服务活动、道德模范、身边榜样和网络新媒体，把社会主义核心价值观在国家、社会和个人三个层面的价值要求，与大学生的社会责任紧密结合起来，与大学生的实际需求紧密结合起来，与大学生日常生活中的责任担当紧密结合起来，使社会主义核心价值观不空、不虚、不偏，真正入耳、入心、入脑，引领大学生的思想、情感和行动，从基层、从困难的地方、从党和国家需要的地方做起，建功立业，而不至于"满腔报国热情"被他人"利用"，误入歧途，害人害己。其次，切实加强学校责任认知教育，使大学生全方位、多角度、深层次地了解校情，增强学生的自豪感，更爱母校，更愿意主动为学校做贡献。切实加强宣传阵地建设。充分发挥学校报纸、广播、橱窗等传统媒介作用，广泛利用楼宇、广场墙、灯杆、道路等展示平台，宣传展示学校校史、校训、知名校友和重要活动；加强学校信息化建设和官方网站建设，提高学校网络办公、教务、科研、学生、财务、后勤等网络信息系统的适用性和实用性，实现与学生"一卡通"网络的有效衔接和信息共享、互动。提高学校各类信息的实效性、时效性。充分借助 QQ、论坛、微博、短信、飞信、微信、手机客户端等网络新媒体及时通告与学生密切相关的评优奖励、勤工助学、教室安排、教学活动、学术报告、文体活动及自习室开放、交通出行、就餐、热水、洗浴等日常生活信息。充分发挥校友作用。广泛开展"校友心里话""校友大讲堂""校友报告会""校友返校聚会"等活动，通过校友现身说法，与在校生广泛联系、密切接触，提醒在校学生珍惜大学时光、用好大学时间，用校友"教育"在校学生。再次，鉴于大学生社会责任感在性别、年级、学校、学科上存在差异，应分类、分层、分对象、分环节采取有针对性、有重点的社会责任教育，提高他们的价值观与社会主义核心价值观的符合度。如，用社会责任教育重点推动男生、低年级大学生、高职、"211"院校大学生和工科类、医学类大学生的社会主义核心价值观教育。

增强社会责任教育的实践性。实践性是社会责任教育的鲜明特点，是社会主义核心价值观落细落小落实的实践要求，也是破解大学生学习责任感、生命责任感"知行不一"现象和政治责任感、学校责任感"知行倒挂"现象的重要途径。增强社会责任教育的实践性，就是要广泛开展形式多样、丰富多彩、贴近学生学习生活实际的"责任行动在身边"实践活动，使大学生在日常生活的责任担当中践行社会主义核心价值观。首先，高校应切实加强学生工作队伍和校园文化建设。在配齐、配强大学生辅导员队伍的同时，加强培训、课题研究、挂职锻炼等工作，推进辅导员发展工作，使他们"了解自己的职责""热爱自己的职业""胜任自己的工作""钻研自己的业务"，贴近学生学习生活实际，打造出一批主题好、内容好、形式好，可推广、可复制的大学生思想政治工作载体和学生文化活动、社会实践活动，教育引导大学生从自我做起、从小事做起、从身边做起、从现在做起，担当社会责任，从基层、从困难的地方、从党和国家需要的地方做起建功立业。立足高校办学历史、学科特色及学生实际，抓住重点、打造亮点，推进校园文化继承与创新发展的持续性建设，加强物质、精神、制度、行为文化的系统性建设，落实鲜明特色和切实管用的实效性建设。其次，高校应充分发挥榜样示范的作用。大力宣传校内外模范人物、事迹和大学生身边榜样、身边责任行动，借助五四青年节、七一建党节、十一国庆节、"学雷锋日"等重要节庆日、纪念日，广泛开展"争做中国特色社会主义现代化建设合格建设者和可靠接班人""向国旗致敬""唱响主旋律""我为同学、班级做贡献"等社团活动、主题班会、主题党日团日、征文演讲、辩论赛、优秀事迹报告会、参观学习、社会实践、志愿活动、公益活动等贴近学生学习生活、符合学生实际的校内外实践活动，提高社会主义核心价值观实践活动的影响力、带动力。如，为了加强大学生生命责任、学习责任和学校责任行动引领，高校可积极开展师生运动会、文体竞赛、"做健康文明网络宣传者、践行者、维护者"等活动，善于发挥"见义勇为先进个人""自强大学生""最美大学生""十佳大学生"

等大学生先进个人和优秀群体的榜样示范作用。教育引导大学生珍爱生命、锻炼身体、刻苦学习、勇于创新，合理利用网络、传播正能量，提高大学生担当生命责任、学习责任的执行力和网络素质的全面提升。使大学生在日常学习生活中自觉维护课堂秩序，使用文明用语，尊重师长、尊老爱幼，爱护公共财物和环境，扶危济困，为同学、班级、学院、学校做贡献。再次，高校应建立社会主义核心价值观实践活动长效机制。加强学生会、学生社团等组织领导和业务指导，推进学生干部、学生党员、学生入党积极分子及学生社团负责人等骨干队伍的组织建设、先进性建设、示范性建设，提高大学生自主学习、自我服务、自我管理、自我教育、自我保护的意识和能力，在校内选树一批大学生可信、可学的身边榜样，示范带动大学生争做践行社会主义核心价值观的学习者、宣传者、践行者和示范者，努力实现不同区域、不同高校、不同学生班、不同年级、不同学生类型都有重点、亮点、特点，实现实践活动的科学化、规范化、制度化和常态化。

强化社会责任教育的学科支撑。社会责任教育是马克思主义理论学科建设中的重要内容，也是当前大学生培育和践行社会主义核心价值观的重要抓手。马克思主义理论学科建设可以为社会责任教育提供坚实的学科队伍、平台、人才等支撑，从而推动社会主义核心价值观教育向纵深推进。首先，各级宣传思想和教育主管部门、高校必须从坚持和发展中国特色社会主义的高度，从全面建设小康社会、实现中华民族伟大复兴中国梦的高度，立足各地区、各高校实际和大学生的需求，加强马克思主义理论学科建设及博士学位、硕士学位点建设，健全完善并严格执行高校思想政治理论课专门教学科研机构建设、队伍建设、课程建设、教材建设等方面的规章制度。其次，在国家、省市及高校层面加大相应课题资助及人才培养力度，推进马克思主义理论和思想政治教育的理论研究和实践探索。再次，建议国家相关部门将马克思主义理论确定为与哲学、经济学等13个学科门类并列的一个学科门类，予以重点建设，为加强大学生责任教育、培育和践行社会主义核心价值观提供强有力的学科支撑。

魏进平

河北工业大学马克思主义学院研究员

目　录

绪 论

党的十八大以来，习近平总书记就青年的责任担当和价值观养成问题多次发表重要讲话。他深刻指出："历史和现实都告诉我们，青年一代有理想、有担当，国家就有前途，民族就有希望，实现我们的发展目标就有源源不断的强大力量。""青年的价值取向决定了未来整个社会的价值取向""青年要从现在做起、从自己做起，使社会主义核心价值观成为自己的基本遵循，并身体力行大力将其推广到全社会去。"

大学生是青年中的优秀群体，是培育和践行社会主义核心价值观的主要对象。大学生社会责任感不仅仅是一种内在、静态的心理状态、自觉意识、情感体验或素质，更是大学生对社会责任的深刻认知、特殊情感认同和负责任的行动❶，是大学生发展核心素养之一和践行社会主义核心价值观的重要体现。大学生社会责任感状况，关系他们自身的健康成长成才和未来成功，关系党和国家的长治久安、前途命运。那么，当代大学生的社会责任感总体状况如何？受什么因素影响？呈现什么样的特点？对此，教育管理部门、高校、学术界一般认为大学生的社会责任感的主流是积极、健康、向上的，部分大学生的社会责任感与社会的期望相比还有差距，但这些评价更多停留在定性层面，缺乏有力的数据和实证研究作为支撑。2014 年上半年，我们面向全国东、中、西部 54 所高校随机抽取5237 名大学生，利用统计工具 SPSS 19.0，从大学生社会责任感形成的社会责任认知、认同和行动 3 个环节和政治责任感、生命责任感、学习责任感、学校责任感和网络责任感 5 个维度进行调查研究，形成了系列调查报告。

一、调查目的

本调查旨在对当前我国大学生社会责任感现状进行客观评价、辨析影响因

---

❶ 魏进平，冯石岗. 大学生社会责任感的形成机理和提高策略［J］. 河北师范大学学报（哲学社会科学版），2013，（4）：153 – 160.

素、探求提高策略，具体测查 90 后大学生在社会责任认知、认同、行动 3 个环节和政治责任感、生命责任感、学习责任感、学校责任感 5 个维度的相关性，针对全国总体、东、中、西不同区域及工、医、农、教育、经管、艺术等不同学科和师范类、高职等不同院校的多样性，以及性别、年级、生源地、毕业高中类型等方面的差异性，为社会各界认识大学生社会责任感现状提供数据支撑，为教育主管部门、高校培养大学生社会责任感提供决策依据，为学术界研究推进大学生社会责任感研究提供实践参考。

二、调查范围

本次调查覆盖我国东、中、西部❶地区的"985"高校、"211"高校、地方骨干院校、地方一般本科院校、地方高职院校 5 类院校，大学生样本来自 54 所高校，最终回收问卷 6772 份，有效问卷 5237 份，有效率为 77.33%。大学生样本主要集中在 29 所高校（调查样本数量在 100 份以上有 27 所院校），分别是来自东部地区的天津（1 所"985"院校、1 所"211"院校，1 所地方骨干院校）、河北（1 所"211"院校、1 所地方骨干院校、2 所地方一般本科院校、1 所地方高职院校）、山东（1 所地方骨干院校、1 所地方一般院校）、浙江（1 所地方骨干院校），共 11 所院校，中部地区的山西（1 所"211"院校、1 所地方骨干院校）、吉林（1 所地方骨干院校）、安徽（1 所地方骨干院校）、湖南（1 所"211"院校、1 所地方骨干院校、4 所地方一般院校、1 所高职院校），共 11 所院校；西部地区包括贵州（1 所地方一般本科院校，样本不足 100 份）、云南（2 所地方骨干院校、1 所地方一般本科院校、1 所高职院校，其中一所地方骨干院校样本不足 100 份）、广西（1 所地方一般本科院校）、内蒙古（1 所地方骨干院校）共 7 所院校。

三、调查工具

本研究的调查工具是在国内外研究基础上自编的《大学生社会责任感现状调

---

❶ 我国从 1986 年全国人大六届四次会议通过的"七五"计划，开始一般将我国划分为东部、中部、西部三个地区，当时东部地区包括 11 个省（市）、中部地区包括 10 个省（区）、西部地区包括 9 个省（区），1997 年重庆市设立为直辖市并划入西部地区，2000 年国家制定的在西部大开发中享受优惠政策的范围又增加了内蒙古和广西。本书中，我国东部地区包括北京、天津、河北、辽宁、上海、江苏、浙江、福建、山东、广东和海南等 11 个省（市）；中部地区有 8 个省级行政区，分别是山西、吉林、黑龙江、安徽、江西、河南、湖北、湖南；西部地区包括的省级行政区共 12 个，分别是四川、重庆、贵州、云南、西藏、陕西、甘肃、青海、宁夏、新疆、广西、内蒙古。

查量表》，主要包括：一是背景性问题，含调查对象的性别、专业、年级、生源地、毕业高中类型等；二是从大学生社会责任感的形成角度分成社会责任认知、社会责任认同和社会责任行动 3 个环节，从大学生的实际学习生活需要及其与外部的联系角度分为政治责任感、生命责任感、学习责任感、学校责任感、网络责任感 5 个维度，综合测查大学生的社会责任感的现状。

《大学生社会责任感现状调查量表》题项来源有两个途径：一是从现有文献中借鉴成熟题项，或变化延伸使之成为新的题项；二是通过实地访谈搜集测量题项，实地访谈包括个别访谈和集体访谈两种，个别访谈是在某高校的大学生中随机访谈，请他们谈谈自己关注的和感兴趣的社会责任问题或事件，将访谈所得内容设置为题项加以规范，添加到测量题项之中，集体访谈是召集课题组相关人员和相关学者集中讨论，调整题项数量并不断修改完善题项内容，以便增强测量的可靠性。随后，依托牵头组建的"全国大学生社会责任教育研究高校联盟"成员单位，通过网络发放《大学生社会责任感现状量表》征求意见函，请各位专家帮助审阅量表中"题项内容描述"是否恰当准确，提出保留、修改、删除、增加等具体意见。根据回收到的各位老师反馈的意见建议，进一步完善《大学生社会责任感量表》。在此基础上，将《大学生社会责任感现状调查量表》制作为预测式问卷（附录一），在某工科大学进行发放，选取材料科学与工程学院、经济管理学院、化工学院、计算机科学与软件学院、理学院、能源与环境工程学院、马克思主义学院、土木工程学院、外国语学院、电气工程学院、控制科学与工程学院、建筑与艺术设计学院、人文与法律学院、机械工程学院、信息工程学院共 15 个学院作为调查范围，请各学院主管学生工作的副书记组织本学院一到四年级学生填答问卷。每年级随机选取 30 人，共 120 份，累计发放 1800 份问卷，收回有效问卷 1361 份，有效率为 75.6%。然后将回收有效的 1361 份问卷统一录入到已建立的网络调查平台，然后导出问卷数据进行预测式分析。经预测试分析删除 14 个题项，量表总题项数为 31 个（见附录二），包括社会责任认知 11 个题项、社会责任认同 9 个题项、社会责任行动 11 个题项、政治责任感 7 个题项、生命责任感 8 个题项、学习责任感 5 个题项、学校责任感 4 个题项、网络责任感 7 个题项[2]，采用 5 点评分方法（1 代表非常不符合，5 代表非常符合）。数据统计分析时，将各项得分转化为百分制分数。

采用 SPSS 19.0 进行统计分析，《大学生社会责任感现状调查量表》总体信度系数为 0.97，三个环节量表题项各自内部一致性系数均在 0.92 以上，五个维度量表题项各自内部一致性系数在 0.81 ~ 0.91，问卷的总体以及三个环节、五个维度内部的信度处于较高的水平，达到了统计学的要求（见表 0 - 1）。

表0-1 问卷总体、三个环节、五个维度的可靠性统计量

		Cronbach's Alpha	基于标准化项的 Cronbachs Alpha	题项数
问卷总体		0.971	0.972	31
社会责任感三个 形成环节	社会责任认知	0.922	0.922	11
	社会责任认同	0.930	0.930	9
	社会责任行动	0.936	0.937	11
社会责任感 五个维度	政治责任感	0.898	0.900	7
	生命责任感	0.899	0.900	8
	学习责任感	0.870	0.870	5
	学校责任感	0.813	0.813	4
	网络责任感	0.913	0.914	7

四、调查实施

本次调查自2014年1月开始至5月上旬结束。《大学生社会责任感现状调查量表》发放主要依托"全国大学生社会责任教育研究高校联盟"成员单位，适当增加相关高校。

首先，课题组邀请各位高校教师从最能体现本校特色的2个学科门类（按照2012年教育部公布的《普通高等学校本科专业目录（2012年）》）划分（哲学、经济学、法学、教育学、文学、历史学、理学、工学、农学、医学、军事学、管理学、艺术学13大类）的1～4年级随机抽取1个班（学生班一般为30人，如不足30人也可），两个学科门类或两个学院（系）累计共240份（总数可以少于或多于240人）。然后，由各高校教师组织或动员搜集抽取学生登录网络调查平台进行问卷填答。调查过程中，课题组定期向各高校教师反馈学校参与调查情况，确保调查保质保量地完成。网上调查平台问卷填写为必答题，可保证问卷数据的完整性。问卷数据的回收直接由网上调查平台导出。

除此之外，课题组还有针对性地邀请一些高校参与纸质问卷调查，纸质问卷的录入采取两种方式：一是由各高校老师组织人员统一录入到网络调查平台，二是将各高校老师将问卷寄回课题组，由课题组统一录入到网上调查平台，由网上调查平台导出。

第一章　全国调查报告

一、调查样本

大学生样本覆盖我国东、中、西部，涉及"985""211"、地方骨干、一般本科和高职等54所院校，学科门类包括除军事学以外的12个学科门类，包括大学1~4年级（每个学科、每个年级随机选取1个学生班，30人左右），共收回问卷6772份，有效问卷5237份，有效率为77.33%（见表1-1）。样本的区域、高校、性别、年级、学科等比例基本符合实际情况，并对部分大学生进行了访谈、观察，对部分学校进行了个案分析。

表1-1　全国大学生社会责任感现状调查样本基本信息

区域	人数	比例（%）	学科	人数	比例（%）
东部	2046	39.07	哲学	55	1.05
中部	2129	40.65	经济学	552	10.54
西部	1062	20.28	法学	561	10.71
学校类型			教育学	455	8.69
"985"高校	142	2.71	文学	407	7.77
"211"高校	727	13.88	历史学	114	2.18
地方骨干高校	2051	39.16	理学	294	5.61
一般本科院校	1905	36.38	工学	1303	24.88
高职院校	412	7.87	农学	141	2.69
性别			医学	551	10.52
男	2194	41.89	军事学	9	0.17
女	3043	58.11	管理学	533	10.18

续表

区域	人数	比例（%）	学科	人数	比例（%）
生源地			艺术学	262	5.00
农村	3216	61.41	年级		
城镇	2021	38.59	一年级	2184	41.70
毕业高中类型			二年级	1494	28.53
普通	2918	55.72	三年级	965	18.43
重点	2319	44.28	四年级	594	11.34

注：军事学样本过少，在学科比较时没有进行统计分析。

二、调查结果

（1）我国大学生社会责任感处于较高水平，受大学生性别、年级、学校、学科等因素影响。

从总体看，我国大学生社会责任感总体处于较高水平，平均得分为83.09分（满分为100分，下同），60分以上占93.2%，80分以上占70.1%。从大学生社会责任感形成的三个环节看，大学生社会责任的认知、认同和行动两两高度正相关且存在显著性差异，大学生社会责任认知（82.25分，对承担社会责任的理性认识程度）、社会责任认同（84.49分，对承担社会责任的赞成程度）和社会责任行动（82.79分，对具体社会责任的践行程度）；大学生社会责任认知60分以上占92.42%，社会责任认同60分以上占93.32%，社会责任行动60分以上占92.71%（见图1-1）。从大学生社会责任感的五个维度看，大学生政治责任感、生命责任感、学习责任感、学校责任感和网络责任感两两高度正相关且存在显著性差异，除了学校责任感（78.39分）较低以外，大学生政治责任感（81.95分）、生命责任感（83.80分）、学习责任感（83.32分）、网络责任感（85.94分）均处于较高水平，其中网络责任感得分最高；大学生政治责任感在60分以上占91.3%、生命责任感在60分以上占93.1%、学习责任感在60分以上占92.9%、学校责任感在60分以上占89.5%，网络责任感在60分以上占93.4%（见图1-2）。

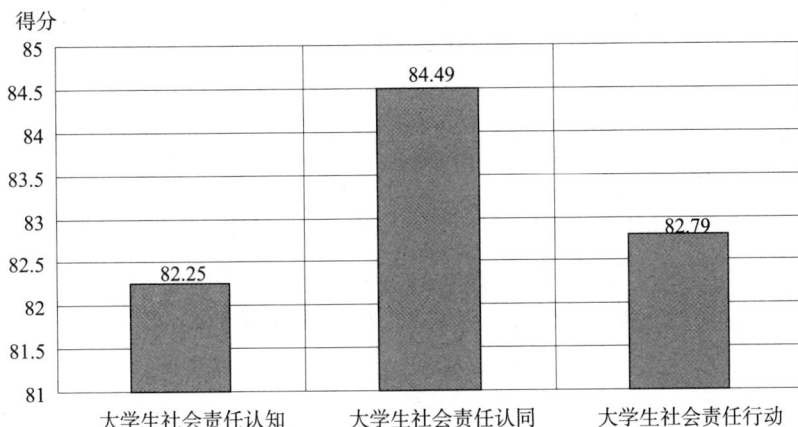

图1-1　大学生社会责任感形成环节得分

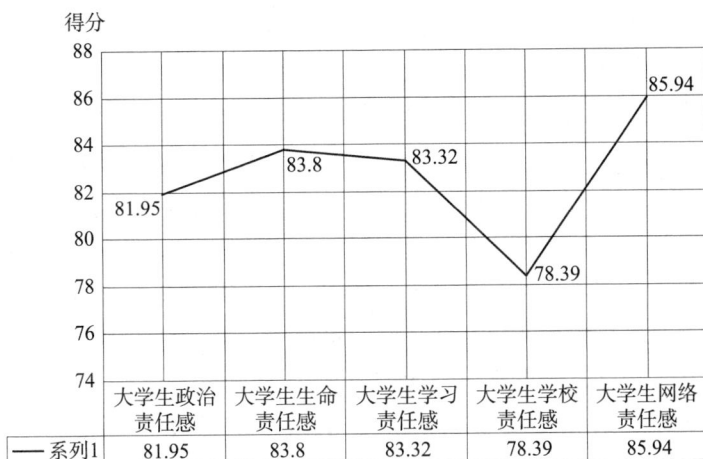

	大学生政治责任感	大学生生命责任感	大学生学习责任感	大学生学校责任感	大学生网络责任感
—— 系列1	81.95	83.8	83.32	78.39	85.94

图1-2　大学生社会责任感五维度得分

　　这些调查结论，可以佐证党和国家、社会及学者关于大学生社会责任感主流是积极、健康、向上的定性评价。究其原因，我们认为，这得益于全社会对高校思想政治教育的重视和支持。首先，党和国家切实加强和改进大学生思想政治教育工作。2004年以来，党和国家高度重视和强力推进大学生思想政治教育工作，形成了"崇德向善"的良好社会风气。如切实加强高校思想政治理论教育的课程建设、队伍建设、教材建设和学科建设，出台了加强和改进大学生思想政治教育的意见，在党和国家教育重大决策部署中高度重视培养学生社会责任感。再如，通过中央领导同志与青年大学生座谈、回信等方式，通过持续进行"感动中国人物""道德楷模""中国自强大学生"等评选活动，通过广泛开展"学雷锋活动"，通过组织大学生参加北京奥运会、世博会等国家重大活动志愿服务活动，通过实施大学生到边远山区执教、任村官、征兵入伍的系列优惠政策，让大学生认识到了肩负的历史使命和时代责任，感受到了党和国家的充分信任，拥有了可信、可学的榜样和服务国家服务人民的渠道、载体。其次，高校思想政治理论课建设初见成效。各高校按照党和国家的决策部署，把思想政治理论课作为"学生终身受益的课程""精彩一课"来建设，加大了人、财、物投入和平台建设（如诸多高校纷纷成立马克思主义学院），不断推进思想政治理论课教学方法特别是实践教学模式的改革探索。再次，各高校不断加强和改进大学生思想政治工作。辅导员专业化、职业化程度不断提高，大学生第二课堂、第三课堂的社会实践、志愿服务以及"学雷锋活动"等广泛开展，通过课堂学习和广泛的社会实践活动大学生对自身肩负的社会责任有了比较清醒的认识，在情感上对担当社会责任有了比较高的认同度，并在社会责任行动上有着较好表现。

调查数据统计结果还显示，性别、年级、学校类型和学科类型对大学生社会责任感影响显著，毕业高中类型和生源地类型影响不显著。即女大学生的社会责任感（83.7分）高于男大学生（82.2分）。高年级大学生社会责任感强于低年级大学生，具体而言，大学生的社会责任认知、认同、行动平均得分在不同年级得分逐年升高，为四年级＞三年级＞二年级＞一年级；除了二年级大学生政治责任感最低以外，大学生生命责任感、学习责任感、学校责任感、网络责任感在不同年级得分基本上是逐年升高，为四年级＞三年级＞二年级≧一年级。艺术、农学、文学类大学生社会责任感较强，工学和医学类大学生社会责任感较弱。"985"院校大学生的社会责任感最高，随后依次是一般本科院校、地方骨干院校、高职院校，"211"院校受测大学生的社会责任感最低。在此需要说明的是：工科是多数"211"院校的优势学科，本次"211"院校受测样本除了1所以师范为优势学科的地方"211"院校以外，主要来自以工科为优势学科的1所教育部属高校和2所地方院校，这与工科大学生社会责任感得分偏低情况相互印证。其中某一地方"211"工科院校大学生社会责任感得分仅为66.91分，低于全国16.09分，这也是影响"211"院校大学生社会责任感得分偏低的重要因素。另外，从学校角度找原因，可能与"211"院校建设发展的"上不顶天、下不立地"的定位有关，也可能与该类学校更多关注学位点建设、科研工作有关，这些需要进一步研究。但无论如何"211"院校大学生社会责任教育需要继续加大工作力度。

数据显示，毕业高中类型对大学生社会责任感影响不显著，仅在网络责任感上毕业于重点高中的大学生高于毕业于普通高中的大学生；来自农村和城镇的大学生社会责任感差异不显著。这些调查结果，可为高校在加强和改进大学生思想政治教育过程中有重点、有针对性地实施社会教育提供数据支撑（见图1-3，图1-4，图1-5）。

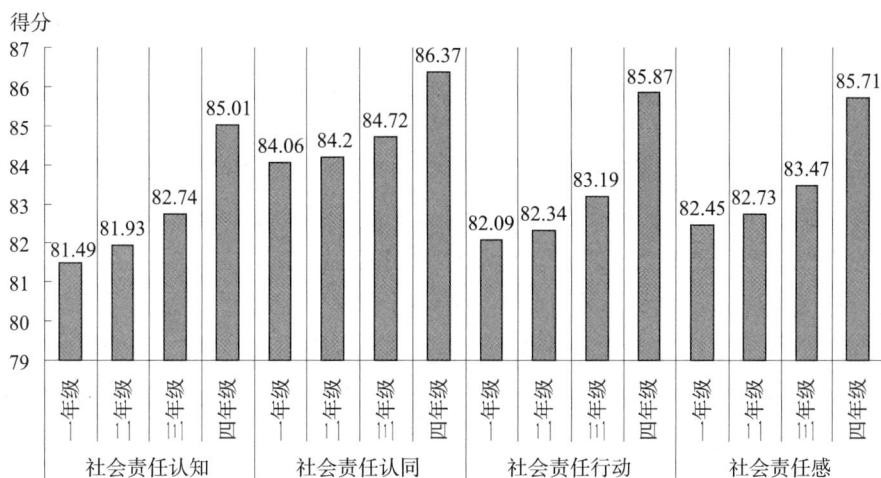

图1-3　大学生社会责任感形成环节年级差异

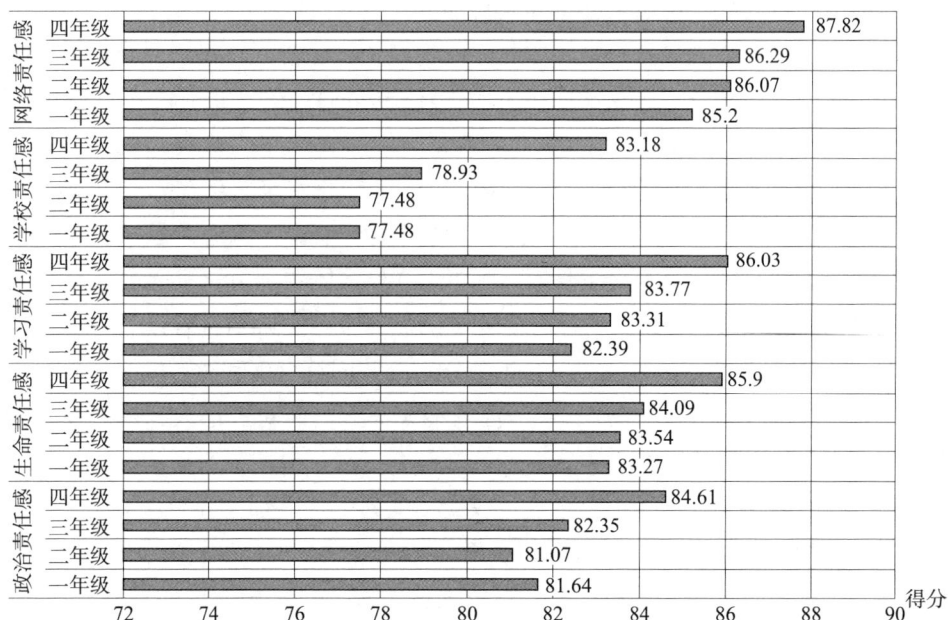

图1-4　大学生社会责任感形成环节年级差异

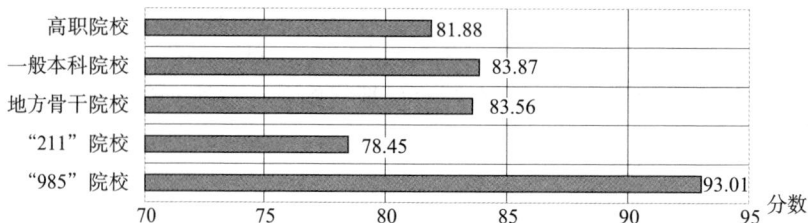

图1-5 不同类型院校大学生社会责任感差异

（2）大学生网络责任感"知行一致"，生命责任感、学习责任感存在"知行不一"现象。当代大学生多为20世纪90年代早中期出生，成长在网络时代，可以说网络是他们日常学习生活中的伴随品和必需品。数据显示，大学生网络责任感得分较大幅度高于大学生的生命责任感得分、学习责任感得分、政治责任感得分和学校责任感得分，大学生网络责任认同度高，网络责任认知与网络责任行动一致。大学生网络责任认知得分为85.1分、认同得分为87.1分、行动得分为85.1分，网络责任认知与网络责任行动"知行一致"，但网络认知低于网络认同。可以认为，大学生对网络环境的适应度比较好，对网络环境中的社会责任认知、认同和行动的符合度比较高，总体网络责任认知与责任行动基本一致，对网络责任的情感认同高于网络责任认知和行动。

生命对于每一个人只有一次。大学生的生命责任感在于不仅要对自己的生命负责，也对他人生命负责。大学生在生命责任感方面存在"知行不一"的情况，对于他人"知行不一"现象更为明显。数据显示，大学生生命责任认知（85.7分）、认同（84.3分）和行动（81.3分）均处于较高水平。生命责任认知＞认同＞行动，明显存在"知行不一"现象（是指大学生在知道应该承担社会责任方面较强，但在具体担当社会责任时有所减弱）。具体题项分析显示：大学生对珍惜自己的身体（84.8分）、"紧急避险"（86.2分）的认知符合度，等于或略高于对"人生中阳光总比风雨多"（84.8分）的认同符合度和对遵守交通规则的行动符合度（84.8分），"知行不一"现象不太明显。而对于他人，在"见义勇为，还要学会见义智为"（86.2分）的认知符合度高于对"见义勇为、还要学会见义智为"（84.6分）的认同符合度，较大幅度高于"参加义务劳动、献血、救灾、捐赠等社会公益活动"的行动符合度（80.6分）、"看到马路上有老年人跌倒了，会去搀扶起老人，并帮助其联系家人或医院"（78.6分）的行动符合度，"知行不一"现象比较明显。

学习责任感"知行不一"，在落实学习目标规划上执行力较弱。学习是学生的天职。大学阶段的学习对于大学生今后的成长成才和成功意义重大。大学生能够认识到学习的责任，但缺少学习目标，尤其在落实学习规划上行动力不强。数据显示，虽然大学生学习责任感得分位于大学生网络责任感、生命责任感之后，但是仍处于较高水平（83.32 分），大学生学习责任认知（83.8 分）、认同（83.6 分）和行动（82.7 分）均处于较高水平，学习责任认知＞认同＞行动，"知行不一"不太明显。进而具体题项分析显示：他们对日常学习内容比较了解（85.8 分），但在学习目标上认知比较低（81.8 分），在"按时、认真、独立完成作业，考试不作弊"方面比较好（84.2 分），对于"知识是改变命运的重要途径"比较认同（83.6 分），但"将学习规划付诸实施"（81.2 分）方面得分比较低（见图 1-6）。

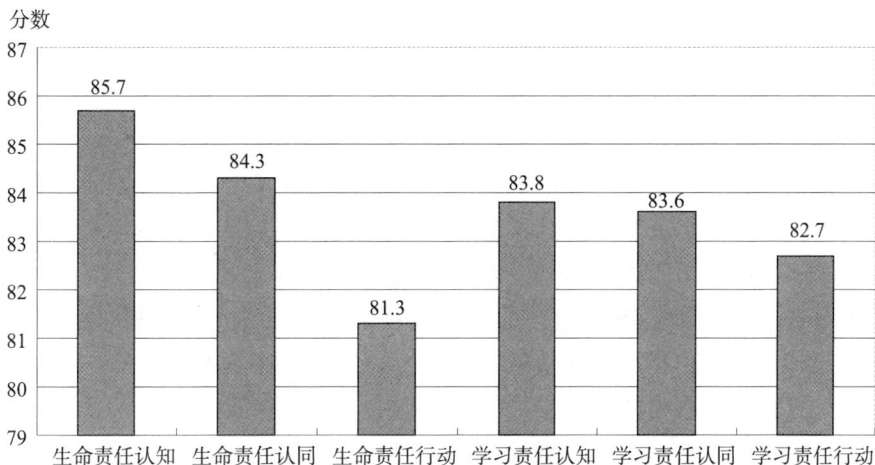

图 1-6　大学生生命责任感和学习责任感形成环节差异

　　理想状态下大学生的行为习惯是"知行合一"，通常情况下可能会出现"知行不一"。上文提及的大学生在生命责任感、学习责任感上，特别是在面对他人生命责任、学习目标的落实上存在"知行不一"现象，基本符合常理，与我们的现实感受基本一致。究其原因可能是大学生在社会责任担当中存在"行动障碍"，具体与以下三点有关：一是，这种行动障碍来自于大学生对社会责任认知不深刻、认同感不强烈，从而在大学生在担当社会责任时不够坚决、不够彻底，从而影响他们做出负责任的行动。其中"事不关己高高挂起""自扫门前雪，休管他人瓦上霜""这与我有什么关系""对我有什么好处"等思想对大学生担当社会责任的负面影响巨大。二是，来自于大学生"自我保护"或能力不足。对于大学生来讲，担当社会责任可能会"牺牲"自己的时间、精力甚至是忍受不公。如果大学生曾经亲身经历或获知到他人在承担社会责任时受到不公正的对待，产生唯恐"好心做好事而不得好报"的思想也就很自然了。大学生作为"准社会人"在承担社会责任方面还存在着缺少必要的财力、物力等能力不足的问题。三是，受到大学生外部家庭、学校、社会等环境的影响。如上文提及的性别、年级、学科和学校类型对我国大学生社会责任感的影响其实是外部环境使然。再如父母的不正确言传身教，高校大学生缺乏担当社会的渠道、载体或平台，社会诚信体系不健全、法律救助机制不完善等。要破解大学生在社会责任担当中"知行不一"的问题，突破"行动障碍"，需要从大学生自身、学校、家庭、社会以及网络媒体等方面综合施策，特别是要发挥"大学生身边榜样"的示范作用，引领大学生在校内校外日常学习生活中担当社会责任。

（3）大学生社会责任感存在"知行倒挂"现象，在学校责任感、政治责任感上表现尤为明显。大学生的社会责任感总体上存在"知行倒挂"的现象。大学生社会责任的认知、认同和行动两两相关系数分别均在 0.8 以上，高度正相关且在统计学上存在显著性差异。大学生社会责任认同得分最高为 84.49 分，社会责任行动次之为 82.79 分，社会责任认知最低为 82.25 分，大学生社会责任行动得分高于大学生社会责任认知得分 0.54 分。数据结果表明：大学生在情感上对于应当担当社会责任的认同度比较高，但可能会在不十分了解应担当的社会责任的情况下或更关注社会责任担当的"功利预期"的情况下，去担当社会责任。其危害是：怀抱满腔社会责任情感的大学生，可能会在不十分了解"真相"的情况下，盲目或"有目的"地担当社会责任。

大学生学校责任感处于较低水平，且"知行倒挂"现象较为明显。大学生政治责任感、生命责任感、学习责任感、学校责任感和网络责任感两两相关系数处于 0.73 ~ 0.876，相关度较高且在统计学上存在显著性差异。学校是大学生学习活动的主要空间，然而大学生学校责任感与其网络责任感、生命责任感、学习责任感、政治责任感相比处于最低水平（78.4 分）。大学生学校责任认同最高为 82.8 分，学校责任行动次之为 78.6 分，学校责任认知最低为 72.8 分，学校责任行动高于学校责任认知 5.8 分。在具体题项上，大学生对于学校的历史、现状和发展思路的认知符合度仅为 72.8 分，43.6% 的大学生中 3.7% 的根本不了解，10% 的大学生不太了解，29.9% 的了解一般；对于学校的校训或办学宗旨的认知符合度为 79.4 分，28.7% 的大学生中 3.3% 的根本不了解、6.6% 的不太了解，18.8% 的一般了解。以上数据表明，部分大学生虽在情感上比较认同自己应担当的学校责任，在行动上也很积极，但对于应担当哪些责任了解得不够充分。

　　大学生政治责任感略低，特别是政治责任认知偏低，"知行倒挂"更为突出。大学生政治责任感为81.95分，排在网络责任感（85.94分）、生命责任感（83.80分）、学习责任感（83.32分）之后，仅高于学校责任感（78.39分）。大学生政治责任行动最高为84.1分，政治责任认同次之为81.8分，政治责任认知最低为78.8分，政治责任行动明显高于政治责任认知（两者相差5.3分）（见图1-7）。具体题项分析显示：对于我国周边国际局势和我国采取的外交政策（75.6分），37.1%的大学生中4.5%的根本不了解，8.3%的不太了解，24.3%的一般了解；对于"学习马克思主义理论和中国特色社会主义理论体系是非常有价值的"（81.8分），25.3%的大学生中3.9%的根本不赞同，4.4%的不太赞同，17.0%的一般赞同；对于"学校大力宣讲十八届三中全会的重要精神让广大师生坚定中国特色社会主义的道路自信、理论自信、制度自信"（81.8分），24.3%的大学生中3.3%的根本不赞同，4.4%的不太赞同，16.6%的一般赞同；对于社会主义核心价值体系基本内容（82分），24.2%的大学生中4.0%的根本不了解，5.7%的不太了解，14.5%的一般了解。可以看出，部分大学生可能会在不十分了解而且不太认同党和国家方针政策的情况下而行动，这就极易被"别有用心"的人所迷惑、所利用。这需要引起我们高度重视和警惕。数据还显示，大学生通过亲身"支教或投身基层工作"为国家做贡献（80.1分）的现实行动符合度低于"成才报国"（85.2分）、"坚决拥护党的领导"（86.4分）这样的长远行动选择。

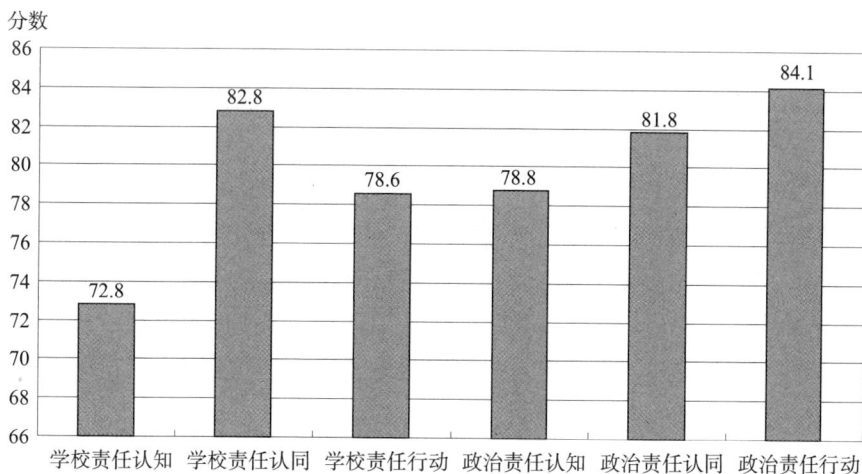

图1-7　大学生学校责任感和政治责任感形成环节差异

　　大学生在社会责任担当中存在"知行倒挂"现象，说明大学生在日常生活中，在不了解应承担的社会责任情况下，就去担当社会责任。这种"知行倒挂"与"知行不一"相比，危害更具体、更大。诸多大学生群体事件中参与者的"盲从"现象，就可能与其"知行倒挂"有关。大学生在担当社会责任时存在这种"知行倒挂"问题，可能是由"认知障碍"造成的。

从大学生自身角度看，大学生社会责任认知渠道不畅通。一是，属于自发或盲目性的社会责任担当，即由于大学生社会责任获知渠道不畅通（如家长过多承担了学生应该承担的社会责任以及应试教育的负面影响，使学生不知道应该承担和如何承担社会责任），客观上造成大学生对社会责任缺少理性认知，只是偶尔的行为或从众行为符合了社会责任的要求；二是，属于功利性的社会责任担当，即由于大学生对社会责任不在意（如学生对自我的过度关注以及对外部"说教"的逆反心理，使学生不知道应该承担和如何承担社会责任），主观上造成大学生对社会责任缺少理性认知，但大学生预期到其社会责任担当会获得某种物质或精神的收益（如有助于提高综合测评成绩、入选学生干部或入党，等等），而采取的一种"工具理性"的社会责任担当。以上两种可能的原因，在我们进行师生访谈中得到确认，我们了解到许多大学生愿意参加班级、学院、学校甚至社会组织开展的社会实践、志愿服务等活动，但许多时候并不了解活动的实际意义，只是"随大流"或者"支持班级活动"，也有同学表示参加此类活动可为综合测评、评优等"加分"。

从高校角度分析，高校思想政治教育工作还存在薄弱环节。一是，高校思想政治理论课是教育引导大学生认知、认同和践行社会责任的主渠道、主阵地，其作用发挥还不够，特别是"理论灌输"的不够或实效性、针对性还不强，大学生的接受、消化和吸收存在障碍。二是，大学生思想政治教育工作中在辅导员队伍建设、学生干部队伍建设和学生文体活动、社会实践、校园文化建设方面还有一些薄弱环节。如部分辅导员选拔的非专业化倾向，部分学生骨干的功利化倾向，部分学生活动的形式化、娱乐化倾向，校园文化建设的碎片化、边缘化倾向，等等。三是，社会大众及高校有关部门对于高校思想政治理论课以及大学生思想政治教育工作的地位和作用认识不够。在调研中，我们也发现有的高校在落实教育部有关机构建设、队伍建设、课程建设等方面政策不到位，在一定程度上存在压缩高校思想政治理论课课时、欠发有关培训经费等现象。

第二章 区域调查报告

第一节 东部省份 11 所高校调查报告

一、调查样本

大学生样本来自我国东部"985"院校、"211"院校、地方骨干院校、一般本科院校和高职院校共 11 所高校，覆盖工学、法学、理学、教育学、管理学等多个学科门类，包括大 1～4 年级（每个专业、每个年级随机选取 1 个学生班，30 人左右），共收回有效问卷 2265 份（见表 2-1）。

表 2-1 东部 11 所高校调查样本基本信息表

学校	人数	比例（%）	学科	人数	比例（%）
A 高校（"985"院校）	120	5.3	经济学	137	6.0
B 高校（"211"院校）	336	14.8	法学	80	3.5
C 高校（"211"院校）	240	10.6	教育学	280	12.4
D 高校（地方骨干院校）	87	3.8	文学	161	7.1
E 高校（地方骨干院校）	283	12.5	理学	66	2.9
F 高校（一般本科院校）	240	10.6	工学	1178	52.0
G 高校（一般本科院校）	176	7.8	管理学	182	8.0
H 高校（一般本科院校）	239	10.6	艺术学	181	8.0
I 高校（一般本科院校）	212	9.4	毕业高中类型		
J 高校（一般本科院校）	176	7.8	重点	1165	51.4
K 高校（高职院校）	156	6.9	普通	1100	48.6
性别			年级		
男	1096	48.4	一年级	997	44.0
女	1169	51.6	二年级	507	22.4
生源地			三年级	423	18.7
城镇	900	39.7	四年级	338	14.9
农村	1365	60.3	总人数	2265	100%

二、调查结果

(一) 我国东部高校大学生社会责任感现状

数据统计结果显示，东部高校大学生社会责任认知、社会责任认同与社会责任行动两两之间具有显著或高度正相关和显著性差异（见表 2 - 2），说明三个环节之间是相互联系、相互影响、相互强化的；大学生政治责任感、生命责任感、学习责任感、学校责任感和网络责任感两两之间具有显著正相关和显著性差异（见表 2 - 3），说明五个维度之间是相互联系、相互影响、相互强化的。

表 2 - 2　大学生社会责任认知、社会责任认同和社会责任行动间的相关矩阵表

	社会责任认知	社会责任认同	社会责任行动
社会责任认知	1.000		
社会责任认同	0.840 ** $R^2 = 0.706$	1.000	
社会责任行动	0.816 ** $R^2 = 0.666$	0.872 ** $R^2 = 0.760$	1.000

注：** 表示 $p < 0.01$ 括号内为决定系数。

表 2 - 3　大学生政治责任感、生命责任感、学习责任感、学校责任感、网络责任感相关矩阵表

	政治责任感	生命责任感	学习责任感	学校责任感	网络责任感
政治责任感	1.000				
生命责任感	0.837 ** $R^2 = 0.762$	1.000			
学习责任感	0.809 ** $R^2 = 0.654$	0.856 ** $R^2 = 0.733$	1.000		
学校责任感	0.776 ** $R^2 = 0.602$	0.767 ** $R^2 = 0.588$	0.783 ** $R^2 = 0.613$	1.000	
网络责任感	0.810 ** $R^2 = 0.656$	0.876 ** $R^2 = 0.767$	0.840 ** $R^2 = 0.706$	0.731 ** $R^2 = 0.534$	1.000

注：** 表示 $p < 0.01$ 括号内为决定系数。

首先，从总体看，我国东部高校大学生社会责任感处于较高水平（高于全国平均水平 83.09 分，满分为 100 分，下同），平均得分为 84.42 分，60 分以上占 93.42%，80 分以上占 73.33%。

其次，从大学生社会责任感形成的三个环节看，大学生社会责任认知（83.45 分，对承担社会责任的理性认识程度）、社会责任认同（85.50 分，对承担社会责任的赞成程度）和社会责任行动（84.51 分，对具体社会责任的践行程度）均处于较高水平，其中社会责任认同得分最高。

最后，从大学生社会责任感的五个维度看，除了学校责任感（81.76 分）较低以外，大学生政治责任感（83.79 分）、生命责任感（84.84 分）、学习责任感（84.36 分）、网络责任感（86.14 分）均处于较高水平，其中网络责任感得分最高。

（二）我国东部高校大学生社会责任感差异

1. 三环节差异分析

（1）性别差异。

性别对我国东部高校大学生社会责任感的水平影响显著。独立样本 t 检验的结果显示（见表 2-4），我国东部高校大学生性别变量在三个依变量检验的 t 统计量均达显著水平，显著性概率值 p 均小于 0.05，表明不同性别大学生的社会责任认知、社会责任认同与社会责任行动的水平均有显著的不同。具体来说，女生的社会责任认知、社会责任认同及社会责任行动水平（均值分别为 46.37、38.97、46.94）均高于男生（均值分别为 45.39、37.94、45.99）。

表 2-4　不同性别大学生在社会责任认知、社会责任认同与社会责任行动的差异比较

检验变量	性别	个数	均值	标准差	t 值
社会责任认知	男生	1096	45.39	9.248	0.009**
	女生	1169	46.37	8.698	
社会责任认同	男生	1096	37.94	7.503	0.001**
	女生	1169	38.97	7.223	
社会责任行动	男生	1096	45.99	9.117	0.012*
	女生	1169	46.94	8.852	

注：$*p<0.05$　$**p<0.001$。

（2）生源地类型差异。

我国东部高校大学生社会责任感的水平在生源地差异上无统计学意义。独立样本 t 检验的结果显示（见表 2-5），我国东部高校大学生生源地变量在三个依变量检验的 t 统计量均未达显著水平，显著性概率值 p 均大于 0.05，表明来自城镇和来自农村大学生的社会责任认知、社会责任认同与社会责任行动的均值的高低没有统计上的意义存在。

表2-5 不同生源地大学生在社会责任认知、社会责任认同与社会责任行动的差异比较

检验变量	生源地类型	个数	均值	标准差	t 值
社会责任认知	城镇	900	45.62	9.520	0.245n. s.
	农村	1365	46.08	8.604	
社会责任认同	城镇	900	38.37	7.568	0.585n. s.
	农村	1365	38.54	7.249	
社会责任行动	城镇	900	46.42	9.314	0.799n. s.
	农村	1365	46.52	8.777	

注：n. s. $p > 0.05$。

（3）毕业高中类型差异。

我国东部高校大学生社会责任感的水平在毕业高中类型差异上无统计学意义。独立样本 t 检验的结果显示（见表2-6），我国东部高校大学生毕业高中类型变量在三个依变量检验的 t 统计量均未达显著水平，显著性概率值 p 均大于0.05，表明毕业于重点高中和毕业于普通高中大学生的社会责任认知、社会责任认同与社会责任行动的均值的高低没有统计上的意义存在。

表2-6 不同毕业高中类型大学生在社会责任认知、社会责任认同与社会责任行动的差异比较

检验变量	毕业高中类型	个数	均值	标准差	t 值
社会责任认知	重点	1165	46.14	9.272	1.89n. s.
	普通	1100	45.64	8.656	
社会责任认同	重点	1165	38.53	7.659	0.700n. s.
	普通	1100	38.41	7.068	
社会责任行动	重点	1165	46.68	9.198	0.272n. s.
	普通	1100	46.27	8.768	

注：n. s. $p > 0.05$。

（4）年级差异。

年级对我国东部高校大学生社会责任感的水平影响显著。在社会责任感的三个环节上，整体检验的 F 值分别为4.920（$p = 0.002 < 0.05$）、3.854（$p = 0.009 < 0.05$）、8.529（$p = 0.000 < 0.05$），均达到显著水平，表示不同年级的大学生在社会责任感不同环节有显著差异。经过事后比较 LSD 法（最小显著差异法）显示：在社会责任认知上，四年级大学生的得分高于一年级和二年级，其他年级间无显著差异；在社会责任认同上，四年级大学生的得分最高，其次为三年级和一年级，二年级大学生的得分最低；在社会责任行动上，四年级大学生的得分显著

高于三年级、二年级和一年级。可见，四年级大学生的社会责任感水平最高，一、二年级大学生的各环节得分水平较低（见表2-7）。

表2-7　不同年级大学生在社会责任认知、社会责任认同及社会责任行动差异比较的方差分析摘要表

		平方和（SS）	自由度	均方（MS）	F 检验	事后比较 LSD 法
社会责任认知	组间	1183.989	3	394.663	4.920 **	4 > 1 > 2
	组内	181383.002	2261	80.222		
	总数	182566.992	2264			
社会责任认同	组间	626.645	3	208.882	3.854 **	4 > 3 > 1 > 2
	组内	122556.094	2261	54.204		
	总数	123182.739	2264			
社会责任行动	组间	2048.543	3	682.848	8.529 ***	4 > 3 > 2 > 1
	组内	181019.018	2261	80.061		
	总数	183067.561	2264			

注：** $p < 0.01$　　*** $p < 0.001$　事后比较 LSD 法一列中，1 代表一年级、2 代表二年级、3 代表三年级、4 代表四年级。

（5）学校类别差异。

学校类别对我国东部高校大学生社会责任感的水平影响显著。在社会责任感的三个环节上，整体检验的 F 值分别为 41.898（$p = 0.000 < 0.05$）、32.950（$p = 0.000 < 0.05$）、32.219（$p = 0.000 < 0.05$），均达到显著水平，表示不同学校类别的大学生在社会责任感不同环节有显著差异。经过事后比较 HSD 法（实在显著差异法）显示：在社会责任认知、社会责任认同及社会责任行动环节，"985"院校大学生的得分显著高于其他类别院校，一般本科院校和地方骨干院校大学生的得分较高，高职院校大学生的得分略低，"211"院校大学生的得分最低。可见，"985"院校大学生的社会责任感水平高于其他类别高校，"211"院校大学生的社会责任认知、社会责任认同及社会责任行动三环节的得分均最低（见表2-8）。

表2-8　不同学校类型大学生在社会责任认知、社会责任认同及社会责任行动差异比较的方差分析摘要表

		平方和（SS）	自由度	均方（MS）	F 检验	事后比较 HSD 法
社会责任认知	组间	12603.879	4	3150.970	41.898 ***	1 > 4 > 3 > 5 > 2
	组内	169963.112	2260	75.205		
	总数	182566.992	2264			

续表

		平方和（SS）	自由度	均方（MS）	F 检验	事后比较 HSD 法
社会责任认同	组间	6787.964	4	1696.991	32.950 ***	1 > 3 > 4 > 5 > 2
	组内	116394.775	2260	51.502		
	总数	123182.739	2264			
社会责任行动	组间	9876.055	4	2469.014	32.219 ***	1 > 3 > 4 > 5 > 2
	组内	173191.506	2260	76.633		
	总数	183067.561	2264			

注：*** $p < 0.001$　事后比较 HSD 法一列中，1 代表"985"院校，2 代表"211"院校，3 代表地方骨干院校，4 代表一般本科院校，5 代表高职院校。

（6）学科类别差异。

学科类别对全国大学生社会责任感的水平影响显著。在社会责任感的三个环节上，整体检验的 F 值分别为 7.739（$p = 0.000 < 0.05$）、6.813（$p = 0.000 < 0.05$）、7.599（$p = 0.000 < 0.05$），均达到显著水平，表示不同学科类别的大学生在社会责任感不同环节有显著差异。经过事后比较 LSD 法（最小显著差异法）显示：在社会责任认知、社会责任认同及社会责任行动上，经济学、法学及艺术学类大学生的得分相对较高；文学和管理学类大学生的得分一般；教育学、理学和工学类大学生的得分相对较低。其中，教育学大学生的社会责任认知和社会责任行动得分最低，工学大学生的社会责任认同得分最低。可见，经济学、法学及艺术学类大学生的整体社会责任感水平相对较高，而教育学、理学和工学类大学生的社会责任感水平相对较低，尤其是需要加强教育学类大学生的社会责任认知和社会责任行动教育，及工学类大学生的社会责任认同教育（见表 2 - 9）。

表 2 - 9　不同学科类别大学生在社会责任认知、社会责任认同及
社会责任行动差异比较的方差分析摘要表

		平方和（SS）	自由度	均方（MS）	F 检验	事后比较 LSD 法
社会责任认知	组间	4279.303	7	611.329	7.739 ***	2 > 3 > 13 > 12 > 5 > 7 > 8 > 4
	组内	178287.689	2257	78.993		
	总数	182566.992	2264			
社会责任认同	组间	2549.014	7	364.145	6.813 ***	2 > 3 > 13 > 12 > 5 > 4 > 7 > 8
	组内	120633.725	2257	53.449		
	总数	123182.739	2264			
社会责任行动	组间	4215.055	7	602.151	7.599 ***	2 > 3 > 13 > 5 > 12 > 7 > 8 > 4
	组内	178852.506	2257	79.243		
	总数	183067.561	2264			

注：*** $p < 0.001$　事后比较 LSD 法一列中，2 代表经济学，3 代表法学，4 代表教育学，5 代表文学，7 代表理学，8 代表工学，12 代表管理学，13 代表艺术学。

2. 五维度差异分析

（1）性别差异。

独立样本 t 检验的结果显示（见表 2-10），我国东部高校大学生性别变量在政治责任感、生命责任感、学习责任感和网络责任感依变量检验的 t 统计量均达显著水平，显著性概率值 p 均小于 0.05，表明不同性别大学生的政治责任感、生命责任感、学习责任感和网络责任感的水平均有显著的不同。男女生在学校责任感上检验的 t 统计量没有达到显著（$p > 0.05$），因而无显著差异。具体来说，女生的政治责任感、生命责任感、学习责任感和网络责任感水平（均值分别为29.61、34.39、21.29、30.64）均高于男生（均值分别为 29.02、33.45、20.88、29.63），可见，我国东部高校大学生中男生的社会责任感水平较之女生需要提高。

表 2-10　不同性别大学生在五个维度上的差异比较

检验变量	性别	个数	均值	标准差	t 值
政治责任感	男生	1096	29.02	5.886	0.016*
	女生	1169	29.61	5.713	
生命责任感	男生	1096	33.45	6.656	0.001**
	女生	1169	34.39	6.326	
学习责任感	男生	1096	20.88	4.232	0.020*
	女生	1169	21.29	4.066	
学校责任感	男生	1096	16.34	3.545	0.902n.s.
	女生	1169	16.36	3.382	
网络责任感	男生	1096	29.63	5.847	0.000***
	女生	1169	30.64	5.620	

注：n.s. $p > 0.05$　*$p < 0.05$　**$p < 0.001$　***$p < 0.001$。

（2）生源地类型差异。

我国东部高校大学生社会责任感的水平在生源地差异上无统计学意义。独立样本 t 检验的结果显示（见表 2-11），我国东部高校大学生生源地变量在五个依变量检验的 t 统计量均未达显著水平，显著性概率值 p 均大于 0.05，表明来自城镇和来自农村大学生的政治责任感、生命责任感、学习责任感、学校责任感和网络责任感的均值的高低没有统计上的意义存在。

表 2 - 11　不同生源地类型大学生在五个维度上的差异比较

检验变量	生源地类型	个数	均值	标准差	t 值
政治责任感	城镇	900	29.12	6.063	0.181n. s.
	农村	1365	29.46	5.624	
生命责任感	城镇	900	33.76	6.719	0.295n. s.
	农村	1365	34.05	6.356	
学习责任感	城镇	900	21.11	4.252	0.817n. s.
	农村	1365	21.07	4.085	
学校责任感	城镇	900	16.28	3.660	0.422n. s.
	农村	1365	16.40	3.324	
网络责任感	城镇	900	30.14	5.915	0.944n. s.
	农村	1365	30.16	5.644	

注：n. s. $p > 0.05$。

（3）毕业高中类型差异。

我国东部高校大学生社会责任感的水平在毕业高中类型差异上无统计学意义。独立样本 t 检验的结果显示（见表 2 - 12），我国东部高校大学生毕业高中类型变量在五个依变量检验的 t 统计量均未达显著水平，显著性概率值 p 均大于 0.05，表明毕业于重点高中和毕业于普通高中大学生的政治责任感、生命责任感、学习责任感、学校责任感和网络责任感的均值的高低没有统计上的意义存在。

表 2 - 12　不同毕业高中类型大学生在五个维度上的差异比较

检验变量	毕业高中类型	个数	均值	标准差	t 值
政治责任感	重点	1165	29.41	6.035	0.493n. s.
	普通	1100	29.24	5.550	
生命责任感	重点	1165	34.00	6.698	0.607n. s.
	普通	1100	33.86	6.293	
学习责任感	重点	1165	21.20	4.267	0.176n. s.
	普通	1100	20.97	4.024	
学校责任感	重点	1165	16.46	3.504	0.121n. s.
	普通	1100	16.24	3.414	
网络责任感	重点	1165	30.28	5.934	0.281n. s.
	普通	1100	30.02	5.552	

注：n. s. $p > 0.05$。

（4）年级差异。

年级对我国东部高校大学生社会责任感的水平影响显著。从表 2 - 13 的不同年级大学生在政治责任感、生命责任感、学习责任感、学校责任感和网络责任感五个维度差异比较的方差分析摘要表可知：在社会责任感的五个维度上，整体检验的 F 值分别为 5.241（$p=0.001<0.05$）、3.663（$p=0.012<0.05$）、8.825（$p=0.000<0.05$）、12.147（$p=0.000<0.05$）、3.227（$p=0.022<0.05$），均达到显著水平，表示不同年级的大学生在社会责任感不同维度有显著差异。经过事后比较 LSD 法（最小显著差异法）显示：在政治责任感、生命责任感、学习责任感、学校责任感和网络责任感五个维度上，四年级大学生的得分显著高于其他年级；在政治责任感和生命责任感维度上，四年级大学生和三年级大学生的得分较高，二年级大学生的得分最低；在学习责任公共和学校责任感维度上，四年级大学生的得分较高，其次为三年级、二年级，一年级大学生的得分最低；在网络责任感维度上，四年级大学生的得分高于二年级和一年级。可见，四年级大学生的社会责任感水平最高，三年级大学生的社会责任感水平较高，二年级和一年级大学生的社会责任教育需要格外注意，尤其是二年级大学的政治责任感和生命责任感教育需要特别注意，一年级大学生的学习责任感、学校责任感和网络责任感教育亟须加强。

表 2-13　不同年级大学生在五个维度上差异比较的方差分析摘要表

		平方和（SS）	自由度	均方（MS）	F 检验	事后比较 LSD 法
政治责任感	组间	526.597	3	175.532	5.241 **	4>3>1>2
	组内	75732.244	2261	33.495		
	总数	76258.841	2264			
生命责任感	组间	463.122	3	154.374	3.663 *	4>3>1>2
	组内	95286.076	2261	42.143		
	总数	95749.198	2264			
学习责任感	组间	451.588	3	150.529	8.825 ***	4>3>2>1
	组内	38565.218	2261	17.057		
	总数	39016.806	2264			
学校责任感	组间	430.202	3	143.401	12.147 ***	4>3>2>1
	组内	26692.648	2261	11.806		
	总数	27122.850	2264			
网络责任感	组间	319.399	3	106.466	3.227 *	4>2>1
	组内	74584.263	2261	32.987		
	总数	74903.662	2264			

注：$^*p<0.05$　$^{**}p<0.01$　$^{***}p<0.001$　事后比较 LSD 法一列中，1 代表一年级，2 代表二年级，3 代表三年级，4 代表四年级。

（5）学校类别差异。

学校类别对我国东部高校大学生社会责任感的水平影响显著。从表 2-14 的不同学校类别大学生在政治责任感、生命责任感、学习责任感、学校责任感和网络责任感五个维度差异比较的方差分析摘要表可知：在社会责任感的五个维度上，整体检验的 F 值分别为 39.775（$p=0.000<0.05$）、35.445（$p=0.000<0.05$）、29.836（$p=0.000<0.05$）、41.093（$p=0.000<0.05$）、31.123（$p=0.000<0.05$），均达到显著水平，表示不同学校类别的大学生在社会责任感不同维度有显著差异。经过事后比较 HSD 法（实在显著差异法）显示：在政治责任感、生命责任感、学习责任感、学校责任感和网络责任感五个维度上，"985"院校大学生的得分显著高于其他类别院校。政治责任感、生命责任感和网络责任感这三个维度上，得分由高到低排序依次为"985"院校、一般本科院校、地方骨干院院校、高职院校、"211"院校；在学习责任维度上，得分由高到低排序依次为"985"院校、地方骨干院院校、一般本科院校、高职院校、"211"院校；在学校责任维度上，得分由高到低排序依次为"985"院校、一般本科院校、地方骨干院校、"211"院校、高职院校。可见，"985"院校大学生的社会责任感水平高于其他类别高校，一般本科院校及地方骨干院校的社会责任感水平也相对较高，高职院校和"211"院校的社会责任感水平较其他类别院校而言较低，其各项社会责任教育均需加强。

表 2-14　不同学校类别大学生在五个维度上差异比较的方差分析摘要表

		平方和（SS）	自由度	均方（MS）	F 检验	事后比较 HSD 法
政治责任感	组间	5015.433	4	1253.858	39.775***	1>4>3>5>2
	组内	71243.408	2260	31.524		
	总数	76258.841	2264			
生命责任感	组间	5652.162	4	1413.041	35.445***	1>4>3>5>2
	组内	90097.036	2260	39.866		
	总数	95749.198	2264			
学习责任感	组间	1957.016	4	489.254	29.836***	1>3>4>5>2
	组内	37059.790	2260	16.398		
	总数	39016.806	2264			
学校责任感	组间	1838.910	4	459.727	41.093***	1>4>3>2>5
	组内	25283.940	2260	11.188		
	总数	27122.850	2264			
网络责任感	组间	3910.592	4	977.648	31.123***	1>4>3>5>2
	组内	70993.069	2260	31.413		
	总数	74903.662	2264			

注：*** $p<0.001$　事后比较 HSD 法一列中，1 代表 985 院校，2 代表 211 院校，3 代表地方骨干院校，4 代表一般本科院校，5 代表高职院校。

（6）学科类别差异。

学科类别对全国大学生社会责任感的水平影响显著。从表 2 - 15 的不同学科类别大学生在政治责任感、生命责任感、学习责任感、学校责任感和网络责任感五个维度差异比较的方差分析摘要表可知：在社会责任感的五个维度上，整体检验的 F 值分别为 8.719（$p = 0.000 < 0.05$）、7.635（$p = 0.000 < 0.05$）、7.338（$p = 0.000 < 0.05$）、6.532（$p = 0.000 < 0.05$）、8.993（$p = 0.000 < 0.05$），均达到显著水平，表示不同学科类别的大学生在社会责任感不同维度有显著差异。经过事后比较 LSD 法（最小显著差异法）显示：在政治责任感、生命责任感、学习责任感、学校责任感和网络责任感五个维度上，经济学、法学及艺术学大学生的得分相对较高；文学和管理学大学生的得分一般；教育学、理学和工学大学生的得分相对较低。其中，教育学大学生的学习责任感和学校责任感得分最低，工学大学生的政治责任感、生命责任感和网络责任感得分最低。可见，经济学、法学及艺术学类大学生的整体社会责任感水平相对较高，而教育学、理学和工学类大学生的社会责任感水平相对较低，尤其是需要加强教育学类大学生的学习责任感和学校责任感教育，及工学类大学生的政治责任感、生命责任感和网络责任感教育。

表 2 - 15　不同学科类别大学生在五个维度上差异比较的方差分析摘要表

		平方和（SS）	自由度	均方（MS）	F 检验	事后比较 LSD 法
政治责任感	组间	2007.948	7	286.850	8.719***	2 > 3 > 12 > 13 > 5 > 7 > 4 > 8
	组内	74250.892	2257	32.898		
	总数	76258.841	2264			
生命责任感	组间	2214.809	7	316.401	7.635***	2 > 3 > 13 > 12 > 5 > 7 > 4 > 8
	组内	93534.389	2257	41.442		
	总数	95749.198	2264			
学习责任感	组间	868.178	7	124.025	7.338***	2 > 3 > 13 > 12 > 5 > 8 > 7 > 4
	组内	38148.628	2257	16.902		
	总数	39016.806	2264			
学校责任感	组间	538.530	7	76.933	6.532***	3 > 2 > 13 > 12 > 5 > 8 > 7 > 4
	组内	26584.320	2257	11.779		
	总数	27122.850	2264			
网络责任感	组间	2032.546	7	290.364	8.993***	2 > 13 > 3 > 12 > 5 > 7 > 4 > 8
	组内	72871.116	2257	32.287		
	总数	74903.662	2264			

注：*** $p < 0.001$　事后比较 LSD 法一列中，2 代表经济学，3 代表法学，4 代表教育学，5 代表文学，7 代表理学，8 代表工学，12 代表管理学，13 代表艺术学。

第二节　中部某省7所高校调查报告

一、调查样本

大学生样本来自我国中部某省的"211"院校、地方骨干院校、一般本科院校和高职院校共7所高校，覆盖工学、法学、经济学、管理学、理学、教育学等10个学科门类，包括大学1～4年级，共收回问卷1477份，有效问卷1294份，有效率为87.61%（见表2-16）。

表2-16　中部某省7所高校调查样本基本信息表

学校	人数	比例（%）	学科	人数	比例（%）
A高校（"211"院校）	219	16.92	经济学	227	17.54
B高校（地方骨干院校）	151	11.67	法学	239	18.47
C高校（一般本科院校）	225	17.39	教育学	50	3.86
D高校（一般本科院校）	238	18.39	文学	104	8.04
E高校（一般本科院校）	173	13.37	理学	139	10.74
F高校（一般本科院校）	188	14.53	工学	274	21.17
G高校（高职院校）	100	7.73	管理学	173	13.37
性别			艺术学	21	1.62
男	547	42.27	历史学	28	2.16
女	747	57.73	哲学	39	3.01
生源地			毕业高中类型		
城镇	472	36.48	重点	846	65.38
农村	822	63.52	普通	448	34.62
年级					
一年级	631	48.76	二年级	338	26.12
三年级	244	18.86	四年级	81	6.26
总人数（%）			1294（100%）		

二、调查结果

（一）我国中部某省高校大学生社会责任感现状

数据统计结果显示：我国中部某省高校大学生社会责任认知、社会责任认同和社会责任行动两两之间 R^2 值在 0.68 以上,表明三个环节之间两两间高度正相关,且各环节在统计学上存在显著性差异(见表 2-17),说明三个环节之间是相互联系、相互影响、相互强化的。

表 2-17　社会责任认知、社会责任认同与社会责任行动间的相关矩阵表

社会责任感形成环节	社会责任认知	社会责任认同	社会责任行动
社会责任认知	1.000		
社会责任认同	0.848 ** ($R^2=0.719$)	1.000	
社会责任行动	0.830 ** ($R^2=0.689$)	0.888 ** ($R^2=0.786$)	1.000

注: ** $p<0.01$ 括号内为决定系数。

我国中部某省社会责任感五维度两两之间 R^2 值均在 0.57 以上,表明五维度两两间呈高度正相关,且各维度在统计学上存在显著性差异(见表 2-18),说明五个维度者之间是相互联系、相互影响、相互强化的。

表 2-18　社会责任感五维度间的相关矩阵表

社会责任感维度	政治责任感	生命责任感	学习责任感	学校责任感	网络责任感
政治责任感	1.000				
生命责任感	0.853 ** ($R^2=0.728$)	1.000			
学习责任感	0.834 ** ($R^2=0.696$)	0.879 ** ($R^2=0.773$)	1.000		
学校责任感	0.796 ** ($R^2=0.634$)	0.783 ** ($R^2=0.613$)	0.798 ** ($R^2=0.637$)	1.000	
网络责任感	0.755 ** ($R^2=0.570$)	0.902 ** ($R^2=0.814$)	0.870 ** ($R^2=0.757$)	0.755 ** ($R^2=0.570$)	1.000

注: ** $p<0.01$ 括号内为决定系数。

从总体看,该省大学生社会责任感处于较高水平但低于全国平均水平(83.09 分,满分为 100 分,下同),平均得分为 82.30 分,60 分以上占 91.1%,80 分以上占 68.8%。

从大学生社会责任感形成的三个环节看,大学生社会责任认知(81.58 分,对承担社会责任的理性认识程度)、社会责任认同(84.02 分,对承担社会责任

的赞成程度）和社会责任行动（81.62分，对具体社会责任的践行程度）均处于较高水平，其中社会责任认同得分最高。

从大学生社会责任感的五个维度看，除了学校责任感（76.70分）较低以外，大学生政治责任感（81.03分）、生命责任感（83.05分）、学习责任感（82.32分）、网络责任感（85.91分）均处于较高水平，其中网络责任感得分最高。

（二）我国中部某省高校大学生社会责任感差异

1. 三环节差异分析

（1）性别对大学生社会责任感形成的认知环节、认同环节影响显著。独立样本 t 检验的结果显示（见表2-19），不同性别的大学生在社会责任认知、认同环节均有显著的不同（ $p<0.05$ ），女生在社会责任认知环节（ $M=45.39$ ）显著高于男生（ $M=44.21$ ）；女生在社会责任认同环节（ $M=38.37$ ）显著高于男生（ $M=37.10$ ）；表明女生较之男生在社会责任认知、认同环节表现更好。在社会责任行动环节， $p=0.065>0.05$ ，未达0.05显著水平，表明受测大学生样本中男生、女生在社会责任行动方面的表现没有显著性差异。

表2-19　不同性别的大学生在社会责任认知、认同、行动的差异比较

检验变量	性别	个数	均值	标准差	t 值	显著性
社会责任认知	男生	559	44.21	9.655	-2.269*	0.023
	女生	705	45.39	8.653		
社会责任认同	男生	559	37.10	8.340	-2.844*	0.005
	女生	705	38.37	7.314		
社会责任行动	男生	559	44.33	10.157	-1.844	0.065
	女生	705	45.34	8.904		

注：* $p<0.05$ 。

（2）学科对大学生社会责任感的三个形成环节影响显著。从表2-20的方差分析摘要表知悉：在社会责任感形成的三个环节上，整体检验的 F 值分别为4.830（ $p=0.000<0.05$ ）、5.536（ $p=0.000<0.05$ ）、6.256（ $p=0.000<0.05$ ），均达到显著水平，表示不同学科的大学生在社会责任感形成的不同环节有显著差异。

事后比较雪费法（Scheffe）显示，在社会责任认知环节、社会责任认同环节、社会责任行动环节，法学类学生的得分均显著低于文学、工学、管理学类大学生，其他学科之间无显著差异。

表 2 – 20　不同学科大学生在社会责任感不同环节差异比较的方差分析摘要表

		平方和	自由度	平均平方和	F 检验	显著性	事后比较（Scheffe）法
社会责任认知	组间	1980.925	5	396.185	4.830*	0.000	5 > 3
	组内	103181.275	1258	82.020			8 > 3
	总和	105162.199	1263				12 > 3
社会责任认同	组间	1657.125	5	331.425	5.536*	0.000	5 > 3
	组内	75317.305	1258	59.871			8 > 3
	总和	76974.430	1263				12 > 3
社会责任行动	组间	2758.650	5	551.730	6.256*	0.000	5 > 3
	组内	110937.931	1258	88.186			8 > 3
	总和	113696.581	1263				12 > 3

注：*$p<0.05$，3 代表法学，5 代表文学，8 代表工学，12 代表管理学。

（3）年级、毕业高中类型、生源地类型对大学生社会责任感形成的三个环节影响不显著。

据表 2 – 21 可知，在社会责任感形成的三个环节上，整体检验的 F 值分别为 1.049（$p=0.370>0.05$）、0.329（$p=0.804>0.05$）、0.891（$p=0.445>0.05$），均未达到显著水平，表示不同年级的大学生在社会责任感形成的不同环节没有显著差异。据表 2 – 22 可知，在社会责任感形成的三个环节上，毕业高中类型的 t 值分别为 – 0.309（$p=0.757>0.05$）、– 0.653（$p=0.514>0.05$）、– 0.923（$p=0.356>0.05$），均未达到显著水平；不同生源地大学生的 t 值分别为 – 0.725（$p=0.469>0.05$）、– 0.888（$p=0.375>0.05$）、0.292（$p=0.771>0.05$），均未达到显著水平，表示来自不同类型高中及生源地的大学生在社会责任感形成的不同环节没有统计的显著性差异。

表 2 – 21　不同年级大学生在社会责任感不同环节差异比较的方差分析摘要表

社会责任感形成环节		平方和	自由度	平均平方和	F	显著性
社会责任认知	组间	262.015	3	87.338	1.049	0.370
	组内	104900.184	1260	83.254		
	总数	105162.199	1263			
社会责任认同	组间	60.272	3	20.091	0.329	0.804
	组内	76914.158	1260	61.043		
	总数	76974.430	1263			
社会责任行动	组间	240.702	3	80.234	0.891	0.445
	组内	113455.879	1260	90.044		
	总数	113696.581	1263			

表 2 - 22　不同高中、生源地大学生在社会责任感不同环节差异比较的方差分析摘要表

检验变量			均值	t 值	显著性
社会责任认知	毕业高中类型	区域内重点高中	44.81	-0.309	0.757
		区域内普通高中	44.97		
	生源地类型	城镇	44.62	-0.725	0.469
		农村	45.02		
社会责任认同	毕业高中类型	区域内重点高中	37.71	-0.653	0.514
		区域内普通高中	38.00		
	生源地类型	城镇	37.55	-0.888	0.375
		农村	37.97		
社会责任行动	毕业高中类型	区域内重点高中	44.72	-0.923	0.356
		区域内普通高中	45.22		
	生源地类型	城镇	45.00	-0.292	0.771
		农村	44.83		

2. 五维度差异分析

（1）性别对大学生的生命责任感维度、学习责任感维度、网络责任感维度有显著性影响。从表 2 - 23 可知，不同性别的大学生在生命责任感维度、学习责任感维度、网络责任感维度方面均有显著的不同，女生在生命责任感维度（$M = 33.61$）显著高于男生（$M = 32.73$）；女生在学习责任感维度（$M = 20.91$）高于男生（$M = 20.17$）；女生在网络责任感维度（$M = 30.63$）显著高于男生（$M = 29.35$）；表明女生较之男生在生命责任、学习责任、网络责任方面表现更好。在政治责任感维度和学校责任感维度，显著性概率值 p 均大于 0.05，未达显著水平，表明受测大学生样本中男生、女生在政治责任感维度、学校责任感维度的表现没有显著性差异。

表 2 - 23　不同性别大学生在社会责任感不同维度差异比较的方差分析摘要表

检验变量	性别	个数	均值	标准差	t 值	显著性
政治责任感	男生	559	28.05	6.746	-1.511	0.131
	女生	705	28.59	5.737		
生命责任感	男生	559	32.73	7.067	-2.280*	0.023
	女生	705	33.61	6.527		
学习责任感	男生	559	20.17	4.564	-3.002*	0.003
	女生	705	20.91	4.151		

检验变量	性别	个数	均值	标准差	t 值	显著性
学校责任感	男生	559	15.34	3.629	-0.055	0.956
	女生	705	15.35	3.268		
网络责任感	男生	559	29.35	6.311	-3.700^*	0.000
	女生	705	30.63	5.883		

注：$^* p < 0.05$。

（2）学科对大学生社会责任感的五维度影响显著。从表2-24的方差分析摘要表知悉：在社会责任感的五个维度上，整体检验的 F 值分别为6.019（$p = 0.000 < 0.05$）、5.863（$p = 0.000 < 0.05$）、4.735（$p = 0.000 < 0.05$）、5.586（$p = 0.000 < 0.05$）、4.906（$p = 0.000 < 0.05$）均达到显著水平，表示不同学科的大学生在社会责任感的五个维度有显著性差异。

事后比较雪费法（Scheffe）显示，在政治责任感维度、生命责任感维度方面，法学类学生的得分均显著低于文学、工学、管理学类学生的得分，其他学科之间无显著差异；在学习责任维度方面，法学类学生的得分低于管理学类学生，其他学科学生之间没有显著差异；在学校责任维度方面，工学类学生得分高于经济学和法学学生，其他学科之间没有显著性差异；在网络责任维度方面，文学、工学类学生得分高于法学类学生，其他学科之间没有显著性差异。可见，法学类学生的社会责任感五维度得分普遍低于其他学科学生。

表2-24 不同学科类别大学生在社会责任感的不同维度差异比较的方差分析摘要表

		平方和	自由度	平均平方和	F 检验	显著性	事后比较 Scheffe 法
政治责任感	组间	1136.889	5	227.378	6.019^*	0.000	5 > 3
	组内	47522.617	1258	37.776			8 > 3
	总数	48659.506	1263				12 > 3
生命责任感	组间	1323.192	5	264.638	5.863^*	0.000	5 > 3
	组内	56784.446	1258	45.139			8 > 3
	总数	58107.638	1263				12 > 3
学习责任感	组间	441.924	5	88.385	4.735^*	0.000	12 > 3
	组内	23483.519	1258	18.667			
	总数	23925.443	1263				

		平方和	自由度	平均平方和	F 检验	显著性	事后比较 Scheffe 法
学校责任感	组间 组内 总数	322.907 14544.389 14867.297	5 1258 1263	64.581 11.562	5.586*	0.000	8 > 2 8 > 3
网络责任感	组间 组内 总数	900.976 46201.442 47102.418	5 1258 1263	180.195 36.726	4.906*	0.000	5 > 3 8 > 3

注: *$p < 0.05$　3 代表法学，5 代表文学，8 代表工学，12 代表管理学。

（3）年级、毕业高中类型、生源地类型对大学生社会责任感五个维度影响不显著。

从表 2 - 25 可知，在社会责任感的五个维度上，不同年级大学生责任感整体检验的 F 值分别为 0.869（$p = 0.457 > 0.05$）、1.049（$p = 0.370 > 0.05$）、1.064（$p = 0.363 > 0.05$）、0.471（$p = 0.703 > 0.05$）、0.720（$p = 0.540 > 0.05$）均未达到显著水平，表示不同年级的大学生在社会责任感五个维度上没有显著性差异。据表 2 - 26 可知，在社会责任感的五个维度上，不同高中类型大学生的 t 值分别为 -0.412（$p = 0.680 > 0.05$）、-0.796（$p = 0.426 > 0.05$）、-0.611（$p = 0.541 > 0.05$）、-1.012（$p = 0.312 > 0.05$）、-0.355（$p = 0.723 > 0.05$）均未达到显著水平；不同生源地大学生的 t 值分别为 -0.894（$p = 0.372 > 0.05$）、-0.036（$p = 0.972 > 0.05$）、-0.351（$p = 0.726 > 0.05$）、-0.799（$p = 0.424 > 0.05$）、-1.018（$p = 0.309 > 0.05$）均未达到显著水平，表示受测大学生样本中不同高中及生源地类型的大学生在社会责任感形成的不同维度没有显著差异。

表 2 - 25　不同年级大学生在社会责任感不同维度差异比较的方差分析摘要表

		平方和	自由度	平均平方和	F 检验	显著性
政治责任感	组间 组内 总数	100.478 48559.027 48659.506	3 1260 1263	33.493 38.539	0.869	0.457
生命责任感	组间 组内 总数	144.752 57962.886 58107.638	3 1260 1263	48.251 46.002	1.049	0.370

续表

		平方和	自由度	平均平方和	F 检验	显著性
学习责任感	组间	60.480	3	20.160	1.064	0.363
	组内	23864.963	1260	18.940		
	总数	23925.443	1263			
学校责任感	组间	16.652	3	5.551	0.471	0.703
	组内	14850.644	1260	11.786		
	总数	14867.297	1263			
网络责任感	组间	80.660	3	26.887	0.720	0.540
	组内	47021.758	1260	37.319		
	总数	47102.418	1263			

表 2－26 不同高中类型、生源地大学生在社会责任感不同维度差异比较的方差分析摘要表

社会责任感维度	检验变量		均值	t 值	显著性
政治责任感	毕业高中类型	区域内重点高中	28.30	-0.412	0.680
		区域内普通高中	28.45		
	生源地类型	城镇	28.15	-0.894	0.372
		农村	28.48		
生命责任感	毕业高中类型	区域内重点高中	33.11	-0.796	0.426
		区域内普通高中	33.43		
	生源地类型	城镇	33.22	-0.036	0.972
		农村	33.23		
学习责任感	毕业高中类型	区域内重点高中	20.53	-0.611	0.541
		区域内普通高中	20.69		
	生源地类型	城镇	20.53	-0.351	0.726
		农村	20.62		
学校责任感	毕业高中类型	区域内重点高中	15.28	-1.012	0.312
		区域内普通高中	15.48		
	生源地类型	城镇	15.44	0.799	0.424
		农村	15.28		
网络责任感	毕业高中类型	区域内重点高中	30.02	-0.355	0.723
		区域内普通高中	30.15		
	生源地类型	城镇	29.84	-1.018	0.309
		农村	30.21		

第三章 工科高校调查报告

第一节 "985" 工科高校调查报告

一、调查样本

本高校为教育部直属的"985"院校，参与调查总人数 122 人，其中理学 1 人，占 0.8%；农学 1 人，占 0.8%；文学 1 人，占 0.8%；艺术 1 人，占 0.8%；哲学 1 人，占 0.8%；工学 117 人，占 95.9%。鉴于其他学科问卷数量偏少，以下统计数据仅以工学为例进行统计分析（共计 117 人）。一年级 31 人，占 26.5%；二年级 28 人，占 23.9%；三年级 29 人，占 24.8%；四年级 29 人，占 24.8%。男生 74 人，占 63.2%；女生 43 人，占 36.8%。城镇 67 人，占 57.3%；农村 50 人，占 42.7%。区域内重点高中 84 人，占 71.8%；区域内普通高中 33 人，占 28.2%（见表 3－1）。

表 3－1 大学生社会责任感现状调查样本基本信息

学科	人数	比例（%）	年级	人数	比例（%）
工学	117	100	一年级	31	26.5
性别			二年级	28	23.9
男	74	63.2	三年级	29	24.8
女	43	36.8	四年级	29	24.8
生源地			毕业高中类型		
农村	50	42.7	普通	33	28.2
城镇	67	57.3	重点	84	71.8

二、调查结果

从总体看，该校大学生社会责任感高于全国平均水平（83.09 分），得分为 96.60 分，高于全国 13.60 分。

从大学生社会责任感形成的三个环节看，社会责任认知 96.41 分，高于全国 14.16 分；社会责任认同 96.92 分，高于全国 12.43 分；社会责任行动 96.52 分，高于全国 13.73 分。

从大学生社会责任感不同维度看，政治责任感 95.63 分，高于全国 13.68 分；生命责任感 96.71 分，高于全国 12.91 分；学习责任感 97.09 分，高于全国 13.69 分；学校责任感 96.37 分，高于全国 17.98 分；网络责任感 97.22 分，高于全国 11.28 分。

（一）三环节差异性分析

1. 性别差异（见表 3-2）

在社会责任感方面，该校男生得分为 96.78，女生得分为 96.28，男生高于女生 0.50；该校男生高于全国水平 14.58，女生高于全国水平 12.55。

在社会责任认知方面，该校男生得分为 96.88，女生得分为 95.60，男生高于女生 1.28；该校男生高于全国水平 15.39，女生高于全国水平 12.81。

在社会责任认同方面，该校男生得分为 96.76，女生得分为 97.21，男生低于女生 0.45；该校男生高于全国水平 13.43，女生高于全国水平 11.89。

在社会责任行动方面，该校男生得分为 96.71，女生得分为 96.19，男生高于女生 0.52；该校男生高于全国水平 14.73，女生高于全国水平 12.82。

表 3-2 该校性别差异（均值百分制得分）

社会责任感形成环节	性别	N	均值	全国均值
社会责任认知	1	74	96.88	81.49
	2	43	95.60	82.79
社会责任认同	1	74	96.76	83.33
	2	43	97.21	85.32
社会责任行动	1	74	96.71	81.98
	2	43	96.19	83.37
社会责任感	1	74	96.78	82.20
	2	43	96.28	83.73

注：表中"性别"列中 1 代表男生，2 代表女生。

2. 生源地类型差异（见表 3-3）

在社会责任感方面，该校来自城镇的学生得分为 96.93，来自农村的学生得分为 96.15，来自城镇的学生高于来自农村的学生 0.78；该校来自城镇的学生高于全国水平 13.78，来自农村的学生高于全国水平 13.10。

在社会责任认知方面，该校来自城镇的学生得分为 96.42，来自农村的学生得分为 96.40，来自城镇的学生高于来自农村的学生 0.02；该校来自城镇的学生高于全国水平 14.31，来自农村的学生高于全国水平 14.07。

在社会责任认同方面，该校来自城镇的学生得分为 97.98，来自农村的学生得分为 95.51，来自城镇的学生高于来自农村的学生 2.47；该校来自城镇的学生高于全国水平 13.56，来自农村的学生高于全国水平 10.98。

在社会责任行动方面，该校来自城镇的学生得分为 96.58，来自农村的学生得分为 96.15，来自城镇的学生高于来自农村的学生 0.43；该校来自城镇的学生高于全国水平 13.44，来自农村的学生高于全国水平 13.58。

表 3-3 该校生源地差异（均值百分制得分）

社会责任感形成环节	生源地类型	N	均值	全国均值
社会责任认知	1	67	96.42	82.11
	2	50	96.40	82.33
社会责任认同	1	67	97.98	84.42
	2	50	95.51	84.53
社会责任行动	1	67	96.58	83.14
	2	50	96.15	82.57
社会责任感	1	67	96.93	83.15
	2	50	96.15	83.05

注：表中"生源地类型"列中 1 代表城镇，2 代表农村。

3. 毕业高中类型差异（见表 3-4）

在社会责任感方面，该校毕业于重点高中的学生得分为 96.83，毕业于普通高中的学生得分为 96.01，毕业于重点高中的学生高于毕业于普通高中的学生 0.82；该校毕业于重点高中的学生高于全国水平 13.43，毕业于普通高中的学生高于全国水平 13.31。

在社会责任认知方面，该校毕业于重点高中的学生得分为 96.54，毕业于普通高中的学生得分为 96.09，毕业于重点高中的学生高于毕业于普通高中的学生 0.45；该校毕业于重点高中的学生高于全国水平 13.97，毕业于普通高中的学生高于全国水平 14.26。

在社会责任认同方面，该校毕业于重点高中的学生得分为 97.06，毕业于普通高中的学生得分为 96.57，毕业于重点高中的学生高于毕业于普通高中的学生0.49；该校毕业于重点高中的学生高于全国水平 12.28，毕业于普通高中的学生高于全国水平 12.46。

在社会责任行动方面，该校毕业于重点高中的学生得分为 96.93，毕业于普通高中的学生得分为 95.48，毕业于重点高中的学生高于毕业于普通高中的学生1.45；该校毕业于重点高中的学生高于全国水平 13.84，毕业于普通高中的学生高于全国水平 13.06。

表 3-4　该校毕业高中类型差异（均值百分制得分）

社会责任感形成环节	毕业高中类型	N	均值	全国均值
社会责任认知	1	84	96.54	82.57
	2	33	96.09	81.83
社会责任认同	1	84	97.06	84.78
	2	33	96.57	84.11
社会责任行动	1	84	96.93	83.09
	2	33	95.48	82.42
社会责任感	1	84	96.83	83.40
	2	33	96.01	82.70

注：表中"毕业高中类型"列中 1 代表区域内重点高中，2 代表区域内普通高中。

4. 年级差异（见表 3-5）

在社会责任感方面，该校一年级得分为 99.29，二年级得分为 96.54，三年级得分为 97.60，四年级得分为 92.77；一年级最高，三年级较高，二年级一般，四年级较低；该校一年级高于全国水平 16.84，二年级高于全国水平 13.81，三年级高于全国水平 14.13，四年级高于全国水平 7.06。

在社会责任认知方面，该校一年级得分为 99.47，二年级得分为 96.75，三年级得分为 95.92，四年级得分为 93.29；一年级最高，二年级较高，三年级一般，四年级较低；该校一年级高于全国水平 17.98，二年级高于全国水平 14.82，三年级高于全国水平 13.18，四年级高于全国水平 8.28。

在社会责任认同方面，该校一年级得分为 99.78，二年级得分为 97.86，三年级得分为 98.47，四年级得分为 91.42；一年级最高，三年级较高，二年级一般，四年级较低；该校一年级高于全国水平 15.72，二年级高于全国水平 13.66，三年级高于全国水平13.75，四年级高于全国水平5.05。

在社会责任行动方面，该校一年级得分为98.71，二年级得分为95.26，三年级得分为98.56，四年级得分为93.35；一年级最高，三年级较高，二年级一般，四年级较低；该校一年级得分高于全国水平16.62，二年级得分高于全国水平12.92，三年级得分高于全国水平15.37，四年级得分高于全国水平7.48。

表3-5 该校年级差异（均值百分制得分）

社会责任感形成环节	年级	N	均值	全国均值
社会责任认知	1	31	99.47	81.49
	2	28	96.75	81.93
	3	29	95.92	82.74
	4	29	93.29	85.01
	总数	117	96.41	82.25
社会责任认同	1	31	99.78	84.06
	2	28	97.86	84.20
	3	29	98.47	84.72
	4	29	91.42	86.37
	总数	117	96.92	84.49
社会责任行动	1	31	98.71	82.09
	2	28	95.26	82.34
	3	29	98.56	83.19
	4	29	93.35	85.87
	总数	117	96.52	82.79
社会责任感	1	31	99.29	82.45
	2	28	96.54	82.73
	3	29	97.60	83.47
	4	29	92.77	85.71
	总数	117	96.60	83.09

注：表中"年级"列中1代表一年级，2代表二年级，3代表三年级，4代表四年级。

（二）五维度差异性分析

1. 性别差异（见表3-6）

在政治责任感维度方面，该校男生得分为95.71，女生得分为95.48，男生得分高于女生得分0.23；该校男生得分高于全国水平14.48，女生得分高于全国水平13.02。

在生命责任感维度方面，该校男生得分为97.03，女生得分为96.16，男生得分高于女生得分 0.87；该校男生得分高于全国水平 14.19，女生得分高于全国水平 11.67。

在学习责任感维度方面，该校男生得分为 97.41，女生得分为 96.56，男生得分高于女生得分 0.85；该校男生得分高于全国水平 15.17，女生得分高于全国水平 12.46。

在学校责任感维度方面，该校男生得分为 96.62，女生得分为 95.93，男生得分高于女生得分 0.69；该校男生得分高于全国水平 17.90，女生得分高于全国水平 17.77。

在网络责任感维度方面，该校男生得分为 97.22，女生得分为 97.21，男生得分高于女生得分 0.01；该校男生得分高于全国水平 12.81，女生得分高于全国水平 10.16。

表 3 - 6 该校性别差异（均值百分制得分）

社会责任感维度	性别	N	均值	全国均值
政治责任感	1	74	95.71	81.23
	2	43	95.48	82.46
生命责任感	1	74	97.03	82.84
	2	43	96.16	84.49
学习责任感	1	74	97.41	82.24
	2	43	96.56	84.10
学校责任感	1	74	96.62	78.72
	2	43	95.93	78.16
网络责任感	1	74	97.22	84.41
	2	43	97.21	87.05

注：表中"性别"列中 1 代表男生，2 代表女生。

2. 生源地类型差异（见表 3 - 7）

在政治责任感维度方面，该校来自城镇的学生得分为 96.12，来自农村的学生得分为 94.97，来自城镇的学生得分高于来自农村的学生 1.15；该校来自城镇的学生得分高于全国水平 14.50，来自农村的学生得分高于全国水平 12.82。

在生命责任感维度方面，该校来自城镇的学生得分为 96.60，来自农村的学生得分为 96.85，来自城镇的学生得分低于来自农村的学生 0.25；该校来自城镇的学生得分高于全国水平 12.66，来自农村的学生得分高于全国水平 13.14。

在学习责任感维度方面，该校来自城镇的学生得分为 97.25，来自农村的学生得分为 96.88，来自城镇的学生得分高于来自农村的学生 0.37；该校来自城镇的学生得分高于全国水平 13.66，来自农村的学生得分高于全国水平 13.73。

在学校责任感维度方面，该校来自城镇的学生得分为96.42，来自农村的学生得分为96.30，来自城镇的学生得分高于来自农村的学生0.12；该校来自城镇的学生得分高于全国水平17.51，来自农村的学生得分高于全国水平18.23。

在网络责任感维度方面，该校来自城镇的学生得分为98.17，来自农村的学生得分为95.94，来自城镇的学生得分高于来自农村的学生2.23；该校来自城镇的学生得分高于全国水平12.30，来自农村的学生得分高于全国水平9.95。

表3-7　该校生源地差异（均值百分制得分）

社会责任感维度	生源地类型	N	均值	全国均值
政治责任感	1	67	96.12	81.62
	2	50	94.97	82.15
生命责任感	1	67	96.60	83.94
	2	50	96.85	83.71
学习责任感	1	67	97.25	83.59
	2	50	96.88	83.15
学校责任感	1	67	96.42	78.91
	2	50	96.30	78.07
网络责任感	1	67	98.17	85.87
	2	50	95.94	85.99
社会责任感	1	67	96.93	83.15
	2	50	96.15	83.05

注：表中"生源地类型"列中1代表城镇，2代表农村。

3. 毕业高中类型差异（见表3-8）

在政治责任感维度方面，该校毕业于重点高中的学生得分为96.05，毕业于普通高中的学生得分为94.55，毕业于重点高中的学生得分高于毕业于普通高中的学生得分1.50；该校毕业于重点高中的学生得分高于全国水平13.82，毕业于普通高中的学生得分高于全国水平12.96。

在生命责任感维度方面，该校毕业于重点高中的学生得分为97.11，毕业于普通高中的学生得分为95.68，毕业于重点高中的学生得分高于毕业于普通高中的学生得分1.43；该校毕业于重点高中的学生得分高于全国水平13.81，毕业于普通高中的学生得分高于全国水平13.41。

在学习责任感维度方面，该校毕业于重点高中的学生得分为97.33，毕业于普通高中的学生得分为96.48，毕业于重点高中的学生得分高于毕业于普通高中的学生0.85。

在学校责任感维度方面，该校毕业于重点高中的学生得分为96.37，毕业于普通高中的学生得分为 96.36，毕业于重点高中的学生得分高于毕业于普通高中的学生 0.01；该校毕业于重点高中的学生得分高于全国水平 17.78，毕业于普通高中的学生得分高于全国水平 18.22。

在网络责任感维度方面，该校毕业于重点高中的学生得分为 97.18，毕业于普通高中的学生得分为 97.32，毕业于重点高中的学生得分低于毕业于普通高中的学生 0.14；该校毕业于重点高中的学生得分高于全国水平 10.74，毕业于普通高中的学生得分高于全国水平 12.00。

表 3 - 8　该校毕业高中类型差异（均值百分制得分）

社会责任感维度	毕业高中类型	N	均值	全国均值
政治责任感	1	84	96.05	82.23
	2	33	94.55	81.59
生命责任感	1	84	97.11	84.08
	2	33	95.68	83.44
学习责任感	1	84	97.33	83.52
	2	33	96.48	83.07
学校责任感	1	84	96.37	78.59
	2	33	96.36	78.14
网络责任感	1	84	97.18	86.44
	2	33	97.32	85.32
社会责任感	1	84	96.83	83.40
	2	33	96.01	82.70

注：表中"毕业高中类型"列中 1 代表区域内重点高中，2 代表区域内普通高中。

4. 年级差异（见表 3 - 9）

在政治责任感维度方面，该校一年级得分为 99.26，二年级得分为 94.08，三年级得分为 97.73，四年级得分为 91.13；一年级最高，三年级较高，二年级一般，四年级较低；该校一年级得分高于全国水平 17.62，二年级得分高于全国水平 13.01，三年级得分高于全国水平 15.38，四年级得分高于全国水平 6.52。

在生命责任感维度方面，该校一年级得分为 98.39，二年级得分为 95.89，三年级得分为 98.10，四年级得分为 94.31；一年级得分最高，三年级得分较高，二年级得分一般，四年级得分较低；该校一年级得分高于全国水平 15.12，二年级得分高于全国水平 12.35，三年级得分高于全国水平 14.01，四年级得分高于全国水平 8.41。

在学习责任感维度方面，该校一年级得分为 99.61，二年级得分为 98.14，三年级得分为 97.38，四年级得分为 93.10；一年级最高，二年级较高，三年级一般，四年级较低；该校一年级得分高于全国水平 17.22，二年级得分高于全国水平 14.83，三年级得分高于全国水平 13.61，四年级得分高于全国水平 7.07。

在学校责任感维度方面，该校一年级得分为 99.52，二年级得分为 96.96，三年级得分为 96.72，四年级得分为 92.07；一年级最高，二年级较高，三年级一般，四年级较低；该校一年级得分高于全国水平 22.04，二年级得分高于全国水平 19.48，三年级得分高于全国水平 17.79，四年级得分高于全国水平 8.89。

在网络责任感维度方面，该校一年级得分为 100.00，二年级得分为 98.37，三年级得分为 97.54，四年级得分为 92.81；一年级最高，二年级较高，三年级一般，四年级较低；该校一年级得分高于全国水平 14.80，二年级得分高于全国水平 12.30，三年级得分高于全国水平 11.25，四年级得分高于全国水平 4.99。

表 3-9 该校年级差异（均值百分制得分）

社会责任感维度	年级	N	均值	全国均值
政治责任感	1	31	99.26	81.64
	2	28	94.08	81.07
	3	29	97.73	82.35
	4	29	91.13	84.61
	总数	117	95.63	81.95
生命责任感	1	31	98.39	83.27
	2	28	95.89	83.54
	3	29	98.10	84.09
	4	29	94.31	85.90
	总数	117	96.71	83.80
学习责任感	1	31	99.61	82.39
	2	28	98.14	83.31
	3	29	97.38	83.77
	4	29	93.10	86.03
	总数	117	97.09	83.32
学校责任感	1	31	99.52	77.48
	2	28	96.96	77.48
	3	29	96.72	78.93
	4	29	92.07	83.18
	总数	117	96.37	78.39

续表

社会责任感维度	年级	N	均值	全国均值
网络责任感	1	31	100.00	85.20
	2	28	98.37	86.07
	3	29	97.54	86.29
	4	29	92.81	87.82
	总数	117	97.22	85.94
社会责任感	1	31	99.29	82.45
	2	28	96.54	82.73
	3	29	97.60	83.47
	4	29	92.77	85.71
	总数	117	96.60	83.09

注：表中"年级"列中1代表一年级，2代表二年级，3代表三年级，4代表四年级。

第二节　教育部直属"211"工科高校

一、调查样本

该高校为教育部直属的"211"大学，参与调查总人数337人，其中工学335人，占99.4%；法学1人，占0.29%；农学1人，占0.29%。鉴于其他学科问卷数量偏少，以下统计数据仅以工学为例进行统计分析（共计335人）。一年级80人，占23.9%；二年级93人，占27.8%；三年级87人，占25.9%；四年级75人，占22.4%。男生262人，占78.2.%；女生73人，占21.8%。城镇207人，占61.8%；农村128人，占38.2%。区域内重点高中219人，占65.3%；区域内普通高中116人，34.7%（见表3-10）。

表3-10　大学生社会责任感现状调查样本基本信息

学科	人数	比例（%）	年级	人数	比例（%）
工学	335	100	一年级	80	23.9
性别			二年级	93	27.8
男	262	78.2	三年级	87	25.9
女	73	21.8	四年级	75	22.4
生源地			毕业高中类型		
农村	128	38.2	普通	116	34.6
城镇	207	61.8	重点	219	65.3

二、调查结果

从总体看，该校大学生社会责任感低于全国平均水平（83.09 分），得分为 78.43 分，低于全国 4.66 分。

从大学生社会责任感形成的三个环节看，社会责任认知 76.41 分，低于全国 5.84 分；社会责任认同 79.79 分，低于全国 4.7 分；社会责任行动 79.34 分，低于全国 2.95 分。

从大学生社会责任感不同维度看，政治责任感 87.88 分，高于全国 5.93 分；生命责任感 78.33 分，低于全国 5.47 分；学习责任感 79.9 分，低于全国 3.42 分；学校责任感 75.76 分，低于全国 2.63 分；网络责任感 80.67 分，低于全国 5.27 分。

（一）三环节差异性分析

1. 性别差异（见表 3-11）

在社会责任感方面，该校男生得分为 77.81，女生得分为 80.65，男生低于女生 2.84；该校男生低于全国水平 5.10，女生低于全国水平 3.08。

在社会责任认知方面，该校男生得分为 75.71，女生得分为 78.90，男生低于女生 3.19；该校男生低于全国水平 6.19，女生低于全国水平 3.89。

在社会责任认同方面，该校男生得分为 79.03，女生得分为 82.53，男生低于女生 3.50；该校男生低于全国水平 4.30，女生低于全国水平 2.79。

在社会责任行动方面，该校男生得分为 78.92，女生得分为 80.85，男生低于女生 1.93；该校男生低于全国水平 3.06，女生低于全国水平 2.52。

表 3-11 该校性别差异（均值百分制得分）

社会责任感形成环节	性别	N	均值	全国均值
社会责任认知	1	262	75.71	81.49
	2	73	78.90	82.79
社会责任认同	1	262	79.03	83.33
	2	73	82.53	85.32
社会责任行动	1	262	78.92	81.98
	2	73	80.85	83.37
社会责任感	1	262	77.81	82.20
	2	73	80.65	83.73

注：表中"性别"列中 1 代表男生，2 代表女生。

2. 生源地类型差异（见表 3 – 12）

在社会责任感方面，该校来自城镇的学生得分为 78.55，来自农村的学生得分为 78.23，来自城镇的学生高于来自农村的学生 0.32；该校来自城镇的学生得分低于全国水平 4.60，来自农村的学生得分低于全国水平 4.82。

在社会责任认知方面，该校来自城镇的学生得分为 76.29，来自农村的学生得分为 76.59，来自城镇的学生得分要低于来自农村的学生 0.30；该校来自城镇的学生得分低于全国水平 5.82，来自农村的学生得分低于全国水平 5.74。

在社会责任认同方面，该校来自城镇的学生得分为 80.21，来自农村的学生得分为 79.11，来自城镇的学生得分要高于来自农村的学生 1.10；该校来自城镇的学生得分低于全国水平 4.21，来自农村的学生得分低于全国水平 5.42。

在社会责任行动方面，该校来自城镇的学生得分为 79.46，来自农村的学生得分为 79.15，来自城镇的学生得分要高于来自农村的学生 0.31；该校来自城镇的学生得分低于全国水平 3.68，来自农村的学生得分低于全国水平 3.42。

表 3 – 12　该校生源地差异（均值百分制得分）

社会责任感形成环节	生源地类型	N	均值	全国均值
社会责任认知	1	207	76.29	82.11
	2	128	76.59	82.33
社会责任认同	1	207	80.21	84.42
	2	128	79.11	84.53
社会责任行动	1	207	79.46	83.14
	2	128	79.15	82.57
社会责任感	1	207	78.55	83.15
	2	128	78.23	83.05

注：表中"生源地类型"列中 1 代表城镇，2 代表农村。

3. 毕业高中类型差异（见表 3 – 13）

在社会责任感方面，该校毕业于重点高中的学生得分为 78.13，毕业于普通高中的学生得分为 78.99，毕业于重点高中的学生得分要低于毕业于普通高中的学生 0.37；该校毕业于重点高中的学生得分低于全国水平 5.27，毕业于普通高中的学生得分低于全国水平 3.71。

在社会责任认知方面，该校毕业于重点高中的学生得分为 76.94，毕业于普通高中的学生得分为 75.39，毕业于重点高中的学生得分高于毕业于普通高中的学生 1.32；该校毕业于重点高中的学生得分低于全国水平 5.63，毕业于普通高中的学生得分低于全国水平 6.44。

在社会责任认同方面，该校毕业于重点高中的学生得分为 79.32，毕业于普通高中的学生得分为 80.69，毕业于重点高中的学生得分低于毕业于普通高中的学生得分 0.38；该校毕业于重点高中的学生得分低于全国水平 5.46，毕业于普通高中的学生得分低于全国水平 3.42。

在社会责任行动方面，该校毕业于重点高中的学生得分为 78.35，毕业于普通高中的学生得分为 81.21，毕业于重点高中的学生得分高于毕业于普通高中的学生得分 0.03；该校毕业于重点高中的学生得分低于全国水平 4.74，毕业于普通高中的学生得分低于全国水平 1.21。

表 3-13 该校毕业高中类型差异（均值百分制得分）

社会责任感形成环节	毕业高中类型	N	均值	全国均值
社会责任认知	1	219	76.94	82.57
	2	116	75.39	81.83
社会责任认同	1	219	79.32	84.78
	2	116	80.69	84.11
社会责任行动	1	219	78.35	83.09
	2	116	81.21	82.42
社会责任感	1	219	78.13	83.40
	2	116	78.99	82.70

注：表中"毕业高中类型"列中 1 代表区域内重点高中，2 代表区域内普通高中。

4. 年级差异（见表 3-14）

在社会责任感方面，该校一年级得分为 73.94，二年级得分为 75.39，三年级得分为 81.19，四年级得分为 83.78；四年级最高，三年级较高，二年级一般，一年级较低；该校一年级得分低于全国水平 8.51，二年级得分低于全国水平 7.34，三年级得分低于全国水平 2.28，四年级得分低于全国水平 1.93。

在社会责任认知方面，该校一年级得分为 72.86，二年级得分为 74.08，三年级得分为 78.60，四年级得分为 80.53；四年级最高，三年级较高，二年级一般，一年级较低；该校一年级得分低于全国水平 8.63，二年级得分低于全国水平 7.85，三年级得分低于全国水平 4.14，四年级得分高于全国水平 4.48。

在社会责任认同方面，该校一年级得分为 76.03，二年级得分为 76.01，三年级得分为 82.86，四年级得分为 84.95；四年级最高，三年级较高，一、二年级基本持平；该校一年级得分低于全国水平 8.03，二年级得分低于全国水平

8.19，三年级得分低于全国水平1.86，四年级得分低于全国水平1.42。

在社会责任行动方面，该校一年级得分为73.30，二年级得分为76.21，三年级得分为82.42，四年级得分为86.08；四年级最高，三年级较高，二年级一般，一年级较低；该校一年级得分低于全国水平8.79，二年级得分低于全国水平6.13，三年级得分低于全国水平0.77，四年级得分高于全国水平0.21。

表3-14 该校年级差异（均值百分制得分）

社会责任感形成环节	年级	N	均值	全国均值
社会责任认知	1	80	72.86	81.49
	2	93	74.08	81.93
	3	87	78.60	82.74
	4	75	80.53	85.01
	总数	335	76.41	82.25
社会责任认同	1	80	76.03	84.06
	2	93	76.01	84.20
	3	87	82.86	84.72
	4	75	84.95	86.37
	总数	335	79.79	84.49
社会责任行动	1	80	73.30	82.09
	2	93	76.21	82.34
	3	87	82.42	83.19
	4	75	86.08	85.87
	总数	335	79.34	82.79
社会责任感	1	80	73.94	82.45
	2	93	75.39	82.73
	3	87	81.19	83.47
	4	75	83.78	85.71
	总数	335	78.43	83.09

注：表中"年级"列中1代表一年级，2代表二年级，3代表三年级，4代表四年级。

（二）五维度差异性分析

1. 性别差异（见表3-15）

在政治责任感维度方面，该校男生得分为87.01，女生得分为91.00，男生得分低于女生3.99；该校男生得分高于全国水平5.78，女生得分高于全国水平7.54。

在生命责任感维度方面，该校男生得分为 77.78，女生得分为 80.31，男生得分低于女生 2.53；该校男生得分低于全国水平 5.06，女生得分低于全国水平 4.18。

在学习责任感维度方面，该校男生得分为 79.57，女生得分为 81.10，男生得分低于女生 1.53；该校男生得分低于全国水平 2.67，女生得分低于全国水平 3.00。

在学校责任感维度方面，该校男生得分为 75.08，女生得分为 78.22，男生得分低于女生 3.14；该校男生得分低于全国水平 3.64，女生得分高于全国水平 0.06。

在网络责任感维度方面，该校男生得分为 80.00，女生得分为 83.05，男生得分低于女生 3.05；该校男生得分低于全国水平 4.41，女生得分低于全国水平 4.00。

表 3 - 15　该校性别差异（均值百分制得分）

社会责任感维度	性别	N	均值	全国均值
政治责任感	1	262	87.01	81.23
	2	73	91.00	82.46
生命责任感	1	262	77.78	82.84
	2	73	80.31	84.49
学习责任感	1	262	79.57	82.24
	2	73	81.10	84.10
学校责任感	1	262	75.08	78.72
	2	73	78.22	78.16
网络责任感	1	262	80.00	84.41
	2	73	83.05	87.05
社会责任感	1	262	80.31	82.20
	2	73	83.20	83.73

注：表中"性别"列中 1 代表男生，2 代表女生。

2. 生源地类型差异（见表 3 - 16）

在政治责任感维度方面，该校来自城镇的学生得分为 88.28，来自农村的学生得分为 87.23，来自城镇的学生得分高于来自农村的学生得分 1.05；该校来自城镇的学生得分高于全国水平 6.66，来自农村的学生得分高于全国水平 5.08。

在生命责任感维度方面，该校来自城镇的学生得分为 78.31，来自农村的学生得分为 78.36，来自城镇的学生得分低于来自农村的学生得分 0.05；该校来自城镇的学生得分低于全国水平 5.63，来自农村的学生得分低于全国水平 5.35。

在学习责任感维度方面，该校来自城镇的学生得分为 80.14，来自农村的学生得分为 79.53，来自城镇的学生得分高于来自农村的学生得分 0.61；该校来自城镇的学生得分低于全国水平 3.45，来自农村的学生得分低于全国水平 3.62。

在学校责任感维度方面，该校来自城镇的学生得分为 75.68，来自农村的学生得分为 75.90，来自城镇的学生得分低于来自农村的学生得分 0.22；该校来自城镇的学生得分低于全国水平 3.23，来自农村的学生得分低于全国水平 2.17。

在网络责任感维度方面，该校来自城镇的学生得分为 80.81，来自农村的学生得分为 80.42，来自城镇的学生得分高于来自农村的学生得分 0.39；该校来自城镇的学生得分低于全国水平 5.06，来自农村的学生得分低于全国水平 5.57。

表 3 – 16　该校生源地差异（均值百分制得分）

社会责任感维度	生源地类型	N	均值	全国均值
政治责任感	1	207	88.28	81.62
	2	128	87.23	82.15
生命责任感	1	207	78.31	83.94
	2	128	78.36	83.71
学习责任感	1	207	80.14	83.59
	2	128	79.53	83.15
学校责任感	1	207	75.68	78.91
	2	128	75.90	78.07
网络责任感	1	207	80.81	85.87
	2	128	80.42	85.99
社会责任感	1	207	81.08	83.15
	2	128	80.70	83.05

注：表中"生源地类型"列中 1 代表城镇，2 代表农村。

3. 毕业高中类型差异（见表 3 – 17）

在政治责任感维度方面，该校毕业于重点高中的学生得分为 87.78，毕业于普通高中的学生得分为 88.08，毕业于重点高中的学生得分低于毕业于普通高中的学生得分 0.30；该校毕业于重点高中的学生得分高于全国水平 5.55，毕业于普通高中的学生得分高于全国水平 6.49。

在生命责任感维度方面，该校毕业于重点高中的学生得分为 77.56，毕业于普通高中的学生得分为 79.78，毕业于重点高中的学生得分低于毕业于普通高中的学生得分 2.22；该校毕业于重点高中的学生得分低于全国水平 6.52，毕业于普通高中的学生得分低于全国水平 3.66。

在学习责任感维度方面,该校毕业于重点高中的学生得分为 79.65,毕业于普通高中的学生得分为 80.38,毕业于重点高中的学生得分低于毕业于普通高中的学生得分 0.73;该校毕业于重点高中的学生得分低于全国水平 3.87,毕业于普通高中的学生得分低于全国水平 2.69。

在学校责任感维度方面,该校毕业于重点高中的学生得分为 75.46,毕业于普通高中的学生得分为 76.34,毕业于重点高中的学生得分低于毕业于普通高中的学生得分 0.88;该校毕业于重点高中的学生得分低于全国水平 3.13,毕业于普通高中的学生得分低于全国水平 1.8。

在网络责任感维度方面,该校毕业于重点高中的学生得分为 80.44,毕业于普通高中的学生得分为 81.08,毕业于重点高中的学生得分低于毕业于普通高中的学生得分 0.64。该校毕业于重点高中的学生得分低于全国水平 6.00,毕业于普通高中的学生得分低于全国水平 4.24。

表 3 – 17　该校毕业高中类型差异（均值百分制得分）

社会责任感维度	毕业高中类型	N	均值	全国均值
政治责任感	1	219	87.78	82.23
	2	116	88.08	81.59
生命责任感	1	219	77.56	84.08
	2	116	79.78	83.44
学习责任感	1	219	79.65	83.52
	2	116	80.38	83.07
学校责任感	1	219	75.46	78.59
	2	116	76.34	78.14
网络责任感	1	219	80.44	86.44
	2	116	81.08	85.32
社会责任感	1	219	80.58	83.40
	2	116	81.60	82.70

注:表中"毕业高中类型"列中 1 代表区域内重点高中,2 代表区域内普通高中。

4. 年级差异（见表 3 – 18）

在政治责任感维度方面,该校一年级得分为 82.32,二年级得分为 83.23,三年级得分为 92.84,四年级得分为 93.83;三年级最高,四年级较高,二年级一般,一年级较低;该校一年级得分高于全国水平 1.68,二年级得分高于全国水平 2.16,三年级得分高于全国水平 10.49,四年级得分高于全国水平 9.22。

在生命责任感维度方面，该校一年级得分为 75.53，二年级得分为 75.05，三年级得分为 80.55，四年级得分为 82.80；四年级最高，三年级较高，一年级一般，二年级较低；该校一年级得分低于全国水平 7.74，二年级得分低于全国水平 8.49，三年级得分低于全国水平 3.54，四年级得分低于全国水平 3.1。

在学习责任感维度方面，该校一年级得分为 74.95，二年级得分为 77.33，三年级得分为 82.53，四年级得分为 85.33；四年级最高，三年级较高，二年级一般，一年级较低。该校一年级得分低于全国水平 7.44，二年级得分低于全国水平 5.98，三年级得分低于全国水平 1.24，四年级得分高于全国水平 0.70。

在学校责任感维度方面，该校一年级得分为 68.50，二年级得分为 72.85，三年级得分为 77.87，四年级得分为 84.67；四年级最高，三年级较高，二年级一般，一年级较低；该校一年级得分低于全国水平 8.98，二年级得分低于全国水平 4.63，三年级得分低于全国水平 1.06，四年级得分高于全国水平 1.49。

在网络责任感维度方面，该校一年级得分为 77.14，二年级得分为 78.22，三年级得分为 82.96，四年级得分为 84.80；四年级最高，三年级较高，二年级一般，一年级较低；该校一年级得分低于全国水平 8.06，二年级得分低于全国水平 7.85，三年级得分低于全国水平 3.33，四年级得分低于全国水平 3.02。

表 3-18　该校年级差异（均值百分制得分）

社会责任感维度	年级	N	均值	全国均值
政治责任感	1	80	82.32	81.64
	2	93	83.23	81.07
	3	87	92.84	82.35
	4	75	93.83	84.61
	总数	335	87.88	81.95
生命责任感	1	80	75.53	83.27
	2	93	75.05	83.54
	3	87	80.55	84.09
	4	75	82.80	85.90
	总数	335	78.33	83.80
学习责任感	1	80	74.95	82.39
	2	93	77.33	83.31
	3	87	82.53	83.77
	4	75	85.33	86.03
	总数	335	79.90	83.32

社会责任感维度	年级	N	均值	全国均值
学校责任感	1	80	68.50	77.48
	2	93	72.85	77.48
	3	87	77.87	78.93
	4	75	84.67	83.18
	总数	335	75.76	78.39
网络责任感	1	80	77.14	85.20
	2	93	78.22	86.07
	3	87	82.96	86.29
	4	75	84.80	87.82
	总数	335	80.67	85.94
社会责任感	1	80	76.43	82.45
	2	93	77.70	82.73
	3	87	83.84	83.47
	4	75	86.39	85.71
	总数	335	80.94	83.09

注：表中"年级"列中1代表一年级，2代表二年级，3代表三年级，4代表四年级。

第三节　地方"211"工科高校

一、调查样本

该高校为地方"211"工科大学，参与调查总人数128人，其中管理学1人，占0.8%；教育学1人，占0.8%；理学13人，占10.2%；工学113人，占88.3%。鉴于其他学科问卷数量偏少，以下统计数据仅以工学为例进行统计分析（共计113人）。一年级65人，占57.5%；二年级0人，占0%；三年级22人，占19.5%；四年级26人，占23.0%。男生61人，占54.0%；女生52人，占46.0%。城镇63人，占55.8%；农村50人，占44.2%。区域内重点高中66人，占58.4%；区域内普通高中47人，41.6%（见表3-19）。

表 3 - 19　大学生社会责任感现状调查样本基本信息

学科	人数	比例（%）	年级	人数	比例（%）
工学	113	100%	一年级	65	57.5
性别			二年级	0	0
男	61	54.0	三年级	22	19.5
女	52	46.0	四年级	26	23.0
生源地			毕业高中类型		
农村	50	44.2	普通	47	41.6
城镇	63	55.8	重点	66	58.4

二、调查结果

从总体看，该高校大学生社会责任感远低于全国平均水平（83.09 分），得分为 66.91 分，低于全国 16.09 分。

从大学生社会责任感形成的三个环节看，社会责任认知 65.79 分，低于全国 16.46 分；社会责任认同 67.73 分，低于全国 16.76 分；社会责任行动 67.37 分，低于全国 15.42 分。

从大学生社会责任感不同维度看，政治责任感 64.60 分，低于全国 17.35 分；生命责任感 68.01 分，低于全国 15.79 分；学习责任感 66.87 分，低于全国 16.53 分；学校责任感 64.16 分，低于全国 14.23 分；网络责任感 69.58 分，低于全国 16.36 分。

（一）三环节差异性分析

1. 性别差异（见表 3 - 20）

在社会责任感方面，该校男生得分为 67.70，女生得分为 65.99，男生得分高于女生 1.71；该校男生得分低于全国水平 14.50，女生得分低于全国水平 17.74。

在社会责任认知方面，该校男生得分为 66.77，女生得分为 64.65，男生得分高于女生 2.12；该校男生得分低于全国水平 14.72，女生得分低于全国水平 18.14。

在社会责任认同方面，该校男生得分为 67.91，女生得分为 67.52，男生得分高于女生 0.39；该校男生得分低于全国水平 15.42，女生得分低于全国水平 17.80。

在社会责任行动方面，该校男生得分为 68.46，女生得分为 66.08，男生得分高于女生 2.38；该校男生得分低于全国水平 13.52，女生得分低于全国水平 17.29。

表 3-20　该校性别差异（均值百分制得分）

社会责任感形成环节	性别	N	均值	全国均值
社会责任认知	1	61	66.77	81.49
	2	52	64.65	82.79
社会责任认同	1	61	67.91	83.33
	2	52	67.52	85.32
社会责任行动	1	61	68.46	81.98
	2	52	66.08	83.37
社会责任感	1	61	67.70	82.20
	2	52	65.99	83.73

注：表中"性别"列中 1 代表男生，2 代表女生。

2. 生源地类型差异（见表 3-21）

在社会责任感方面，该校来自城镇的学生得分为 69.93，来自农村的学生得分为 63.11，来自城镇的学生得分高于来自农村的学生 6.82；该校来自城镇的学生得分低于全国水平 13.22，来自农村的学生得分低于全国水平 19.94。

在社会责任认知方面，该校来自城镇的学生得分为 69.00，来自农村的学生得分为 61.75，来自城镇的学生得分高于来自农村的学生 7.25；该校来自城镇的学生得分低于全国水平 13.11，来自农村的学生得分低于全国水平 20.58。

在社会责任认同方面，该校来自城镇的学生得分为 70.26，来自农村的学生得分为 64.53，来自城镇的学生得分高于来自农村的学生 5.73；该校来自城镇的学生得分低于全国水平 14.16，来自农村的学生得分低于全国水平 20.00。

在社会责任行动方面，该校来自城镇的学生得分为 70.59，来自农村的学生得分为 63.31，来自城镇的学生得分高于来自农村的学生 7.28；该校来自城镇的学生得分低于全国水平 12.55，来自农村的学生得分低于全国水平 19.26。

表 3 - 21　该校生源地差异（均值百分制得分）

社会责任感形成环节	生源地类型	N	均值	全国均值
社会责任认知	1	63	69.00	82.11
	2	50	61.75	82.33
社会责任认同	1	63	70.26	84.42
	2	50	64.53	84.53
社会责任行动	1	63	70.59	83.14
	2	50	63.31	82.57
社会责任感	1	63	69.93	83.15
	2	50	63.11	83.05

注：表中"生源地类型"列中 1 代表城镇，2 代表农村。

3. 毕业高中类型差异（见表 3 - 22）

在社会责任感方面，该校毕业于重点高中的学生得分为 68.56，毕业于普通高中的学生得分为 64.60，毕业于重点高中的学生得分高于毕业于普通高中的学生得分 3.96；该校毕业于重点高中的学生得分低于全国水平 14.84，毕业于普通高中的学生得分低于全国水平 18.10。

在社会责任认知方面，该校毕业于重点高中的学生得分为 67.44，毕业于普通高中的学生得分为 63.48，毕业于重点高中的学生得分高于毕业于普通高中的学生得分 3.96；该校毕业于重点高中的学生得分低于全国水平 15.13，毕业于普通高中的学生得分低于全国水平 18.35。

在社会责任认同方面，该校毕业于重点高中的学生得分为 69.66，毕业于普通高中的学生得分为 65.01，毕业于重点高中的学生得分高于毕业于普通高中的学生得分 4.65；该校毕业于重点高中的学生得分低于全国水平 15.12，毕业于普通高中的学生得分低于全国水平 19.10。

在社会责任行动方面，该校毕业于重点高中的学生得分为 68.79，毕业于普通高中的学生得分为 65.38，毕业于重点高中的学生得分高于毕业于普通高中的学生得分 3.41；该校毕业于重点高中的学生得分低于全国水平 14.30，毕业于普通高中的学生得分低于全国水平 17.04。

表3-22 该校毕业高中类型差异（均值百分制得分）

社会责任感形成环节	毕业高中类型	N	均值	全国均值
社会责任认知	1	66	67.44	82.57
	2	47	63.48	81.83
社会责任认同	1	66	69.66	84.78
	2	47	65.01	84.11
社会责任行动	1	66	68.79	83.09
	2	47	65.38	82.42
社会责任感	1	66	68.56	83.40
	2	47	64.60	82.70

注：表中"毕业高中类型"列中1代表区域内重点高中，2代表区域内普通高中。

4. 年级差异（见表3-23）

鉴于二年级没有参与调查，以下统计数据仅以一、三、四年级为例进行统计分析。

在社会责任感方面，该校一年级得分为66.69，三年级得分为64.13，四年级得分为69.83；四年级最高，一年级一般，三年级较低；该校一年级得分低于全国水平15.76，三年级得分低于全国水平19.34，四年级得分低于全国水平15.88。

在社会责任认知方面，该校一年级得分为64.92，三年级得分为63.80，四年级得分为69.65；四年级最高，一年级一般，三年级较低；该校一年级得分低于全国水平16.57，三年级得分低于全国水平18.94，四年级得分低于全国水平15.36。

在社会责任认同方面，该校一年级得分为68.58，三年级得分为62.32，四年级得分为70.17；四年级最高，一年级一般，三年级较低；该校一年级得分低于全国水平15.48，三年级得分低于全国水平22.40，四年级得分低于全国水平16.20。

在社会责任行动方面，该校一年级得分为66.91，三年级得分为65.95，四年级得分为69.72；四年级最高，一年级一般，三年级较低；该校一年级得分低于全国水平15.18，三年级得分低于全国水平17.24，四年级得分低于全国水平16.15。

表 3 - 23　该校年级差异（均值百分制得分）

社会责任感形成环节	年级	N	均值	全国均值
社会责任认知	1	65	64.92	81.49
	3	22	63.80	82.74
	4	26	69.65	85.01
	总数	113	65.79	82.25
社会责任认同	1	65	68.58	84.06
	3	22	62.32	84.72
	4	26	70.17	86.37
	总数	113	67.73	84.49
社会责任行动	1	65	66.91	82.09
	3	22	65.95	83.19
	4	26	69.72	85.87
	总数	113	67.37	82.79
社会责任感	1	65	66.69	82.45
	3	22	64.13	83.47
	4	26	69.83	85.71
	总数	113	66.91	83.09

注：表中"年级"列中 1 代表一年级，3 代表三年级，4 代表四年级。

（二）五维度差异性分析

1. 性别差异（见表 3 - 24）

在社会责任感方面，该校男生得分为 67.70，女生得分为 65.99，男生得分高于女生得分 1.71；该校男生得分低于全国水平 14.50，女生得分低于全国水平 17.74。

在政治责任感维度方面，该校男生得分为 65.85，女生得分为 63.13，男生得分高于女生得分 2.72；该校男生得分低于全国水平 15.38，女生得分低于全国水平 19.33。

在生命责任感维度方面，该校男生得分为 68.89，女生得分为 66.97，男生得分高于女生得分 1.92；该校男生得分低于全国水平 13.95，女生得分低于全国水平 17.52。

在学习责任感维度方面，该校男生得分为 67.41，女生得分为 66.23，男生得分高于女生得分 1.18；该校男生得分低于全国水平 14.83，女生得分低于全国水平 17.87。

在学校责任感维度方面，该校男生得分为 65.25，女生得分为 62.88，男生得分高于女生得分 2.37；该校男生得分低于全国水平 13.47，女生得分低于全国水平 15.28。

在网络责任感维度方面，该校男生得分为 69.79，女生得分为 69.34，男生得分高于女生得分 0.45；该校男生得分低于全国水平 14.62，女生得分低于全国水平 17.71。

表 3 - 24   该校性别差异（均值百分制得分）

社会责任感维度	性别	N	均值	全国均值
政治责任感	1	61	65.85	81.23
	2	52	63.13	82.46
生命责任感	1	61	68.89	82.84
	2	52	66.97	84.49
学习责任感	1	61	67.41	82.24
	2	52	66.23	84.10
学校责任感	1	61	65.25	78.72
	2	52	62.88	78.16
网络责任感	1	61	69.79	84.41
	2	52	69.34	87.05
社会责任感	1	61	67.70	82.20
	2	52	65.99	83.73

注：表中"性别"列中 1 代表男生，2 代表女生。

2. 生源地类型差异（见表 3 - 25）

在社会责任感方面，该校来自城镇的学生得分为 69.93，来自农村的学生得分为 63.11，来自城镇的学生得分高于来自农村的学生 6.82；该校来自城镇的学生得分低于全国水平 13.22，来自农村的学生得分低于全国水平 19.94。

在政治责任感维度方面，该校来自城镇的学生得分为 65.94，来自农村的学生得分为 62.91，来自城镇的学生得分高于来自农村的学生 3.03；该校来自城镇的学生得分低于全国水平 15.68，来自农村的学生得分低于全国水平 19.24。

在生命责任感维度方面，该校来自城镇的学生得分为 71.90，来自农村的学生得分为 63.10，来自城镇的学生得分高于来自农村的学生 8.80；该校来自城镇的学生得分低于全国水平 12.04，来自农村的学生得分低于全国水平 20.61。

在学习责任感维度方面，该校来自城镇的学生得分为 70.03，来自农村的学生得分为 62.88，来自城镇的学生得分高于来自农村的学生 7.15；该校来自城镇的学生得分低于全国水平 13.56，来自农村的学生得分低于全国水平 20.27。

在学校责任感维度方面，该校来自城镇的学生得分为 66.90，来自农村的学生得分为 60.70，来自城镇的学生得分高于来自农村的学生 6.20；该校来自城镇的学生得分低于全国水平 12.01，来自农村的学生得分低于全国水平 17.37。

在网络责任感维度方面，该校来自城镇的学生得分为 73.33，来自农村的学生得分为 64.86，来自城镇的学生得分高于来自农村的学生 8.47；该校来自城镇的学生得分低于全国水平 12.54，来自农村的学生得分低于全国水平 21.13。

表 3 - 25　该校生源地差异（均值百分制得分）

社会责任感维度	生源地类型	N	均值	全国均值
政治责任感	1	63	65.94	81.62
	2	50	62.91	82.15
生命责任感	1	63	71.90	83.94
	2	50	63.10	83.71
学习责任感	1	63	70.03	83.59
	2	50	62.88	83.15
学校责任感	1	63	66.90	78.91
	2	50	60.70	78.07
网络责任感	1	63	73.33	85.87
	2	50	64.86	85.99
社会责任感	1	63	69.93	83.15
	2	50	63.11	83.05

注：表中"生源地类型"列中 1 代表城镇，2 代表农村。

3. 毕业高中类型差异（见表 3 - 26）

在社会责任感方面，该校毕业于重点高中的学生得分为 68.56，毕业于普通高中的学生得分为 64.60，毕业于重点高中的学生得分高于毕业于普通高中的学生得分 3.96；该校毕业于重点高中的学生得分低于全国水平 14.84，毕业于普通高中的学生得分低于全国水平 18.10。

在政治责任感维度方面，该校毕业于重点高中的学生得分为 66.97，毕业于普通高中的学生得分为 61.28，毕业于重点高中的学生得分高于毕业于普通高中的学生得分 5.69；该校毕业于重点高中的学生得分低于全国水平 15.26，毕业于普通高中的学生得分低于全国水平 20.31。

在生命责任感维度方面，该校毕业于重点高中的学生得分为 70.00，毕业于普通高中的学生得分为 65.21，毕业于重点高中的学生得分高于毕业于普通高中的学生得分 4.79；该校毕业于重点高中的学生得分低于全国水平 14.08，毕业于普通高中的学生得分低于全国水平 18.23。

在学习责任感维度方面，该校毕业于重点高中的学生得分为 66.97，毕业于普通高中的学生得分为 66.72，毕业于重点高中的学生得分高于毕业于普通高中的学生得分 0.25；该校毕业于重点高中的学生得分低于全国水平 16.55，毕业于普通高中的学生得分低于全国水平 16.35。

在学校责任感维度方面，该校毕业于重点高中的学生得分为 65.53，毕业于普通高中的学生得分为 62.23，毕业于重点高中的学生得分高于毕业于普通高中的学生得分 3.30；该校毕业于重点高中的学生得分低于全国水平 13.06，毕业于普通高中的学生得分低于全国水平 15.91。

在网络责任感维度方面，该校毕业于重点高中的学生得分为 71.39，毕业于普通高中的学生得分为 67.05，毕业于重点高中的学生得分高于毕业于普通高中的学生得分 4.34；该校毕业于重点高中的学生得分低于全国水平 15.05，毕业于普通高中的学生得分低于全国水平 18.27。

表 3 - 26　该校毕业高中类型差异（均值百分制得分）

社会责任感维度	毕业高中类型	N	均值	全国均值
政治责任感	1	66	66.97	82.23
	2	47	61.28	81.59
生命责任感	1	66	70.00	84.08
	2	47	65.21	83.44
学习责任感	1	66	66.97	83.52
	2	47	66.72	83.07
学校责任感	1	66	65.53	78.59
	2	47	62.23	78.14
网络责任感	1	66	71.39	86.44
	2	47	67.05	85.32
社会责任感	1	66	68.56	83.40
	2	47	64.60	82.70

注：表中"毕业高中类型"列中 1 代表区域内重点高中，2 代表区域内普通高中。

4. 年级差异（见表 3 - 27）

鉴于二年级没有参与调查，以下统计数据仅以一、三、四年级为例进行统计分析。

在社会责任感方面，该校一年级得分为 66.69，三年级得分为 64.13，四年级得分为 69.83；四年级最高，一年级一般，三年级较低；该校一年级得分低于全国水平 15.76，三年级得分低于全国水平 19.34，四年级得分低于全国水平 15.88。

在政治责任感维度方面，该校一年级得分为 62.86，三年级得分为 63.25，四年级得分为 70.11；四年级最高，三年级一般，一年级较低；该校一年级得分低于全国水平 18.78，三年级得分低于全国水平 19.10，四年级得分低于全国水平 14.50。

在生命责任感维度方面，该校一年级得分为 68.15，三年级得分为 63.86，四年级得分为 71.15；四年级最高，一年级一般，三年级较低；该校一年级得分低于全国水平 15.12，三年级得分低于全国水平 20.23，四年级得分低于全国水平 14.75。

在学习责任感维度方面，该校一年级得分为 66.95，三年级得分为 66.00，四年级得分为 67.38；四年级最高，一年级一般，三年级较低；该校一年级得分低于全国水平 15.44，三年级得分低于全国水平 17.77，四年级得分低于全国水平 18.65。

在学校责任感维度方面，该校一年级得分为 63.38，三年级得分为 60.45，四年级得分为 69.23；四年级最高，一年级一般，三年级较低；该校一年级得分低于全国水平 14.10，三年级得分低于全国水平 18.48，四年级得分低于全国水平 13.95。

在网络责任感维度方面，该校一年级得分为 70.55，三年级得分为 66.10，四年级得分为 70.11；一年级最高，四年级一般，三年级较低；该校一年级得分低于全国水平 14.65，三年级得分低于全国水平 20.19，四年级得分低于全国水平 17.71。

表 3 - 27　该校年级差异（均值百分制得分）

社会责任感维度	年级	N	均值	全国均值
政治责任感	1	65	62.86	81.64
	3	22	63.25	82.35
	4	26	70.11	84.61
	总数	113	64.60	81.95
生命责任感	1	65	68.15	83.27
	3	22	63.86	84.09
	4	26	71.15	85.90
	总数	113	68.01	83.80

续表

社会责任感维度	年级	N	均值	全国均值
学习责任感	1	65	66.95	82.39
	3	22	66.00	83.77
	4	26	67.38	86.03
	总数	113	66.87	83.32
学校责任感	1	65	63.38	77.48
	3	22	60.45	78.93
	4	26	69.23	83.18
	总数	113	64.16	78.39
网络责任感	1	65	70.55	85.20
	3	22	66.10	86.29
	4	26	70.11	87.82
	总数	113	69.58	85.94
社会责任感	1	65	66.69	82.45
	3	22	64.13	83.47
	4	26	69.83	85.71
	总数	113	66.91	83.09

注：表中"年级"列中1代表一年级，3代表三年级，4代表四年级。

第四节　地方省属骨干工科高校

一、调查样本

该高校为地方省属骨干工科院校，参与调查总人数 285 人，其中哲学 1 人，占 0.4%；经济学 12 人，占 4.2%；理学 2 人，占 0.7%；工学 264 人，占 92.6%；医学 1 人，占 0.4%；管理学 5 人，占 1.8%。鉴于其他学科问卷数量偏少，以下统计数据仅以工学为例进行统计分析（有效问卷 264 份）。一年级 58 人，占 22.0%；二年级 95 人，占 36.0%；三年级 60 人，占 22.7%；四年级 51 人，占 19.3%。男生 150 人，占 56.8%；女生 114 人，占 43.2%。城镇 50 人，占 18.9%；农村 214 人，占 81.1%。区域内重点高中 91 人，占 34.5%；区域内普通高中 173 人，65.5%（见表 3 - 28）。

表 3 - 28　大学生社会责任感现状调查样本基本信息

学科	人数	比例（%）	年级	人数	比例（%）
工学	264	100	一年级	58	22.0
性别			二年级	95	36.0
男	150	56.8	三年级	60	22.7
女	114	43.2	四年级	51	19.3
生源地			毕业高中类型		
农村	214	81.1	普通	173	65.5
城镇	50	18.9	重点	91	34.5

二、调查结果

从总体看，该高校大学生社会责任感略得分低于全国平均水平（83.09 分），得分为 82.52 分，低于全国 0.57 分。

从大学生社会责任感形成的三个环节看，社会责任认知 81.91 分，低于全国 0.34 分；社会责任认同 84.74 分，高于全国 0.25 分；社会责任行动 81.32 分，低于全国 1.47 分。

从大学生社会责任感不同维度看，政治责任感 82.48 分，高于全国 0.53 分；生命责任感 82.87 分，低于全国 0.93 分；学习责任感 82.18 分，低于全国 1.14 分；学校责任感 80.44 分，高于全国 2.05 分；网络责任感 83.61 分，低于全国 2.33 分。

（一）三环节差异性分析

1. 性别差异（见表 3 - 29）

在社会责任感方面，该校男生得分为 82.43，女生得分为 84.53，男生得分低于女生得分 2.10；该校男生得分高于全国水平 0.23，女生得分高于全国水平 0.80。

在社会责任认知方面，该校男生得分为 82.24，女生得分为 83.52，男生得分低于女生得分 1.28；该校男生得分高于全国水平 0.75，女生得分高于全国水平 0.73。

在社会责任认同方面，该校男生得分为 84.34，女生得分为 87.37，男生得分低于女生得分 3.03；该校男生得分高于全国水平 1.01，女生得分高于全国水平 2.05。

在社会责任行动方面，该校男生得分为 81.07，女生得分为 83.22，男生得分低于女生得分2.15；该校男生得分低于全国水平0.91，女生得分低于全国水平0.15。

表3-29 该校性别差异（均值百分制得分）

社会责任感形成环节	性别	N	均值	全国均值
社会责任认知	1	150	82.24	81.49
	2	114	83.52	82.79
社会责任认同	1	150	84.34	83.33
	2	114	87.37	85.32
社会责任行动	1	150	81.07	81.98
	2	114	83.22	83.37
社会责任感	1	150	82.43	82.20
	2	114	84.53	83.73

注：表中"性别"列中1代表男生，2代表女生。

2. 生源地类型差异（见表3-30）

在社会责任感方面，该校来自城镇的学生得分为83.34，来自农村的学生得分为83.34，来自城镇的学生与来自农村的学生持平，均为83.34；该校来自城镇的学生得分高于全国水平0.19，来自农村的学生得分高于全国水平0.29。

在社会责任认知方面，该校来自城镇的学生得分为83.64，来自农村的学生得分为82.60，来自城镇的学生得分要高于来自农村的学生得分1.04；该校来自城镇的学生得分高于全国水平1.53，来自农村的学生得分高于全国水平0.27。

在社会责任认同方面，该校来自城镇的学生得分为86.04，来自农村的学生得分为85.56，来自城镇的学生得分要高于来自农村的学生得分0.48；该校来自城镇的学生得分高于全国水平1.62，来自农村的学生得分高于全国水平1.03。

在社会责任行动方面，该校来自城镇的学生得分为80.84，来自农村的学生得分为82.27，来自城镇的学生得分要低于来自农村的学生得分1.43；该校来自城镇的学生得分低于全国水平2.30，来自农村的学生得分低于全国水平0.30。

表 3 - 30 该校生源地差异（均值百分制得分）

社会责任感形成环节	生源地类型	N	均值	全国均值
社会责任认知	1	50	83.64	82.11
	2	214	82.60	82.33
社会责任认同	1	50	86.04	84.42
	2	214	85.56	84.53
社会责任行动	1	50	80.84	83.14
	2	214	82.27	82.57
社会责任感	1	50	83.34	83.15
	2	214	83.34	83.05

注：表中"生源地类型"列中1代表城镇，2代表农村。

3. 毕业高中类型差异（见表 3 - 31）

在社会责任感方面，该校毕业于重点高中的学生得分为83.58，毕业于普通高中的学生得分83.21，毕业于重点高中的学生得分要高于毕业于普通高中的学生0.37；该校毕业于重点高中的学生高于全国水平0.18，毕业于普通高中的学生高于全国水平0.51。

在社会责任认知方面，该校毕业于重点高中的学生得分为83.66，毕业于普通高中的学生得分为82.34，毕业于重点高中的学生得分高于毕业于普通高中的学生得分1.32；该校毕业于重点高中的学生得分高于全国水平1.09，毕业于普通高中的学生得分高于全国水平0.51。

在社会责任认同方面，该校毕业于重点高中的学生得分为85.40，毕业于普通高中的学生得分为85.78，毕业于重点高中的学生得分低于毕业于普通高中的学生得分0.38；该校毕业于重点高中的学生得分高于全国水平0.62，毕业于普通高中的学生得分高于全国水平1.67。

在社会责任行动方面，该校毕业于重点高中的学生得分为82.02，毕业于普通高中的学生得分为81.99，毕业于重点高中的学生得分高于毕业于普通高中的学生得分0.03；该校毕业于重点高中的学生得分低于全国水平1.07，毕业于普通高中的学生得分低于全国水平0.43。

表3-31 该校毕业高中类型差异（均值百分制得分）

社会责任感形成环节	毕业高中类型	N	均值	全国均值
社会责任认知	1	91	83.66	82.57
	2	173	82.34	81.83
社会责任认同	1	91	85.40	84.78
	2	173	85.78	84.11
社会责任行动	1	91	82.02	83.09
	2	173	81.99	82.42
社会责任感	1	91	83.58	83.40
	2	173	83.21	82.70

注：表中"毕业高中类型"列中1代表区域内重点高中，2代表区域内普通高中。

4. 年级差异（见表3-32）

在社会责任感方面，该校一年级得分为73.48，二年级得分为87.21，三年级得分为83.26，四年级得分为87.45；四年级最高，二年级较高，三年级一般，一年级较低；该校一年级得分低于全国水平8.97，二年级得分高于全国水平4.48，三年级得分低于全国水平0.21，四年级得分高于全国水平1.74。

在社会责任认知方面，该校一年级得分为75.17，二年级得分为85.78，三年级得分为81.97，四年级得分为86.88；四年级最高，二年级较高，三年级一般，一年级较低；该校一年级得分低于全国水平6.32，二年级得分高于全国水平3.85，三年级得分低于全国水平0.77，四年级得分高于全国水平1.87。

在社会责任认同方面，该校一年级得分为78.85，二年级得分为89.08，三年级得分为85.48，四年级得分为87.19；二年级最高，四年级较高，三年级一般，一年级较低；该校一年级得分低于全国水平5.21，二年级得分高于全国水平4.88，三年级得分高于全国水平0.76，四年级得分高于全国水平0.82。

在社会责任行动方面，该校一年级得分为67.40，二年级得分为87.10，三年级得分为82.73，四年级得分为88.24；四年级最高，二年级较高，三年级一般，一年级较低；该校一年级得分低于全国水平14.69，二年级得分高于全国水平4.76，三年级得分低于全国水平0.46，四年级得分高于全国水平2.37。

表 3 − 32　该校年级差异（均值百分制得分）

社会责任感形成环节	年级	N	均值	全国均值
社会责任认知	1	58	75.17	81.49
	2	95	85.78	81.93
	3	60	81.97	82.74
	4	51	86.88	85.01
	总数	264	82.80	82.25
社会责任认同	1	58	78.85	84.06
	2	95	89.08	84.20
	3	60	85.48	84.72
	4	51	87.19	86.37
	总数	264	85.65	84.49
社会责任行动	1	58	67.40	82.09
	2	95	87.10	82.34
	3	60	82.73	83.19
	4	51	88.24	85.87
	总数	264	82.00	82.79
社会责任感	1	58	73.48	82.45
	2	95	87.21	82.73
	3	60	83.26	83.47
	4	51	87.45	85.71
	总数	264	83.34	83.09

注：表中"年级"列中 1 代表一年级，2 代表二年级，3 代表三年级，4 代表四年级。

（二）五维度差异性分析

1. 性别差异（见表 3 − 33）

在社会责任感方面，该校男生得分为 82.43，女生得分为 84.53，男生得分低于女生得分 2.10；该校男生得分高于全国水平 0.23，女生得分高于全国水平 0.80。

在政治责任感维度方面，该校男生得分为 82.38，女生得分为 84.16，男生得分低于女生得分 1.78；该校男生得分高于全国水平 1.15，女生得分高于全国水平 1.70。

在生命责任感维度方面，该校男生得分为 82.35，女生得分为 85.15，男生得分低于女生得分 2.80；该校男生得分低于全国水平 0.49，女生得分高于全国水平 0.66。

在学习责任感维度方面，该校男生得分为82.16，女生得分为84.56，男生得分低于女生得分2.40；该校男生得分低于全国水平0.08，女生得分高于全国水平0.46。

在学校责任感维度方面，该校男生得分为81.53，女生得分为81.80，男生得分低于女生得分0.27。

在学校责任感维度方面，该校男生高于全国水平2.81，女生得分高于全国水平3.64。

在网络责任感维度方面，该校男生得分为83.30，女生得分为85.74，男生得分低于女生得分2.44；该校男生得分低于全国水平1.11，女生得分低于全国水平1.31。

表 3 - 33　该校性别差异（均值百分制得分）

社会责任感维度	性别	N	均值	全国均值
政治责任感	1	150	82.38	81.23
	2	114	84.16	82.46
生命责任感	1	150	82.35	82.84
	2	114	85.15	84.49
学习责任感	1	150	82.16	82.24
	2	114	84.56	84.10
学校责任感	1	150	81.53	78.72
	2	114	81.80	78.16
网络责任感	1	150	83.30	84.41
	2	114	85.74	87.05
社会责任感	1	150	82.43	82.20
	2	114	84.53	83.73

注：表中"性别"列中1代表男生，2代表女生。

2. 生源地类型差异（见表 3 - 34）

在社会责任感方面，该校来自城镇的学生得分为83.34，来自农村的学生得分为83.34，来自城镇的学生得分与来自农村的学生得分持平，均为83.34；该校来自城镇的学生得分高于全国水平0.19，来自农村的学生得分高于全国水平0.29。

在政治责任感维度方面，该校来自城镇的学生得分为83.83，来自农村的学生得分为82.99，来自城镇的学生得分高于来自农村的学生0.84；该校来自城镇的学生得分高于全国水平2.21，来自农村的学生得分高于全国水平0.84。

在生命责任感维度方面，该校来自城镇的学生得分为83.05，来自农村的学

生得分为83.68，来自城镇的学生得分低于来自农村的学生0.63；该校来自城镇的学生得分低于全国水平0.89，来自农村的学生得分低于全国水平0.03。

在学习责任感维度方面，该校来自城镇的学生得分为84.48，来自农村的学生得分为82.90，来自城镇的学生得分高于来自农村的学生1.58；该校来自城镇的学生得分高于全国水平0.89，来自农村的学生得分低于全国水平0.25。

在学校责任感维度方面，该校来自城镇的学生得分为80.10，来自农村的学生得分为82.01，来自城镇的学生得分低于来自农村的学生1.91；该校来自城镇的学生得分高于全国水平1.19，来自农村的学生得分高于全国水平3.94。

在网络责任感维度方面，该校来自城镇的学生得分为84.23，来自农村的学生得分为84.38，来自城镇的学生得分低于来自农村的学生0.15；该校来自城镇的学生得分低于全国水平1.64，来自农村的学生得分低于全国水平1.61。

表3-34 该校生源地差异（均值百分制得分）

社会责任感维度	生源地类型	N	均值	全国均值
政治责任感	1	50	83.83	81.62
	2	214	82.99	82.15
生命责任感	1	50	83.05	83.94
	2	214	83.68	83.71
学习责任感	1	50	84.48	83.59
	2	214	82.90	83.15
学校责任感	1	50	80.10	78.91
	2	214	82.01	78.07
网络责任感	1	50	84.23	85.87
	2	214	84.38	85.99
社会责任感	1	50	83.34	83.15
	2	214	83.34	83.05

注：表中"生源地类型"列中1代表城镇，2代表农村。

3. 毕业高中类型差异（见表3-35）

在社会责任感方面，该校毕业于重点高中的学生得分为83.58，毕业于普通高中的学生得分为83.21，毕业于重点高中的学生得分高于毕业于普通高中的学生得分0.37；该校毕业于重点高中的学生得分高于全国水平0.18，毕业于普通高中的学生得分高于全国水平0.51。

在政治责任感维度方面，该校毕业于重点高中的学生得分为82.64，毕业于普通高中的学生得分为83.42，毕业于重点高中的学生得分低于毕业于普通高中的学生得分 0.78；该校毕业于重点高中的学生得分高于全国水平 0.41，毕业于普通高中的学生得分高于全国水平 1.83。

在生命责任感维度方面，该校毕业于重点高中的学生得分为 84.12，毕业于普通高中的学生得分为 83.27，毕业于重点高中的学生得分要高于毕业于普通高中的学生得分 0.85；该校毕业于重点高中的学生得分高于全国水平 0.04，毕业于普通高中的学生得分低于全国水平 0.17。

在学习责任感维度方面，该校毕业于重点高中的学生得分为 83.65，毕业于普通高中的学生得分为 82.96，毕业于重点高中的学生得分要高于毕业于普通高中的学生得分 0.69；该校毕业于重点高中的学生得分高于全国水平 0.13，毕业于普通高中的学生得分低于全国水平 0.11。

在学校责任感维度方面，该校毕业于重点高中的学生得分为 82.36，毕业于普通高中的学生得分为 81.27，毕业于重点高中的学生得分要高于毕业于普通高中的学生得分 1.09；该校毕业于重点高中的学生得分高于全国水平 3.77，毕业于普通高中的学生得分高于全国水平 3.13。

在网络责任感维度方面，该校毕业于重点高中的学生得分为 84.55，毕业于普通高中的学生得分为 84.24，毕业于重点高中的学生得分高于毕业于普通高中的学生得分 0.31；该校毕业于重点高中的学生得分低于全国水平 1.89，毕业于普通高中的学生得分低于全国水平 1.08。

表 3 - 35　该校毕业高中类型差异（均值百分制得分）

社会责任感维度	毕业高中类型	N	均值	全国均值
政治责任感	1	91	82.64	82.23
	2	173	83.42	81.59
生命责任感	1	91	84.12	84.08
	2	173	83.27	83.44
学习责任感	1	91	83.65	83.52
	2	173	82.96	83.07
学校责任感	1	91	82.36	78.59
	2	173	81.27	78.14
网络责任感	1	91	84.55	86.44
	2	173	84.24	85.32
社会责任感	1	91	83.58	83.40
	2	173	83.21	82.70

注：表中"毕业高中类型"列中 1 代表区域内重点高中，2 代表区域内普通高中。

4. 年级差异（见表 3 - 36）

在社会责任感方面，该校一年级得分为 73.48，二年级得分为 87.21，三年级得分为 83.26，四年级得分为 87.45；四年级最高，二年级较高，三年级一般，一年级较低；该校一年级得分低于全国水平 8.97，二年级得分高于全国水平 4.48，三年级得分低于全国水平 0.21，四年级得分高于全国水平 1.74。

在政治责任感维度方面，该校一年级得分为 73.69，二年级得分为 87.07，三年级得分为 82.29，四年级得分为 87.62；四年级最高，二年级较高，三年级一般，一年级较低；该校一年级得分低于全国水平 7.95，二年级得分高于全国水平 6.00，三年级得分低于全国水平 0.06，四年级得分高于全国水平 3.01。

在生命责任感维度方面，该校一年级得分为 72.54，二年级得分为 88.39，三年级得分为 83.83，四年级得分为 86.76；二年级最高，四年级较高，三年级一般，一年级较低；该校一年级得分低于全国水平 10.73，二年级得分高于全国水平 4.85，三年级得分低于全国水平 0.26，四年级得分高于全国水平 0.86。

在学习责任感维度方面，该校一年级得分为 72.69，二年级得分为 87.49，三年级得分为 82.73，四年级得分为 87.69；四年级最高，二年级较高，三年级一般，一年级较低；该校一年级得分低于全国水平 9.70，二年级得分高于全国水平 4.18，三年级得分低于全国水平 1.04，四年级得分高于全国水平 1.66。

在学校责任感维度方面，该校一年级得分为 73.71，二年级得分为 82.68，三年级得分为 83.33，四年级得分为 86.76；四年级最高，三年级较高，二年级一般，一年级较低；该校一年级得分低于全国水平 3.77，二年级得分高于全国水平 5.20，三年级得分高于全国水平 4.40，四年级得分高于全国水平 3.58。

在网络责任感维度方面，该校一年级得分为 74.78，二年级得分为 88.36，三年级得分为 83.90，四年级得分为 88.29；二年级最高，四年级较高，三年级一般，一年级较低；该校一年级得分低于全国水平 10.42，二年级得分高于全国水平 2.29，三年级得分低于全国水平 2.39，四年级得分高于全国水平 0.47。

表 3 - 36 该校年级差异（均值百分制得分）

社会责任感维度	年级	N	均值	全国均值
政治责任感	1	58	73.69	81.64
	2	95	87.07	81.07
	3	60	82.29	82.35
	4	51	87.62	84.61
	总数	264	83.15	81.95

续表

社会责任感维度	年级	N	均值	全国均值
生命责任感	1	58	72.54	83.27
	2	95	88.39	83.54
	3	60	83.83	84.09
	4	51	86.76	85.90
	总数	264	83.56	83.80
学习责任感	1	58	72.69	82.39
	2	95	87.49	83.31
	3	60	82.73	83.77
	4	51	87.69	86.03
	总数	264	83.20	83.32
学校责任感	1	58	73.71	77.48
	2	95	82.68	77.48
	3	60	83.33	78.93
	4	51	86.76	83.18
	总数	264	81.65	78.39
网络责任感	1	58	74.78	85.20
	2	95	88.36	86.07
	3	60	83.90	86.29
	4	51	88.29	87.82
	总数	264	84.35	85.94
社会责任感	1	58	73.48	82.45
	2	95	87.21	82.73
	3	60	83.26	83.47
	4	51	87.45	85.71
	总数	264	83.34	83.09

注：表中"年级"列中 1 代表一年级，2 代表二年级，3 代表三年级，4 代表四年级。

第五节　地方一般工科高校

一、调查样本

该高校为地方一般本科工科院校，参与调查总人数176人，其中理学2人，占1.1%；工学174人，占98.9%。鉴于理学问卷数量偏少，以下统计数据仅以工学为例进行统计分析（有效问卷174份）。一年级174人，占100%。男生138人，占79.3%；女生36人，占20.7%。城镇64人，占36.8%；农村110人，占63.2%。区域内重点高中85人，占48.9%；区域内普通高中89人，51.1%（见表3－37）。

表3－37　大学生社会责任感现状调查样本基本信息

学科	人数	比例（%）	年级	人数	比例（%）
工学	174	100	一年级	174	100
性别			毕业高中类型		
男	138	79.3	普通	89	51.5
女	36	20.7	重点	85	48.9
生源地					
农村	110	63.2			
城镇	64	36.8			

二、调查结果

从总体看，该校大学生社会责任感高于全国平均水平（83.09分），得分为85.41分，高于全国2.41分。

从大学生社会责任感形成的三个环节看，社会责任认知84.23分，高于全国1.98分；社会责任认同86.85分，高于全国2.36分；社会责任行动85.41分，高于全国2.62分。

从大学生社会责任感不同维度看，政治责任感84.19分，高于全国2.24分；生命责任感85.59分，高于全国1.79分；学习责任感85.86分，高于全国2.46分；学校责任感81.29分，高于全国2.90分；网络责任感88.46分，高于全国2.52分。

（一）三环节差异性分析

1. 性别差异（见表3-38）

在社会责任感方面，该校男生得分为84.63，女生得分为88.41，男生得分低于女生得分3.78；该校男生得分高于全国水平2.43，女生得分高于全国水平4.68。

在社会责任认知方面，该校男生得分为83.62，女生得分为86.57，男生得分低于女生得分2.95；该校男生得分高于全国水平2.13，女生得分高于全国水平3.78。

在社会责任认同方面，该校男生得分为85.91，女生得分为90.43，男生得分低于女生得分4.52；该校男生得分高于全国水平2.58，女生得分高于全国水平5.11。

在社会责任行动方面，该校男生得分为84.58，女生得分为88.59，男生得分低于女生得分4.01；该校男生得分高于全国水平2.60，女生得分高于全国水平5.22。

表3-38 该校性别差异（均值百分制得分）

社会责任感形成环节	性别	N	均值	全国均值
社会责任认知	1	138	83.62	81.49
	2	36	86.57	82.79
社会责任认同	1	138	85.91	83.33
	2	36	90.43	85.32
社会责任行动	1	138	84.58	81.98
	2	36	88.59	83.37
社会责任感	1	138	84.63	82.20
	2	36	88.41	83.73

注：表中"性别"列中1代表男生，2代表女生。

2. 生源地类型差异（见表3-39）

在社会责任感方面，该校来自城镇的学生得分为82.46，来自农村的学生得分为87.13，来自城镇的学生得分低于来自农村的学生4.67；该校来自城镇的学生得分低于全国水平0.69，来自农村的学生得分高于全国水平4.08。

在社会责任认知方面，该校来自城镇的学生得分为81.28，来自农村的学生得分为85.95，来自城镇的学生得分低于来自农村的学生4.67；该校来自城镇的学生得分低于全国水平0.83，来自农村的学生得分高于全国水平3.63。

在社会责任认同方面，该校来自城镇的学生得分为 84.55，来自农村的学生得分为 88.18，来自城镇的学生得分低于来自农村的学生 3.63；该校来自城镇的学生得分高于全国水平 0.13，来自农村的学生得分高于全国水平 3.65。

在社会责任行动方面，该校来自城镇的学生得分为 81.93，来自农村的学生得分为 87.44，来自城镇的学生得分低于来自农村的学生得分 5.51；该校来自城镇的学生得分低于全国水平 1.21，来自农村的学生得分高于全国水平 4.87。

表 3 - 39   该校生源地差异（均值百分制得分）

社会责任感形成环节	生源地类型	N	均值	全国均值
社会责任认知	1	64	81.28	82.11
	2	110	85.95	82.33
社会责任认同	1	64	84.55	84.42
	2	110	88.18	84.53
社会责任行动	1	64	81.93	83.14
	2	110	87.44	82.57
社会责任感	1	64	82.46	83.15
	2	110	87.13	83.05

注：表中"生源地类型"列中 1 代表城镇，2 代表农村。

3. 毕业高中类型差异（见表 3 - 40）

在社会责任感方面，该校毕业于重点高中的学生得分为 85.56，毕业于普通高中的学生得分为 85.27，毕业于重点高中的学生得分高于毕业于普通高中的学生得分 0.29；该校毕业于重点高中的学生得分高于全国水平 2.16，毕业于普通高中的学生得分高于全国水平 2.57。

在社会责任认知方面，该校毕业于重点高中的学生得分为 84.17，毕业于普通高中的学生得分为 84.29，毕业于重点高中的学生得分低于毕业于普通高中的学生得分 0.12；该校毕业于重点高中的学生得分高于全国水平 1.60，毕业于普通高中的学生得分高于全国水平 2.46。

在社会责任认同方面，该校毕业于重点高中的学生得分为 87.24，毕业于普通高中的学生得分为 86.47，毕业于重点高中的学生得分高于毕业于普通高中的学生得分 0.77；该校毕业于重点高中的学生得分高于全国水平 2.46，毕业于普通高中的学生得分高于全国水平 2.36。

在社会责任行动方面，该校毕业于重点高中的学生得分为 85.56，毕业于普通高中的学生得分为 85.27，毕业于重点高中的学生得分高于毕业于普通高中的学生得分 0.29；该校毕业于重点高中的学生得分高于全国水平 2.47，毕业于普通高中的学生得分高于全国水平 2.85。

表 3-40　该校毕业高中类型差异（均值百分制得分）

社会责任感形成环节	毕业高中类型	N	均值	全国均值
社会责任认知	1	85	84.17	82.57
	2	89	84.29	81.83
社会责任认同	1	85	87.24	84.78
	2	89	86.47	84.11
社会责任行动	1	85	85.56	83.09
	2	89	85.27	82.42
社会责任感	1	85	85.56	83.40
	2	89	85.27	82.70

注：表中"毕业高中类型"列中 1 代表区域内重点高中，2 代表区域内普通高中。

4. 年级差异（见表 3-41）

鉴于只有一年级参与调查的学生人数较多，以下统计数据仅以一年级为例进行统计分析。

在社会责任感方面，该校一年级得分为 85.41，高于全国水平 2.96。

在社会责任认知方面，该校一年级得分为 84.23，高于全国水平 2.74。

在社会责任认同方面，该校一年级得分为 86.85，高于全国水平 2.79。

在社会责任行动方面，该校一年级得分为 85.41，高于全国水平 3.32。

表 3-41　该校年级差异（均值百分制得分）

社会责任感形成环节	年级	N	均值	全国均值
社会责任认知	1	174	84.23	81.49
社会责任认同	1	174	86.85	84.06
社会责任行动	1	174	85.41	82.09
社会责任感	1	174	85.41	82.45

注：表中"年级"列中 1 代表一年级。

（二）五维度差异性分析

1. 性别差异（见表 3-42）

在社会责任感方面，该校男生得分为 84.63，女生得分为 88.41，男生得分低于女生得分 3.78；该校男生得分高于全国水平 2.43，女生得分高于全国水平 4.68。

在政治责任感维度方面，该校男生得分为 83.25，女生得分为 87.78，男生得分低于女生得分 4.53；该校男生得分高于全国水平 2.02，女生得分高于全国水平 5.32。

在生命责任感维度方面，该校男生得分为 84.58，女生得分为 89.44，男生得分低于女生得分 4.86；该校男生得分高于全国水平 1.74，女生得分高于全国水平 4.95。

在学习责任感维度方面，该校男生得分为 85.42，女生得分为 87.56，男生得分低于女生得分 2.14；该校男生得分高于全国水平 3.18，女生得分高于全国水平 3.46。

在学校责任感维度方面，该校男生得分为 80.54，女生得分为 84.17，男生得分低于女生得分 3.63；该校男生得分高于全国水平 1.82，女生得分高于全国水平 6.01。

在网络责任感维度方面，该校男生得分为 87.83，女生得分为 90.87，男生得分低于女生得分 3.04；该校男生得分高于全国水平 3.42，女生得分高于全国水平 3.82。

表 3 – 42　该校性别差异（均值百分制得分）

社会责任感维度	性别	N	均值	全国均值
政治责任感	1	138	83.25	81.23
	2	36	87.78	82.46
生命责任感	1	138	84.58	82.84
	2	36	89.44	84.49
学习责任感	1	138	85.42	82.24
	2	36	87.56	84.10
学校责任感	1	138	80.54	78.72
	2	36	84.17	78.16
网络责任感	1	138	87.83	84.41
	2	36	90.87	87.05
社会责任感	1	138	84.63	82.20
	2	36	88.41	83.73

注：表中"性别"列中 1 代表男生，2 代表女生。

2. 生源地类型差异（见表 3 – 43）

在社会责任感方面，该校来自城镇的学生得分为 82.46，来自农村的学生得分为 87.13，来自城镇的学生得分低于来自农村的学生得分 4.67；该校来自城镇

的学生得分低于全国水平0.69，来自农村的学生得分高于全国水平4.08。

在政治责任感维度方面，该校来自城镇的学生得分为81.03，来自农村的学生得分为86.03，来自城镇的学生得分低于来自农村的学生5.00；该校来自城镇的学生得分低于全国水平0.59，来自农村的学生得分高于全国水平3.88。

在生命责任感维度方面，该校来自城镇的学生得分为81.84，来自农村的学生得分为87.77，来自城镇的学生得分低于来自农村的学生5.93；该校来自城镇的学生得分低于全国水平2.10，来自农村的学生得分高于全国水平4.06。

在学习责任感维度方面，该校来自城镇的学生得分为83.94，来自农村的学生得分为86.98，来自城镇的学生得分低于来自农村的学生3.04；该校来自城镇的学生得分高于全国水平0.35，来自农村的学生得分高于全国水平3.83。

在学校责任感维度方面，该校来自城镇的学生得分为78.59，来自农村的学生得分为82.86，来自城镇的学生得分低于来自农村的学生4.27；该校来自城镇的学生得分低于全国水平0.32，来自农村的学生得分高于全国水平4.79。

在网络责任感维度方面，该校来自城镇的学生得分为85.76，来自农村的学生得分为90.03，来自城镇的学生得分低于来自农村的学生4.27；该校来自城镇的学生得分低于全国水平0.11，来自农村的学生得分高于全国水平4.04。

表3－43　该校生源地差异（均值百分制得分）

社会责任感维度	生源地类型	N	均值	全国均值
政治责任感	1	64	81.03	81.62
	2	110	86.03	82.15
生命责任感	1	64	81.84	83.94
	2	110	87.77	83.71
学习责任感	1	64	83.94	83.59
	2	110	86.98	83.15
学校责任感	1	64	78.59	78.91
	2	110	82.86	78.07
网络责任感	1	64	85.76	85.87
	2	110	90.03	85.99
社会责任感	1	64	82.46	83.15
	2	110	87.13	83.05

注：表中"生源地类型"列中1代表城镇，2代表农村。

3. 毕业高中类型差异（见表3－44）

在社会责任感方面，该校毕业于重点高中的学生得分为85.56，毕业于普通

高中的学生得分为85.27，毕业于重点高中的学生得分高于毕业于普通高中的学生得分0.29；该校毕业于重点高中的学生得分高于全国水平2.16，毕业于普通高中的学生得分高于全国水平2.57。

在政治责任感维度方面，该校毕业于重点高中的学生得分为83.97，毕业于普通高中的学生得分为84.40，毕业于重点高中的学生得分低于毕业于普通高中的学生得分0.43；该校毕业于重点高中的学生得分高于全国水平1.74，毕业于普通高中的学生得分高于全国水平2.81。

在生命责任感维度方面，该校毕业于重点高中的学生得分为86.00，毕业于普通高中的学生得分为85.20，毕业于重点高中的学生得分高于毕业于普通高中的学生得分0.80；该校毕业于重点高中的学生得分高于全国水平1.92，毕业于普通高中的学生得分高于全国水平1.76。

在学习责任感维度方面，该校毕业于重点高中的学生得分为85.22，毕业于普通高中的学生得分为86.47，毕业于重点高中的学生得分低于毕业于普通高中的学生得分1.25；该校毕业于重点高中的学生得分高于全国水平1.70，毕业于普通高中的学生得分高于全国水平3.40。

在学校责任感维度方面，该校毕业于重点高中的学生得分为80.82，毕业于普通高中的学生得分为81.74，毕业于重点高中的学生得分低于毕业于普通高中的学生得分0.92；该校毕业于重点高中的学生得分高于全国水平2.23，毕业于普通高中的学生得分高于全国水平3.60。

在网络责任感维度方面，该校毕业于重点高中的学生得分为89.58，毕业于普通高中的学生得分为87.38，毕业于重点高中的学生得分高于毕业于普通高中的学生得分2.20；该校毕业于重点高中的学生得分高于全国水平3.14，毕业于普通高中的学生得分高于全国水平2.06。

表 3 - 44　该校毕业高中类型差异（均值百分制得分）

社会责任感维度	毕业高中类型	N	均值	全国均值
政治责任感	1	85	83.97	82.23
	2	89	84.40	81.59
生命责任感	1	85	86.00	84.08
	2	89	85.20	83.44
学习责任感	1	85	85.22	83.52
	2	89	86.47	83.07
学校责任感	1	85	80.82	78.59
	2	89	81.74	78.14

社会责任感维度	毕业高中类型	N	均值	全国均值
网络责任感	1	85	89.58	86.44
	2	89	87.38	85.32
社会责任感	1	85	85.56	83.40
	2	89	85.27	82.70

注：表中"毕业高中类型"列中1代表区域内重点高中，2代表区域内普通高中。

4. 年级差异（见表3-45）

在社会责任感方面，该校一年级得分为85.41，高于全国水平2.96。

在政治责任感维度方面，该校一年级得分为84.19，高于全国水平2.55。

在生命责任感维度方面，该校一年级得分为85.59，高于全国水平2.32。

在学习责任感维度方面，该校一年级得分为85.86，高于全国水平3.47。

在学校责任感维度方面，该校一年级得分为81.29，高于全国水平3.81。

在网络责任感维度方面，该校一年级得分为88.46，高于全国水平3.26。

表3-45 该校年级差异（均值百分制得分）

社会责任感维度	年级	N	均值	全国均值
政治责任感	1	174	84.19	81.64
生命责任感	1	174	85.59	83.27
学习责任感	1	174	85.86	82.39
学校责任感	1	174	81.29	77.48
网络责任感	1	174	88.46	85.20
社会责任感	1	174	85.41	82.45

注：表中"年级"列中1代表一年级。

第四章 医科高校调查报告

第一节 中部地方骨干医科高校

一、调查样本

该高校为我国中部某省地方骨干医学本科院校，参与调查总人数240人，其中法学41人，占17.1%；管理学17人，占7.1%；医学180人，占75.0%；工学1人，占0.4%；历史学1人，占0.4%。鉴于历史、工学两门学科问卷数量偏少，以下统计数据仅以医学、法学、管理学为例进行统计分析（有效问卷238份）。一年级0人，占0%；二年级152人，占63.9%；三年级86人，占36.1%；四年级0人，占0%。男生107人，占45.0%；女生131人，占55.0%。城镇71人，占29.8%；农村167人，占70.2%。区域内重点高中177人，占74.3%；区域内普通高中61人，25.7%（见表4-1）。

表4-1 大学生社会责任感现状调查样本基本信息

学科	人数	比例（%）	年级	人数	比例（%）
医学	180	75.6	二年级	152	63.9
法学	41	17.2	三年级	86	36.1
管理学	17	7.1			
性别			毕业高中类型		
男	107	45.0	普通	61	25.7
女	131	55.0	重点	177	74.3
生源地					
农村	167	70.2			
城镇	71	29.8			

二、调查结果

从总体看，该校大学生社会责任感略高于全国平均水平（83.09），得分为83.24分，高于全国0.15分。

从大学生社会责任感形成的三个环节看，社会责任认知83.46分，高于全国1.21分；社会责任认同85.44分，高于全国0.95分；社会责任行动81.21分，低于全国1.58分。

从大学生社会责任感不同维度看，政治责任感80.31分，低于全国1.64分；生命责任感84.82分，高于全国1.02分；学习责任感84.32分，高于全国0.04分；学校责任感76.47分，低于全国1.92分；网络责任感88.13分，高于全国2.19分。

（一）三环节差异性分析

1. 性别差异（见表4-2）

在社会责任感方面，该校男生得分为82.46，女生得分为83.87，男生得分低于女生得分1.41；该校男生得分高于全国水平0.26，女生得分高于全国水平0.14。

在社会责任认知方面，该校男生得分为82.28，女生得分为84.43，男生得分低于女生得分2.15；该校男生得分高于全国水平0.79，女生得分高于全国水平1.64。

在社会责任认同方面，该校男生得分为84.76，女生得分为86.01，男生得分低于女生得分1.25；该校男生得分高于全国水平1.43，女生得分高于全国水平0.69。

在社会责任行动方面，该校男生得分为80.76，女生得分为81.57，男生得分低于女生得分0.81；该校男生得分低于全国水平1.22，女生得分低于全国水平1.80。

表4-2 该校性别差异（均值百分制得分）

社会责任感形成环节	性别	N	均值	全国均值
社会责任认知	1	107	82.28	81.49
	2	131	84.43	82.79
社会责任认同	1	107	84.76	83.33
	2	131	86.01	85.32

社会责任感形成环节	性别	N	均值	全国均值
社会责任行动	1	107	80.76	81.98
	2	131	81.57	83.37
社会责任感	1	107	82.46	82.20
	2	131	83.87	83.73

注：表中"性别"列中1代表男生，2代表女生。

2. 生源地类型差异（见表4-3）

在社会责任感方面，该校来自城镇的学生得分为86.05，来自农村的学生得分为82.04，来自城镇的学生得分高于来自农村的学生4.01；该校来自城镇的学生得分高于全国水平2.90，来自农村的学生得分低于全国水平1.01。

在社会责任认知方面，该校来自城镇的学生得分为86.97，来自农村的学生得分为81.97，来自城镇的学生得分要高于来自农村的学生5.00；该校来自城镇的学生得分高于全国水平4.86，来自农村的学生得分低于全国水平0.36。

在社会责任认同方面，该校来自城镇的学生得分为86.92，来自农村的学生得分为84.82，来自城镇的学生得分要高于来自农村的学生2.10；该校来自城镇的学生得分高于全国水平2.50，来自农村的学生得分高于全国水平0.29。

在社会责任行动方面，该校来自城镇的学生得分为84.43，来自农村的学生得分为79.84，来自城镇的学生得分要高于来自农村的学生4.59；该校来自城镇的学生得分高于全国水平1.29，来自农村的学生得分低于全国水平2.73。

表4-3　该校生源地差异（均值百分制得分）

社会责任感形成环节	生源地类型	N	均值	全国均值
社会责任认知	1	71	86.97	82.11
	2	167	81.97	82.33
社会责任认同	1	71	86.92	84.42
	2	167	84.82	84.53
社会责任行动	1	71	84.43	83.14
	2	167	79.84	82.57
社会责任感	1	71	86.05	83.15
	2	167	82.04	83.05

注：表中"生源地类型"列中1代表城镇，2代表农村。

3. 毕业高中类型差异（见表4-4）

在社会责任感方面，该校毕业于重点高中的学生得分为83.62，毕业于普通高中的学生得分为82.14，毕业于重点高中的学生得分要高于毕业于普通高中的学生得分1.48；该校毕业于重点高中的学生得分高于全国水平0.22，毕业于普通高中的学生得分低于全国水平0.56。

在社会责任认知方面，该校毕业于重点高中的学生得分为83.69，毕业于普通高中的学生得分为82.80，毕业于重点高中的学生得分高于毕业于普通高中的学生得分0.89；该校毕业于重点高中的学生得分高于全国水平1.12，毕业于普通高中的学生得分高于全国水平0.97。

在社会责任认同方面，该校毕业于重点高中的学生得分为85.67，毕业于普通高中的学生得分为84.77，毕业于重点高中的学生得分高于毕业于普通高中的学生得分0.90；该校毕业于重点高中的学生得分高于全国水平0.89，毕业于普通高中的学生得分高于全国水平0.66。

在社会责任行动方面，该校毕业于重点高中的学生得分为81.86，毕业于普通高中的学生得分为79.31，毕业于重点高中的学生得分高于毕业于普通高中的学生得分2.55；该校毕业于重点高中的学生得分低于全国水平1.23，毕业于普通高中的学生得分低于全国水平3.11。

表4-4　该校毕业高中类型差异（均值百分制得分）

社会责任感形成环节	毕业高中类型	N	均值	全国均值
社会责任认知	1	177	83.69	82.57
	2	61	82.80	81.83
社会责任认同	1	177	85.67	84.78
	2	61	84.77	84.11
社会责任行动	1	177	81.86	83.09
	2	61	79.31	82.42
社会责任感	1	177	83.62	83.40
	2	61	82.14	82.70

注：表中"毕业高中类型"列中1代表区域内重点高中，2代表区域内普通高中。

4. 年级差异（见表4-5）

在社会责任感方面，该校二年级得分为81.48，三年级得分为86.35；三年级最高，二年级较低；二年级得分低于全国水平1.25，三年级得分高于全国水平2.88。

在社会责任认知方面，该校二年级得分为82.30，三年级得分为85.52；三年级最高，二年级较低；二年级得分高于全国水平0.37，三年级得分低于全国水平2.78。

在社会责任认同方面，该校二年级得分为83.77，三年级得分为88.40；三年级最高，二年级较低；二年级得分低于全国水平0.43，三年级得分高于全国水平3.68。

在社会责任行动方面，该校二年级得分为78.78，三年级得分为85.50；三年级最高，二年级较低；二年级得分低于全国水平3.56，三年级得分高于全国水平2.31。

表4-5 该校年级差异（均值百分制得分）

社会责任感形成环节	年级	N	均值	全国均值
社会责任认知	2	152	82.30	81.93
	3	86	85.52	82.74
	总数	238	83.46	82.25
社会责任认同	2	152	83.77	84.20
	3	86	88.40	84.72
	总数	238	85.44	84.49
社会责任行动	2	152	78.78	82.34
	3	86	85.50	83.19
	总数	238	81.21	82.79
社会责任感	2	152	81.48	82.73
	3	86	86.35	83.47
	总数	238	83.24	83.09

注：表中"年级"列中2代表二年级，3代表三年级。

（二）五维度差异性分析

1. 性别差异（见表4-6）

在社会责任感方面，该校男生得分为82.46，女生得分为83.87，男生得分低于女生得分1.41；该校男生得分高于全国水平0.26，女生得分高于全国水平0.14。

在政治责任感维度方面，该校男生得分为79.95，女生得分为80.61，男生得分低于女生得分0.66；该校男生得分低于全国水平1.28，女生得分低于全国水平1.85。

在生命责任感维度方面，该校男生得分为84.04，女生得分为85.46，男生得分低于女生得分1.42；该校男生得分高于全国水平1.20，女生得分高于全国水平0.97。

在学习责任感维度方面，该校男生得分为 81.57，女生得分为 84.82，男生得分低于女生得分 3.25；该校男生得分低于全国水平 0.67，女生得分高于全国水平 0.72。

在学校责任感维度方面，该校男生得分为 75.79，女生得分为 77.02，男生得分低于女生得分 1.23；该校男生得分低于全国水平 2.93，女生得分低于全国水平 1.14。

在网络责任感维度方面，该校男生得分为 87.61，女生得分为 88.55，男生得分低于女生得分 0.94；该校男生得分高于全国水平 3.20，女生得分高于全国水平 1.50。

表 4 - 6　该校性别差异（均值百分制得分）

社会责任感维度	性别	N	均值	全国均值
政治责任感	1	107	79.95	81.23
	2	131	80.61	82.46
生命责任感	1	107	84.04	82.84
	2	131	85.46	84.49
学习责任感	1	107	81.57	82.24
	2	131	84.82	84.10
学校责任感	1	107	75.79	78.72
	2	131	77.02	78.16
网络责任感	1	107	87.61	84.41
	2	131	88.55	87.05
社会责任感	1	107	82.46	82.20
	2	131	83.87	83.73

注：表中"性别"列中 1 代表男生，2 代表女生。

2. 生源地类型差异（见表 4 - 7）

在社会责任感方面，该校来自城镇的学生得分为 86.05，来自农村的学生得分为 82.04，来自城镇的学生得分高于来自农村的学生 4.01；该校来自城镇的学生得分高于全国水平 2.90，来自农村的学生得分低于全国水平 1.01。

在政治责任感维度方面，该校来自城镇的学生得分为 83.50，来自农村的学生得分为 78.96，来自城镇的学生得分高于来自农村的学生得分 4.54；该校来自城镇的学生得分高于全国水平 1.88，来自农村的学生得分低于全国水平 3.19。

在生命责任感维度方面，该校来自城镇的学生得分为 87.15，来自农村的学生得分为 83. 83，来自城镇的学生得分高于来自农村的学生得分 3. 32；该校来自城镇的学生得分高于全国水平 3. 21，来自农村的学生得分高于全国水平 0. 12。

在学习责任感维度方面，该校来自城镇的学生得分为 87. 10，来自农村的学生得分为 81. 77，来自城镇的学生得分高于来自农村的学生 5. 33；该校来自城镇的学生得分高于全国水平 3. 51，来自农村的学生得分低于全国水平 1. 38。

在学校责任感维度方面，该校来自城镇的学生得分为 80. 49，来自农村的学生得分为 74. 76，来自城镇的学生得分高于来自农村的学生 5. 73；该校来自城镇的学生得分高于全国水平 1. 58，来自农村的学生得分低于全国水平 3. 31。

在网络责任感维度方面，该校来自城镇的学生得分为 89. 78，来自农村的学生得分为 87. 43，来自城镇的学生得分高于来自农村的学生 2. 35；该校来自城镇的学生得分高于全国水平 3. 91，来自农村的学生得分高于全国水平 1. 44。

表 4 - 7　该校生源地差异（均值百分制得分）

社会责任感维度	生源地类型	N	均值	全国均值
政治责任感	1	71	83. 50	81. 62
	2	167	78. 96	82. 15
生命责任感	1	71	87. 15	83. 94
	2	167	83. 83	83. 71
学习责任感	1	71	87. 10	83. 59
	2	167	81. 77	83. 15
学校责任感	1	71	80. 49	78. 91
	2	167	74. 76	78. 07
网络责任感	1	71	89. 78	85. 87
	2	167	87. 43	85. 99
社会责任感	1	71	86. 05	83. 15
	2	167	82. 04	83. 05

注：表中"生源地类型"列中 1 代表城镇，2 代表农村。

3. 毕业高中类型差异（见表 4 - 8）

在社会责任感方面，该校毕业于重点高中的学生得分为 83. 62，毕业于普通高中的学生得分为 82. 14，毕业于重点高中的学生得分高于毕业于普通高中的学生得分 1. 48；该校毕业于重点高中的学生得分高于全国水平 0. 22，毕业于普通高中的学生得分低于全国水平 0. 56。

在政治责任感维度方面，该校毕业于重点高中的学生得分为 80. 77，毕业于普通高中的学生得分为 78. 97，毕业于重点高中的学生得分高于毕业于普通高中的学生得分1.80；该校毕业于重点高中的学生得分低于全国水平1.46，毕业于普通高中的学生得分低于全国水平2.62。

在生命责任感维度方面，该校毕业于重点高中的学生得分为85.52，毕业于普通高中的学生得分为82.79，毕业于重点高中的学生得分要高于毕业于普通高中的学生得分2.73；该校毕业于重点高中的学生得分高于全国水平1.44，毕业于普通高中的学生得分低于全国水平0.65。

在学习责任感维度方面，该校毕业于重点高中的学生得分为83.30，毕业于普通高中的学生得分为83.54，毕业于重点高中的学生得分要低于毕业于普通高中的学生得分0.24；该校毕业于重点高中的学生得分低于全国水平0.22，毕业于普通高中的学生得分高于全国水平0.47。

在学校责任感维度方面，该校毕业于重点高中的学生得分为76.89，毕业于普通高中的学生得分为75.25，毕业于重点高中的学生得分要高于毕业于普通高中的学生得分1.64；该校毕业于重点高中的学生得分低于全国水平1.70，毕业于普通高中的学生得分低于全国水平2.89。

在网络责任感维度方面，该校毕业于重点高中的学生得分为88.35，毕业于普通高中的学生得分为87.49，毕业于重点高中的学生得分高于毕业于普通高中的学生得分0.86；该校毕业于重点高中的学生得分高于全国水平1.91，毕业于普通高中的学生得分高于全国水平2.17。

表4-8 该校毕业高中类型差异（均值百分制得分）

社会责任感维度	毕业高中类型	N	均值	全国均值
政治责任感	1	177	80.77	82.23
	2	61	78.97	81.59
生命责任感	1	177	85.52	84.08
	2	61	82.79	83.44
学习责任感	1	177	83.30	83.52
	2	61	83.54	83.07
学校责任感	1	177	76.89	78.59
	2	61	75.25	78.14
网络责任感	1	177	88.35	86.44
	2	61	87.49	85.32
社会责任感	1	177	83.62	83.40
	2	61	82.14	82.70

注：表中"毕业高中类型"列中1代表区域内重点高中，2代表区域内普通高中。

4. 年级差异（见表 4 - 9）

在社会责任感方面，该校二年级得分为 81.48，三年级得分为 86.35；三年级最高，二年级较低；该校二年级得分低于全国水平 1.25，三年级得分低于全国水平 2.88。

在政治责任感维度方面，该校二年级得分为 77.65，三年级得分为 85.02；三年级最高，二年级较低；该校二年级得分低于全国水平 3.42，三年级得分高于全国水平 2.67。

在生命责任感维度方面，该校二年级得分为 83.34，三年级得分为 87.44；三年级最高，二年级较低；该校二年级得分低于全国水平 0.20，三年级得分高于全国水平 3.35。

在学习责任感维度方面，该校二年级得分为 81.82，三年级得分为 86.09；三年级最高，二年级较低；该校二年级得分低于全国水平 1.49，三年级得分高于全国水平 2.32。

在学校责任感维度方面，该校二年级得分为 74.57，三年级得分为 79.83；三年级最高，二年级较低；该校二年级得分低于全国水平 2.91，三年级得分高于全国水平 0.90。

在网络责任感维度方面，该校二年级得分为 86.88，三年级得分为 90.33；三年级最高，二年级较低；该校二年级得分高于全国水平 0.81，三年级得分高于全国水平 4.04。

表 4 - 9　该校年级差异（均值百分制得分）

社会责任感维度	年级	N	均值	全国均值
政治责任感	2	152	77.65	81.07
	3	86	85.02	82.35
	总数	238	80.31	81.95
生命责任感	2	152	83.34	83.54
	3	86	87.44	84.09
	总数	238	84.82	83.80
学习责任感	2	152	81.82	83.31
	3	86	86.09	83.77
	总数	238	83.36	83.32
学校责任感	2	152	74.57	77.48
	3	86	79.83	78.93
	总数	238	76.47	78.39

续表

社会责任感维度	年级	N	均值	全国均值
网络责任感	2	152	86.88	86.07
	3	86	90.33	86.29
	总数	238	88.13	85.94
社会责任感总分	2	152	81.48	82.73
	3	86	86.35	83.47
	总数	238	83.24	83.09

注：表中"年级"列中2代表二年级，3代表三年级。

第二节　西部地方骨干医科高校

一、调查样本

该高校为我国西部某省地方骨干医学本科院校，参与调查总人数225人，其中农学1人，占0.4%；医学224人，占99.6%。鉴于其他学科问卷数量偏少，以下统计数据仅以医学为例进行统计分析（有效问卷224份）。一年级53人，占23.7%；二年级62人，占27.7%；三年级53人，占23.7%；四年级56人，占25.0%。男生82人，占36.6%；女生142人，占63.4%。城镇64人，占28.6%；农村160人，占71.4%。区域内重点高中93人，占41.5%；区域内普通高中131人，占58.5%（见表4-10）。

表4-10　大学生社会责任感现状调查样本基本信息

学科	人数	比例（%）	年级	人数	比例（%）
医学	224	100	一年级	53	23.7
性别			二年级	62	27.7
男	82	36.6	三年级	53	23.7
女	142	63.4	四年级	56	25.0
生源地			毕业高中类型		
农村	160	71.4	普通	131	58.5
城镇	64	28.6	重点	93	41.5

二、调查结果

从总体看，该校大学生社会责任感低于全国平均水平（83.09 分），得分为 78.59 分，低于全国 4.41 分。

从大学生社会责任感形成的三个环节看，社会责任认知 77.81 分，低于全国 4.44 分；社会责任认同 79.83 分，低于全国 4.66 分；社会责任行动 78.37 分，低于全国 4.42 分。

从大学生社会责任感不同维度看，政治责任感 76.20 分，低于全国 5.75 分；生命责任感 79.56 分，低于全国 4.24 分；学习责任感 79.73 分，低于全国 3.67 分；学校责任感 72.90 分，低于全国 5.49 分；网络责任感 82.32 分，低于全国 3.62 分。

（一）三环节差异性分析

1. 性别差异（见表 4－11）

在社会责任感方面，该校男生得分为 76.66，女生得分为 79.71，男生得分低于女生得分 3.05；该校男生得分低于全国水平 5.54，女生得分低于全国水平 4.02。

在社会责任认知方面，该校男生得分为 76.70，女生得分为 78.45，男生得分低于女生得分 1.75；该校男生得分低于全国水平 4.79，女生得分低于全国水平 4.34。

在社会责任认同方面，该校男生得分为 76.75，女生得分为 81.61，男生得分低于女生得分 4.86；该校男生得分低于全国水平 6.58，女生得分低于全国水平 3.71。

在社会责任行动方面，该校男生得分为 76.54，女生得分为 79.42，男生得分低于女生得分 2.88；该校男生得分低于全国水平 5.44，女生得分低于全国水平 3.95。

表 4－11　该校性别差异（均值百分制得分）

社会责任感形成环节	性别	N	均值	全国均值
社会责任认知	1	82	76.70	81.49
	2	142	78.45	82.79
社会责任认同	1	82	76.75	83.33
	2	142	81.61	85.32

社会责任感形成环节	性别	N	均值	全国均值
社会责任行动	1	82	76.54	81.98
	2	142	79.42	83.37
社会责任感	1	82	76.66	82.20
	2	142	79.71	83.73

注：表中"性别"列中1代表男生，2代表女生。

2. 生源地类型差异（见表4－12）

在社会责任感方面，该校来自城镇的学生得分为80.67，来自农村的学生得分为77.77，来自城镇的学生得分高于来自农村的学生2.90；该校来自城镇的学生得分低于全国水平2.48，来自农村的学生得分低于全国水平5.28。

在社会责任认知方面，该校来自城镇的学生得分为80.11，来自农村的学生得分为76.89，来自城镇的学生得分高于来自农村的学生3.22；该校来自城镇的学生得分低于全国水平2.00，来自农村的学生得分低于全国水平5.44。

在社会责任认同方面，该校来自城镇的学生得分为81.67，来自农村的学生得分为79.10，来自城镇的学生得分高于来自农村的学生2.57；该校来自城镇的学生得分低于全国水平2.75，来自农村的学生得分低于全国水平5.43。

在社会责任行动方面，该校来自城镇的学生得分为80.40，来自农村的学生得分为77.56，来自城镇的学生得分高于来自农村的学生2.84；该校来自城镇的学生得分低于全国水平2.74，来自农村的学生得分低于全国水平5.01。

表4－12 该校生源地差异（均值百分制得分）

社会责任感形成环节	生源地类型	N	均值	全国均值
社会责任认知	1	64	80.11	82.11
	2	160	76.89	82.33
社会责任认同	1	64	81.67	84.42
	2	160	79.10	84.53
社会责任行动	1	64	80.40	83.14
	2	160	77.56	82.57
社会责任感	1	64	80.67	83.15
	2	160	77.77	83.05

注：表中"生源地类型"列中1代表城镇，2代表农村。

3. 毕业高中类型差异（见表4－13）

在社会责任感方面，该校毕业于重点高中的学生得分为80.42，毕业于普通高中的学生得分为77.30，毕业于重点高中的学生得分高于毕业于普通高中的学生得分3.12；该校毕业于重点高中的学生得分低于全国水平2.98，毕业于普通高中的学生得分低于全国水平5.40。

在社会责任认知方面，该校毕业于重点高中的学生得分为78.96，毕业于普通高中的学生得分为76.99，毕业于重点高中的学生得分高于毕业于普通高中的学生得分1.97；该校毕业于重点高中的学生得分低于全国水平3.61，毕业于普通高中的学生得分低于全国水平4.84。

在社会责任认同方面，该校毕业于重点高中的学生得分为81.72，毕业于普通高中的学生得分为78.49，毕业于重点高中的学生得分高于毕业于普通高中的学生得分3.23；该校毕业于重点高中的学生得分低于全国水平3.06，毕业于普通高中的学生得分低于全国水平5.62。

在社会责任行动方面，该校毕业于重点高中的学生得分为80.80，毕业于普通高中的学生得分为76.64，毕业于重点高中的学生得分高于毕业于普通高中的学生得分4.16；该校毕业于重点高中的学生得分低于全国水平2.29，毕业于普通高中的学生得分低于全国水平5.78。

表4－13 该校毕业高中类型差异（均值百分制得分）

社会责任感形成环节	毕业高中类型	N	均值	全国均值
社会责任认知	1	93	78.96	82.57
	2	131	76.99	81.83
社会责任认同	1	93	81.72	84.78
	2	131	78.49	84.11
社会责任行动	1	93	80.80	83.09
	2	131	76.64	82.42
社会责任感	1	93	80.42	83.40
	2	131	77.30	82.70

注：表中"毕业高中类型"列中1代表区域内重点高中，2代表区域内普通高中。

4. 年级差异（见表4－14）

在社会责任感方面，该校一年级得分为77.13，二年级得分为80.87，三年级得分为78.95，四年级得分为77.12；二年级最高，三年级较高，一年级和四年级均较低；该校一年级得分低于全国水平5.32，二年级得分低于全国水平

1.86，三年级得分低于全国水平4.52，四年级得分低于全国水平8.59。

在社会责任认知方面，该校一年级得分为77.39，二年级得分为79.03，三年级得分为78.77，四年级得分为75.94；二年级最高，三年级较高，一年级一般，四年级较低；该校一年级得分低于全国水平4.10，二年级得分低于全国水平2.90，三年级得分低于全国水平3.97，四年级得分低于全国水平9.07。

在社会责任认同方面，该校一年级得分为76.77，二年级得分为83.58，三年级得分为79.37，四年级得分为79.01；二年级最高，三年级较高，四年级一般，一年级较低；该校一年级得分低于全国水平7.29，二年级得分低于全国水平0.62，三年级得分低于全国水平5.35，四年级得分低于全国水平7.36。

在社会责任行动方面，该校一年级得分为77.15，二年级得分为80.50，三年级得分为78.80，四年级得分为76.75；二年级最高，三年级较高，一年级一般，四年级较低；该校一年级得分低于全国水平4.94，二年级得分低于全国水平1.84，三年级得分低于全国水平4.39，四年级得分低于全国水平9.12。

表4-14 该校年级差异（均值百分制得分）

社会责任感形成环节	年级	N	均值	全国均值
社会责任认知	1	53	77.39	81.49
	2	62	79.03	81.93
	3	53	78.77	82.74
	4	56	75.94	85.01
	总数	224	77.81	82.25
社会责任认同	1	53	76.77	84.06
	2	62	83.58	84.20
	3	53	79.37	84.72
	4	56	79.01	86.37
	总数	224	79.83	84.49
社会责任行动	1	53	77.15	82.09
	2	62	80.50	82.34
	3	53	78.80	83.19
	4	56	76.75	85.87
	总数	224	78.37	82.79
社会责任感	1	53	77.13	82.45
	2	62	80.87	82.73
	3	53	78.95	83.47
	4	56	77.12	85.71
	总数	224	78.59	83.09

注：表中"年级"列中1代表一年级，2代表二年级，3代表三年级，4代表四年级。

（二）五维度差异性分析

1. 性别差异（见表 4 - 15）

在社会责任感方面，该校男生得分为 76.66，女生得分为 79.71，男生得分低于女生得分 3.05；该校男生得分低于全国水平 5.54，女生得分低于全国水平 4.02。

在政治责任感维度方面，该校男生得分为 74.84，女生得分为 76.98，男生得分低于女生得分 2.14；该校男生得分低于全国水平 6.39，女生得分低于全国水平 5.48。

在生命责任感维度方面，该校男生得分为 77.38，女生得分为 80.83，男生得分低于女生得分 3.45；该校男生得分低于全国水平 5.46，女生得分低于全国水平 3.66。

在学习责任感维度方面，该校男生得分为 77.61，女生得分为 80.96，男生得分低于女生得分 3.35；该校男生得分低于全国水平 4.63，女生得分低于全国水平 3.14。

在学校责任感维度方面，该校男生得分为 74.76，女生得分为 71.83，男生得分高于女生得分 2.93；该校男生得分低于全国水平 3.96，女生得分低于全国水平 6.33。

在网络责任感维度方面，该校男生得分为 78.05，女生得分为 84.79，男生得分低于女生得分 6.74；该校男生得分低于全国水平 6.36，女生得分低于全国水平 2.26。

表 4 - 15　该校性别差异（均值百分制得分）

社会责任感维度	性别	N	均值	全国均值
政治责任感	1	82	74.84	81.23
	2	142	76.98	82.46
生命责任感	1	82	77.38	82.84
	2	142	80.83	84.49
学习责任感	1	82	77.61	82.24
	2	142	80.96	84.10
学校责任感	1	82	74.76	78.72
	2	142	71.83	78.16
网络责任感	1	82	78.05	84.41
	2	142	84.79	87.05
社会责任感	1	82	76.66	82.20
	2	142	79.71	83.73

注：表中"性别"列中 1 代表男生，2 代表女生。

2. 生源地类型差异（见表4-16）

在社会责任感方面，该校来自城镇的学生得分为80.67，来自农村的学生得分为77.77，来自城镇的学生得分高于来自农村的学生得分2.90；该校来自城镇的学生得分低于全国水平2.48，来自农村的学生得分低于全国水平5.28。

在政治责任感维度方面，该校来自城镇的学生得分为78.30，来自农村的学生得分为75.36，来自城镇的学生得分高于来自农村的学生得分2.94；该校来自城镇的学生得分低于全国水平3.32，来自农村的学生得分低于全国水平6.79。

在生命责任感维度方面，该校来自城镇的学生得分为79.96，来自农村的学生得分为79.41，来自城镇的学生得分高于来自农村的学生得分0.55；该校来自城镇的学生得分低于全国水平3.98，来自农村的学生得分低于全国水平4.30。

在学习责任感维度方面，该校来自城镇的学生得分为82.63，来自农村的学生得分为78.58，来自城镇的学生得分高于来自农村的学生得分4.05；该校来自城镇的学生得分低于全国水平0.96，来自农村的学生得分低于全国水平4.57。

在学校责任感维度方面，该校来自城镇的学生得分为76.41，来自农村的学生得分为71.50，来自城镇的学生得分高于来自农村的学生得分4.91；该校来自城镇的学生得分低于全国水平2.50，来自农村的学生得分低于全国水平6.57。

在网络责任感维度方面，该校来自城镇的学生得分为84.87，来自农村的学生得分为81.30，来自城镇的学生得分高于来自农村的学生得分3.57；该校来自城镇的学生得分低于全国水平1.00，来自农村的学生得分低于全国水平4.69。

表4-16 该校生源地差异（均值百分制得分）

社会责任感维度	生源地类型	N	均值	全国均值
政治责任感	1	64	78.30	81.62
	2	160	75.36	82.15
生命责任感	1	64	79.96	83.94
	2	160	79.41	83.71
学习责任感	1	64	82.63	83.59
	2	160	78.58	83.15
学校责任感	1	64	76.41	78.91
	2	160	71.50	78.07
网络责任感	1	64	84.87	85.87
	2	160	81.30	85.99
社会责任感	1	64	80.67	83.15
	2	160	77.77	83.05

注：表中"生源地类型"列中1代表城镇，2代表农村。

3. 毕业高中类型差异（见表 4 – 17）

在社会责任感方面，该校毕业于重点高中的学生得分为 80.42，毕业于普通高中的学生得分为 77.30，毕业于重点高中的学生得分高于毕业于普通高中的学生得分 3.12；该校毕业于重点高中的学生得分低于全国水平 2.98，毕业于普通高中的学生得分低于全国水平 5.40。

在政治责任感维度方面，该校毕业于重点高中的学生得分为 78.28，毕业于普通高中的学生得分为 74.72，毕业于重点高中的学生得分高于毕业于普通高中的学生得分 3.56；该校毕业于重点高中的学生得分低于全国水平 3.95，毕业于普通高中的学生得分低于全国水平 6.87。

在生命责任感维度方面，该校毕业于重点高中的学生得分为 80.83，毕业于普通高中的学生得分为 78.66，毕业于重点高中的学生得分高于毕业于普通高中的学生得分 2.17；该校毕业于重点高中的学生得分低于全国水平 3.25，毕业于普通高中的学生得分低于全国水平 4.78。

在学习责任感维度方面，该校毕业于重点高中的学生得分为 81.08，毕业于普通高中的学生得分为 78.78，毕业于重点高中的学生得分高于毕业于普通高中的学生得分 2.30；该校毕业于重点高中的学生得分低于全国水平 2.44，毕业于普通高中的学生得分低于全国水平 4.29。

在学校责任感维度方面，该校毕业于重点高中的学生得分为 74.46，毕业于普通高中的学生得分为 71.79，毕业于重点高中的学生得分高于毕业于普通高中的学生得分 2.67；该校毕业于重点高中的学生得分低于全国水平 4.13，毕业于普通高中的学生得分低于全国水平 6.35。

在网络责任感维度方面，该校毕业于重点高中的学生得分为 85.01，毕业于普通高中的学生得分为 80.41，毕业于重点高中的学生得分高于毕业于普通高中的学生得分 4.60；该校毕业于重点高中的学生得分低于全国水平 1.43，毕业于普通高中的学生得分低于全国水平 4.91。

表 4 – 17　该校毕业高中类型差异（均值百分制得分）

社会责任感维度	毕业高中类型	N	均值	全国均值
政治责任感	1	93	78.28	82.23
	2	131	74.72	81.59
生命责任感	1	93	80.83	84.08
	2	131	78.66	83.44
学习责任感	1	93	81.08	83.52
	2	131	78.78	83.07

续表

社会责任感维度	毕业高中类型	N	均值	全国均值
学校责任感	1	93	74.46	78.59
	2	131	71.79	78.14
网络责任感	1	93	85.01	86.44
	2	131	80.41	85.32
社会责任感	1	93	80.42	83.40
	2	131	77.30	82.70

注：表中"毕业高中类型"列中1代表区域内重点高中，2代表区域内普通高中。

4. 年级差异（见表4－18）

在社会责任感方面，该校一年级得分为77.13，二年级得分为80.87，三年级得分为78.95，四年级得分为77.12；二年级最高，三年级较高，一年级和四年级均较低；该校一年级得分低于全国水平5.32，二年级得分低于全国水平1.86，三年级得分低于全国水平4.52，四年级得分低于全国水平8.59。

在政治责任感维度方面，该校一年级得分为76.60，二年级得分为77.56，三年级得分为74.34，四年级得分为76.07；二年级最高，一年级较高，四年级一般，三年级较低；该校一年级得分低于全国水平5.04，二年级得分低于全国水平3.51，三年级得分低于全国水平8.01，四年级得分低于全国水平8.54。

在生命责任感维度方面，该校一年级得分为78.30，二年级得分为81.49，三年级得分为82.26，四年级得分为76.07；三年级最高，二年级较高，一年级一般，四年级较低；该校一年级得分低于全国水平4.97，二年级得分低于全国水平2.05，三年级得分低于全国水平1.83，四年级得分低于全国水平9.83。

在学习责任感维度方面，该校一年级得分为75.85，二年级得分为83.48，三年级得分为79.62，四年级得分为79.36；二年级最高，三年级较高，四年级一般，一年级较低。该校一年级得分低于全国水平6.54，二年级得分高于全国水平0.17，三年级得分低于全国水平4.15，四年级得分低于全国水平6.67。

在学校责任感维度方面，该校一年级得分为74.34，二年级得分为72.82，三年级得分为72.92，四年级得分为71.61；一年级最高，三年级较高，二年级一般，四年级较低；该校一年级得分低于全国水平3.14，二年级得分低于全国水平4.66，三年级得分低于全国水平6.01，四年级得分低于全国水平11.57。

在网络责任感维度方面，该校一年级得分为78.81，二年级得分为86.22，三年级得分为82.75，四年级得分为80.92；二年级最高，三年级较高，四年级一般，一年级较低；该校一年级得分低于全国水平 6.39，二年级得分高于全国水平 0.15，三年级得分低于全国水平 3.54，四年级得分低于全国水平 6.90。

表 4－18 该校年级差异（均值百分制得分）

社会责任感维度	年级	N	均值	全国均值
政治责任感	1	53	76.60	81.64
	2	62	77.56	81.07
	3	53	74.34	82.35
	4	56	76.07	84.61
	总数	224	76.20	81.95
生命责任感	1	53	78.30	83.27
	2	62	81.49	83.54
	3	53	82.26	84.09
	4	56	76.07	85.90
	总数	224	79.56	83.80
学习责任感	1	53	75.85	82.39
	2	62	83.48	83.31
	3	53	79.62	83.77
	4	56	79.36	86.03
	总数	224	79.73	83.32
学校责任感	1	53	74.34	77.48
	2	62	72.82	77.48
	3	53	72.92	78.93
	4	56	71.61	83.18
	总数	224	72.90	78.39
网络责任感	1	53	78.81	85.20
	2	62	86.22	86.07
	3	53	82.75	86.29
	4	56	80.92	87.82
	总数	224	82.32	85.94
社会责任感	1	53	77.13	82.45
	2	62	80.87	82.73
	3	53	78.95	83.47
	4	56	77.12	85.71
	总数	224	78.59	83.09

注：表中"年级"列中 1 代表一年级，2 代表二年级，3 代表三年级，4 代表四年级。

第五章　农科高校调查报告

一、调查样本

该高校为我国西部某省地方骨干农科本科院校，参与调查总人数228人，其中哲学1人，占0.4%；教育学4人，占0.2%；军事学1人，占0.4%；历史学1人，占0.4%；艺术1人，占0.4%；经济学1人，占0.4%；理学7人，占3%；工学23人，占10.1%；农学125人，占54.8%；文学42人，占18.4%；管理学22人，占9.6%。鉴于其他学科问卷数量偏少，以下统计数据仅以农学、文学、工学、管理学为例进行统计分析（有效问卷212份）。一年级90人，占42.5%；二年级113人，占53.3%；三年级1人，占0.4%；四年级8人，占3.8%。男生85人，占40.1%；女生127人，占59.9%。城镇116人，占54.7%；农村96人，占45.3%。区域内重点高中107人，占50.5%；区域内普通高中105人，49.5%（见表5-1）。

表5-1　大学生社会责任感现状调查样本基本信息

学科	人数	比例（%）	年级	人数	比例（%）
农学	125	59.0	一年级	90	42.5
文学	42	19.8	二年级	113	53.3
工学	23	10.8	三年级	1	0.4
管理学	22	10.4	四年级	8	3.8
性别			毕业高中类型		
男	85	40.1	普通	105	49.5
女	127	59.9	重点	107	50.5
生源地					
农村	96	45.3			
城镇	116	54.7			

二、调查结果

从总体看，该校大学生社会责任感略低于全国平均水平（83.09 分），得分为 83.02 分，低于全国 0.07 分。

从大学生社会责任感形成的三个环节看，社会责任认知 81.47 分，低于全国 0.78 分；社会责任认同 84.39 分，低于全国 0.1 分；社会责任行动 83.32 分，高于全国 1.03 分。

从大学生社会责任感不同维度看，政治责任感 81.51 分，低于全国 0.44 分；生命责任感 84.00 分，高于全国 0.20 分；生命责任感 83.38 分，高于全国 0.06 分；学校责任感 78.51 分，高于全国 0.12 分；网络责任感 85.54 分，低于全国 0.40 分。

（一）三环节差异性分析

1. 性别差异（见表5-2）

在社会责任感方面，该校男生得分为 84.96，女生得分为 81.73，男生得分高于女生得分 3.23；该校男生得分高于全国水平 2.76，女生得分低于全国水平 2.0。

在社会责任认知方面，该校男生得分为 83.02，女生得分为 80.43，男生得分高于女生得分 2.59；该校男生得分高于全国水平 1.53，女生得分低于全国水平 2.36。

在社会责任认同方面，该校男生得分为 86.82，女生得分为 82.76，男生得分高于女生得分 4.06；该校男生得分高于全国水平 3.49，女生得分低于全国水平 2.56。

在社会责任行动方面，该校男生得分为 85.01，女生得分为 82.19，男生得分高于女生得分 2.82；该校男生得分低于全国水平 3.03，女生得分低于全国水平 1.18。

表5-2　该校性别差异（均值百分制得分）

社会责任感形成环节	性别	N	均值	全国均值
社会责任认知	1	85	83.02	81.49
	2	127	80.43	82.79
社会责任认同	1	85	86.82	83.33
	2	127	82.76	85.32

社会责任感形成环节	性别	N	均值	全国均值
社会责任行动	1	85	85.01	81.98
	2	127	82.19	83.37
社会责任感	1	85	84.96	82.20
	2	127	81.73	83.73

注：表中"性别"列中1代表男生，2代表女生。

2. 生源地类型差异（见表5-3）

在社会责任感方面，该校来自城镇的学生得分为82.61，来自农村的学生得分为83.53，来自城镇的学生得分低于来自农村的学生得分0.92；该校来自城镇的学生得分低于全国水平0.54，来自农村的学生得分高于全国水平0.48。

在社会责任认知方面，该校来自城镇的学生得分为81.41，来自农村的学生得分为81.53，来自城镇的学生得分要低于来自农村的学生得分0.12；该校来自城镇的学生得分低于全国水平0.70，来自农村的学生得分低于全国水平0.80。

在社会责任认同方面，该校来自城镇的学生得分为83.43，来自农村的学生得分为85.56，来自城镇的学生得分要低于来自农村的学生得分2.13；该校来自城镇的学生得分低于全国水平0.99，来自农村的学生得分高于全国水平1.03。

在社会责任行动方面，该校来自城镇的学生得分为82.87，来自农村的学生得分为83.86，来自城镇的学生得分要低于来自农村的学生得分0.99；该校来自城镇的学生得分低于全国水平0.27，来自农村的学生得分高于全国水平1.29。

表5-3 该校生源地差异（均值百分制得分）

社会责任感形成环节	生源地类型	N	均值	全国均值
社会责任认知	1	116	81.41	82.11
	2	96	81.53	82.33
社会责任认同	1	116	83.43	84.42
	2	96	85.56	84.53
社会责任行动	1	116	82.87	83.14
	2	96	83.86	82.57
社会责任感	1	116	82.61	83.15
	2	96	83.53	83.05

注：表中"生源地类型"列中1代表城镇，2代表农村。

3. 毕业高中类型差异（见表5-4）

在社会责任感方面，该校毕业于重点高中的学生得分为83.79，毕业于普通

高中的学生得分为82.24，毕业于重点高中的学生得分高于毕业于普通高中的学生得分1.55；该校毕业于重点高中的学生得分高于全国水平0.39，毕业于普通高中的学生得分低于全国水平0.46。

在社会责任认知方面，该校毕业于重点高中的学生得分为82.23，毕业于普通高中的学生得分为80.69，毕业于重点高中的学生得分高于毕业于普通高中的学生得分1.54；该校毕业于重点高中的学生得分低于全国水平0.34，毕业于普通高中的学生得分低于全国水平1.14。

在社会责任认同方面，该校毕业于重点高中的学生得分为85.25，毕业于普通高中的学生得分为83.51，毕业于重点高中的学生得分低于毕业于普通高中的学生得分1.74；该校毕业于重点高中的学生得分高于全国水平0.47，毕业于普通高中的学生得分低于全国水平0.60。

在社会责任行动方面，该校毕业于重点高中的学生得分为84.16，毕业于普通高中的学生得分为82.46，毕业于重点高中的学生得分高于毕业于普通高中的学生得分1.70；该校毕业于重点高中的学生得分高于全国水平1.07，毕业于普通高中的学生得分低于全国水平0.04。

表5－4　该校毕业高中类型差异（均值百分制得分）

社会责任感形成环节	毕业高中类型	N	均值	全国均值
社会责任认知	1	107	82.23	82.57
	2	105	80.69	81.83
社会责任认同	1	107	85.25	84.78
	2	105	83.51	84.11
社会责任行动	1	107	84.16	83.09
	2	105	82.46	82.42
社会责任感	1	107	83.79	83.40
	2	105	82.24	82.70

注：表中"毕业高中类型"列中1代表区域内重点高中，2代表区域内普通高中。

4. 年级差异（见表5－5）

鉴于三、四年级人数较少，以下统计仅对一、二年级进行比较。在社会责任感方面，该校一年级得分为82.65，二年级得分为82.91，二年级较高，一年级较低；该校一年级得分高于全国水平0.20，二年级得分高于全国水平0.18。

在社会责任认知方面，该校一年级得分为80.85，二年级得分为81.50，二年级较高，一年级较低；该校一年级得分低于全国水平0.64，二年级得分低于全国水平0.43。

在社会责任认同方面，该校一年级得分为84.67，二年级得分为83.82，一年级较高，二年级较低；该校一年级得分低于全国水平0.61，二年级得分高于全国水平0.38。

在社会责任行动方面，该校一年级得分为82.44，二年级得分为83.59，二年级较高，一年级较低；该校一年级得分高于全国水平0.35，二年级得分高于全国水平1.25。

表5-5 该校年级差异（均值百分制得分）

社会责任感形成环节	年级	N	均值	全国均值
社会责任认知	1	90	80.85	81.49
	2	113	81.50	81.93
	3	1	83.64	82.74
	4	8	87.73	85.01
	总数	212	81.47	82.25
社会责任认同	1	90	84.67	84.06
	2	113	83.82	84.20
	3	1	93.33	84.72
	4	8	88.33	86.37
	总数	212	84.39	84.49
社会责任行动	1	90	82.44	82.09
	2	113	83.59	82.34
	3	1	89.09	83.19
	4	8	88.64	85.87
	总数	212	83.32	82.79
社会责任感	1	90	82.65	82.45
	2	113	82.91	82.73
	3	1	88.39	83.47
	4	8	88.23	85.71
	总数	212	83.02	83.09

注：表中"年级"列中1代表一年级，2代表二年级，3代表三年级，4代表四年级。

（二）五维度差异性分析

1. 性别差异（见表5-6）

在社会责任感方面，该校男生得分为84.83，女生得分为81.73，男生得分高于女生得分3.10；该校男生得分高于全国水平2.63，女生得分低于全国水平 2.00。

在政治责任感维度方面，该校男生得分为 84.24，女生得分为 79.69，男生得分高于女生得分 4.55；该校男生得分高于全国水平 3.01，女生得分低于全国水平 2.77。

在生命责任感维度方面，该校男生得分为 85.74，女生得分为 82.83，男生得分高于女生得分 2.91；该校男生得分高于全国水平 2.90，女生得分低于全国水平 1.66。

在学习责任感维度方面，该校男生得分为 84.94，女生得分为 82.33，男生得分高于女生得分 2.61；该校男生得分高于全国水平 2.70，女生得分低于全国水平 1.77。

在学校责任感维度方面，该校男生得分为 80.24，女生得分为 77.36，男生得分高于女生得分 2.88；该校男生得分高于全国水平 1.52，女生得分低于全国水平 0.80。

在网络责任感维度方面，该校男生得分为 86.96，女生得分为 84.59，男生得分高于女生得分 2.37；该校男生得分高于全国水平 2.55，女生得分低于全国水平 2.46。

表 5 – 6　该校性别差异（均值百分制得分）

社会责任感维度	性别	N	均值	全国均值
政治责任感	1	85	84.24	81.23
	2	127	79.69	82.46
生命责任感	1	85	85.74	82.84
	2	127	82.83	84.49
学习责任感	1	85	84.94	82.24
	2	127	82.33	84.10
学校责任感	1	85	80.24	78.72
	2	127	77.36	78.16
网络责任感	1	85	86.96	84.41
	2	127	84.59	87.05
社会责任感	1	85	84.83	82.20
	2	127	81.73	83.73

注：表中"性别"列中 1 代表男生，2 代表女生。

2. 生源地类型差异（见表 5 – 7）

在社会责任感方面，该校来自城镇的学生得分为 82.52，来自农村的学生得分为83.53，来自城镇的学生得分低于来自农村的学生得分1.01；该校来自城镇的学生得分低于全国水平0.63，来自农村的学生得分高于全国水平0.48。

在政治责任感维度方面，该校来自城镇的学生得分为80.91，来自农村的学生得分为82.23，来自城镇的学生得分低于来自农村的学生得分1.32；该校来自城镇的学生得分低于全国水平0.71，来自农村的学生得分高于全国水平0.08。

在生命责任感维度方面，该校来自城镇的学生得分为83.79，来自农村的学生得分为84.24，来自城镇的学生得分低于来自农村的学生得分0.45；该校来自城镇的学生得分低于全国水平0.15，来自农村的学生得分高于全国水平0.53。

在学习责任感维度方面，该校来自城镇的学生得分为82.69，来自农村的学生得分为84.21，来自城镇的学生得分低于来自农村的学生得分1.52；该校来自城镇的学生得分低于全国水平0.90，来自农村的学生得分低于全国水平1.06。

在学校责任感维度方面，该校来自城镇的学生得分为79.48，来自农村的学生得分为77.34，来自城镇的学生得分高于来自农村的学生得分2.14；该校来自城镇的学生得分高于全国水平0.57，来自农村的学生得分低于全国水平0.73。

在网络责任感维度方面，该校来自城镇的学生得分为84.29，来自农村的学生得分为87.05，来自城镇的学生得分低于来自农村的学生得分2.76；该校来自城镇的学生得分低于全国水平1.58，来自农村的学生得分高于全国水平1.06。

表5-7　该校生源地差异（均值百分制得分）

社会责任感维度	生源地类型	N	均值	全国均值
政治责任感	1	116	80.91	81.62
	2	96	82.23	82.15
生命责任感	1	116	83.79	83.94
	2	96	84.24	83.71
学习责任感	1	116	82.69	83.59
	2	96	84.21	83.15
学校责任感	1	116	79.48	78.91
	2	96	77.34	78.07
网络责任感	1	116	84.29	85.87
	2	96	87.05	85.99
社会责任感	1	116	82.52	83.15
	2	96	83.53	83.05

注：表中"生源地类型"列中1代表城镇，2代表农村。

3. 毕业高中类型差异（见表 5 - 8）

在社会责任感方面，该校毕业于重点高中的学生得分为 83.79，毕业于普通高中的学生得分为 82.14，毕业于重点高中的学生得分高于毕业于普通高中的学生得分 1.65；该校毕业于重点高中的学生得分高于全国水平 0.39，毕业于普通高中的学生得分低于全国水平 0.56。

在政治责任感维度方面，该校毕业于重点高中的学生得分为 82.72，毕业于普通高中的学生得分为 80.27，毕业于重点高中的学生得分高于毕业于普通高中的学生得分 1.45；该校毕业于重点高中的学生得分高于全国水平 0.49，毕业于普通高中的学生得分低于全国水平 1.32。该校毕业于重点高中的学生得分高于全国水平 0.43，毕业于普通高中的学生得分高于全国水平 0.04。

在生命责任感维度方面，该校毕业于重点高中的学生得分为 84.51，毕业于普通高中的学生得分为 83.48，毕业于重点高中的学生得分高于毕业于普通高中的学生得分 1.03；该校毕业于重点高中的学生得分高于全国水平 0.48，毕业于普通高中的学生得分低于全国水平 0.33。

在学习责任感维度方面，该校毕业于重点高中的学生得分为 84.00，毕业于普通高中的学生得分为 82.74，毕业于重点高中的学生得分高于毕业于普通高中的学生得分 1.26。

在学校责任感维度方面，该校毕业于重点高中的学生得分为 79.21，毕业于普通高中的学生得分为 77.81，毕业于重点高中的学生得分高于毕业于普通高中的学生得分 1.40；该校毕业于重点高中的学生得分高于全国水平 0.62，毕业于普通高中的学生得分低于全国水平 0.33。

在网络责任感维度方面，该校毕业于重点高中的学生得分为 86.52，毕业于普通高中的学生得分为 84.54，毕业于重点高中的学生得分高于毕业于普通高中的学生得分 1.98；该校毕业于重点高中的学生得分高于全国水平 0.08，毕业于普通高中的学生得分低于全国水平 0.78。

表 5 - 8　该校毕业高中类型差异（均值百分制得分）

社会责任感维度	毕业高中类型	N	均值	全国均值
政治责任感	1	107	82.72	82.23
	2	105	80.27	81.59
生命责任感	1	107	84.51	84.08
	2	105	83.48	83.44

社会责任感维度	毕业高中类型	N	均值	全国均值
学习责任感	1	107	84.00	83.52
	2	105	82.74	83.07
学校责任感	1	107	79.21	78.59
	2	105	77.81	78.14
网络责任感	1	107	86.52	86.44
	2	105	84.54	85.32
社会责任感	1	107	83.79	83.40
	2	105	82.14	82.70

注：表中"毕业高中类型"列中 1 代表区域内重点高中，2 代表区域内普通高中。

4. 年级差异（见表 5 - 9）

鉴于三、四年级人数较少，以下统计仅对一、二年级情况进行比较。

在社会责任感方面，该校一年级得分为 82.53，二年级得分为 82.91，二年级较高，一年级较低；该校一年级得分高于全国水平 0.08，二年级得分高于全国水平 0.18。

在政治责任感维度方面，该校一年级得分为 80.57，二年级得分为 81.87，二年级较高，一年级较低；该校一年级得分低于全国水平 1.07，二年级得分高于全国水平 0.80。

在生命责任感维度方面，该校一年级得分为 84.17，二年级得分为 83.45，一年级较高，二年级较低；该校一年级得分高于全国水平 0.90，二年级得分低于全国水平 0.09。

在学习责任感维度方面，该校一年级得分为 83.20，二年级得分为 83.12，一年级较高，二年级较低；该校一年级得分高于全国水平 0.81，二年级得分低于全国水平 0.19。

在学校责任感维度方面，该校一年级得分为 76.00，二年级得分为 79.82，二年级较高，一年级较低；该校一年级得分低于全国水平 1.48，二年级得分高于全国水平 2.34。

在网络责任感维度方面，该校一年级得分为 85.87，二年级得分为 84.96，一年级较高，二年级较低；该校一年级得分高于全国水平 0.67，二年级得分低于全国水平 1.11。

表 5 - 9 该校年级差异（均值百分制得分）

社会责任感维度	年级	N	均值	全国均值
政治责任感	1	90	80.57	81.64
	2	113	81.87	81.07
	总数	212	81.51	81.95
生命责任感	1	90	84.17	83.27
	2	113	83.45	83.54
	总数	212	84.00	83.80
学习责任感	1	90	83.20	82.39
	2	113	83.12	83.31
	总数	212	83.38	83.32
学校责任感	1	90	76.00	77.48
	2	113	79.82	77.48
	总数	212	78.51	78.39
网络责任感	1	90	85.87	85.20
	2	113	84.96	86.07
	总数	212	85.54	85.94
社会责任感	1	90	82.53	82.45
	2	113	82.91	82.73
	总数	212	82.98	83.09

注：表中"年级"列中 1 代表一年级，2 代表二年级。

第六章　教育学类高校调查报告

一、调查样本

该高校为我国东部某省地方一般综合类本科院校，参与调查总人数 240 人，其中法学 71 人，占 29.6%；经济学 1 人，占 0.4%；理学 18 人，占 7.5%；教育学 111 人，占 46.3%；文学 9 人，占 3.8%；历史学 1 人，占 0.4%；管理学 29 人，占 12.0%。鉴于历史、经济、文学学科问卷数量偏少，以下统计数据仅以教育学、法学、管理学、理学为例进行统计分析（有效问卷 229 份）。一年级 175 人，占 76.4%；二年级 13 人，占 5.7%；三年级 38 人，占 16.6%；四年级 3 人，占 1.3%。男生 47 人，占 20.5%；女生 182 人，占 79.5%。城镇 57 人，占 24.9%；农村 172 人，占 75.1%。区域内重点高中 104 人，占 45.4%；区域内普通高中 125 人，54.6%（见表 6–1）。

表 6–1　大学生社会责任感现状调查样本基本信息

学科	人数	比例（%）	年级	人数	比例（%）
教育学	111	48.5	一年级	175	76.4
法学	71	31.0	二年级	13	5.7
管理学	29	12.7	三年级	38	16.6
理学	18	7.8	四年级	3	1.3
性别			毕业高中类型		
男	47	20.5	普通	125	54.6
女	182	79.5	重点	104	45.4
生源地					
农村	172	75.1			
城镇	57	24.9			

二、调查结果

从总体看，该校大学生社会责任感略高于全国平均水平（83.09分），得分为83.55分，高于全国0.46分。

从大学生社会责任感形成的三个环节看，社会责任认知83.55分，高于全国1.30分；社会责任认同86.77分，高于全国2.28分；社会责任行动85.54分，高于全国2.75分。

从大学生社会责任感不同维度看，政治责任感86.09分，高于全国4.14分；生命责任感85.31分，高于全国1.51分；学习责任感84.49分，高于全国1.17分；学校责任感80.35分，高于全国1.96分；网络责任感87.44分，高于全国1.50分。

（一）三环节差异性分析

1. 性别差异（见表6-2）

在社会责任感方面，该校男生得分为83.71，女生得分为85.58，男生得分低于女生得分1.87；该校男生得分高于全国水平1.51，女生得分高于全国水平1.85。

在社会责任认知方面，该校男生得分为82.28，女生得分为83.88，男生得分低于女生得分1.60；该校男生得分高于全国水平0.79，女生得分高于全国水平1.09。

在社会责任认同方面，该校男生得分为84.35，女生得分为87.40，男生得分低于女生得分3.05；该校男生得分高于全国水平1.02，女生得分高于全国水平2.08。

在社会责任行动方面，该校男生得分为84.60，女生得分为85.78，男生得分低于女生得分1.18；该校男生得分高于全国水平2.62，女生得分高于全国水平2.41。

表6-2　该校性别差异（均值百分制得分）

社会责任感形成环节	性别	N	均值	全国均值
社会责任认知	1	47	82.28	81.49
	2	182	83.88	82.79
社会责任认同	1	47	84.35	83.33
	2	182	87.40	85.32

社会责任感形成环节	性别	N	均值	全国均值
社会责任行动	1	47	84.60	81.98
	2	182	85.78	83.37
社会责任感	1	47	83.71	82.20
	2	182	85.58	83.73

注：表中"性别"列中 1 代表男生，2 代表女生。

2. 生源地类型差异（见表 6 – 3）

在社会责任感方面，该校来自城镇的学生得分为 86.44，来自农村的学生得分为 84.78，来自城镇的学生得分高于来自农村的学生得分 1.66；该校来自城镇的学生得分高于全国水平 3.29，来自农村的学生得分高于全国水平 1.73。

在社会责任认知方面，该校来自城镇的学生得分为 83.86，来自农村的学生得分为 83.45，来自城镇的学生得分要高于来自农村的学生得分 0.41；该校来自城镇的学生得分高于全国水平 1.75，来自农村的学生得分高于全国水平 1.12。

在社会责任认同方面，该校来自城镇的学生得分为 88.69，来自农村的学生得分为 86.14，来自城镇的学生得分要高于来自农村的学生得分 2.28；该校来自城镇的学生得分高于全国水平 4.27，来自农村的学生得分高于全国水平 1.61。

在社会责任行动方面，该校来自城镇的学生得分为 87.18，来自农村的学生得分为 85.00，来自城镇的学生得分要高于来自农村的学生得分 2.18；该校来自城镇的学生得分高于全国水平 4.04，来自农村的学生得分高于全国水平 2.43。

表 6 – 3 该校生源地差异（均值百分制得分）

社会责任感形成环节	生源地类型	N	均值	全国均值
社会责任认知	1	57	83.86	82.11
	2	172	83.45	82.33
社会责任认同	1	57	88.69	84.42
	2	172	86.14	84.53
社会责任行动	1	57	87.18	83.14
	2	172	85.00	82.57
社会责任感	1	57	86.44	83.15
	2	172	84.78	83.05

注：表中"生源地类型"列中 1 代表城镇，2 代表农村。

3. 毕业高中类型差异（见表6-4）

在社会责任感方面，该校毕业于重点高中的学生得分为86.69，毕业于普通高中的学生得分为83.95，毕业于重点高中的学生得分要高于毕业于普通高中的学生得分2.74；该校毕业于重点高中的学生得分高于全国水平3.29，毕业于普通高中的学生得分高于全国水平1.25。

在社会责任认知方面，该校毕业于重点高中的学生得分为84.65，毕业于普通高中的学生得分为82.63，毕业于重点高中的学生得分高于毕业于普通高中的学生得分2.02；该校毕业于重点高中的学生得分高于全国水平2.08，毕业于普通高中的学生得分高于全国水平0.80。

在社会责任认同方面，该校毕业于重点高中的学生得分为88.59，毕业于普通高中的学生得分为85.26，毕业于重点高中的学生得分高于毕业于普通高中的学生得分3.33；该校毕业于重点高中的学生得分高于全国水平3.81，毕业于普通高中的学生得分高于全国水平1.15。

在社会责任行动方面，该校毕业于重点高中的学生得分为87.17，毕业于普通高中的学生得分为84.19，毕业于重点高中的学生得分高于毕业于普通高中的学生得分2.98；该校毕业于重点高中的学生得分高于全国水平4.08，毕业于普通高中的学生得分低于全国水平1.77。

表6-4　该校毕业高中类型差异（均值百分制得分）

社会责任感形成环节	毕业高中类型	N	均值	全国均值
社会责任认知	1	104	84.65	82.57
	2	125	82.63	81.83
社会责任认同	1	104	88.59	84.78
	2	125	85.26	84.11
社会责任行动	1	104	87.17	83.09
	2	125	84.19	82.42
社会责任感	1	104	86.69	83.40
	2	125	83.95	82.70

注：表中"毕业高中类型"列中1代表区域内重点高中，2代表区域内普通高中。

4. 年级差异（见表6-5）

鉴于四年级人数较少，以下不对四年级情况进行统计。在社会责任感方面，该校一年级得分为83.99，二年级得分为88.93，三年级得分为88.79；二年级最高，三年级较高，一年级较低；该校一年级得分低于全国水平1.54，二年级得分高于全国水平6.20，三年级得分高于全国水平5.32。

在社会责任认知方面，该校一年级得分为82.24，二年级得分为87.27，三年级得分为87.89；三年级最高，二年级较高，一年级较低；该校一年级得分高于全国水平0.75，二年级得分高于全国水平5.34，三年级得分高于全国水平5.15。

在社会责任认同方面，该校一年级得分为85.74，二年级得分为90.09，三年级得分为89.47；二年级最高，三年级较高，一年级较低；该校一年级得分高于全国水平1.68，二年级得分高于全国水平5.89，三年级得分高于全国水平4.75。

在社会责任行动方面，该校一年级得分为84.29，二年级得分为89.65，三年级得分为89.14；二年级最高，三年级较高，一年级较低；该校一年级得分高于全国水平2.20，二年级得分高于全国水平7.31，三年级得分低于全国水平5.95。

表6-5 该校年级差异（均值百分制得分）

社会责任感形成环节	年级	N	均值	全国均值
社会责任认知	1	175	82.24	81.49
	2	13	87.27	81.93
	3	38	87.89	82.74
	总数	229	83.55	82.25
社会责任认同	1	175	85.74	84.06
	2	13	90.09	84.20
	3	38	89.47	84.72
	总数	229	86.77	84.49
社会责任行动	1	175	84.29	82.09
	2	13	89.65	82.34
	3	38	89.14	83.19
	总数	229	85.54	82.79
社会责任感	1	175	82.24	82.45
	2	13	87.27	82.73
	3	38	87.89	83.47
	总数	229	83.55	83.09

注：表中"年级"列中1代表一年级，2代表二年级，3代表三年级。

（二）五维度差异性分析

1. 性别差异（见表6-6）

在社会责任感方面，该校男生得分为83.71，女生得分为85.58，男生得分低于女生得分1.87；该校男生得分高于全国水平1.51，女生得分高于全国水平1.85。

在政治责任感维度方面，该校男生得分为84.56，女生得分为86.48，男生得分低于女生得分1.92；该校男生得分高于全国水平3.33，女生得分高于全国水平4.02。

在生命责任感维度方面，该校男生得分为83.09，女生得分为85.88，男生得分低于女生得分2.79；该校男生得分高于全国水平0.25，女生得分高于全国水平1.39。

在学习责任感维度方面，该校男生得分为83.23，女生得分为84.81，男生得分低于女生得分1.51；该校男生得分高于全国水平0.99，女生得分高于全国水平0.71。

在学校责任感维度方面，该校男生得分为81.49，女生得分为80.05，男生得分高于女生得分1.44；该校男生得分高于全国水平2.77，女生得分高于全国水平1.89。

在网络责任感维度方面，该校男生得分为85.17，女生得分为88.02，男生得分低于女生得分2.85；该校男生得分高于全国水平0.76，女生得分高于全国水平0.97。

表6－6　该校性别差异（均值百分制得分）

社会责任感维度	性别	N	均值	全国均值
政治责任感	1	47	84.56	81.23
	2	182	86.48	82.46
生命责任感	1	47	83.09	82.84
	2	182	85.88	84.49
学习责任感	1	47	83.23	82.24
	2	182	84.81	84.10
学校责任感	1	47	81.49	78.72
	2	182	80.05	78.16
网络责任感	1	47	85.17	84.41
	2	182	88.02	87.05
社会责任感	1	47	83.71	82.20
	2	182	85.58	83.73

注：表中"性别"列中1代表男生，2代表女生。

2. 生源地类型差异（见表6－7）

在社会责任感方面，该校来自城镇的学生得分为86.44，来自农村的学生得分为84.78，来自城镇的学生得分高于来自农村的学生得分1.66；该校来自城镇的学生得分高于全国水平 3.29，来自农村的学生得分高于全国水平 1.73。

在政治责任感维度方面，该校来自城镇的学生得分为 87.07，来自农村的学生得分为 85.76，来自城镇的学生得分高于来自农村的学生得分 1.31；该校来自城镇的学生得分高于全国水平 5.45，来自农村的学生得分高于全国水平 3.61。

在生命责任感维度方面，该校来自城镇的学生得分为 86.58，来自农村的学生得分为 84.88，来自城镇的学生得分低于来自农村的学生得分 1.70；在生命责任感维度，该校来自城镇的学生得分低于全国水平 2.64，来自农村的学生得分低于全国水平 1.17。

在学习责任感维度方面，该校来自城镇的学生得分为 86.67，来自农村的学生得分为 83.77，来自城镇的学生得分高于来自农村的学生得分 2.90；该校来自城镇的学生得分高于全国水平 3.08，来自农村的学生得分高于全国水平 0.62。

在学校责任感维度方面，该校来自城镇的学生得分为 79.47，来自农村的学生得分为 80.64，来自城镇的学生得分低于来自农村的学生得分 1.17；在学校责任感维度方面，该校来自城镇的学生得分高于全国水平 0.56，来自农村的学生得分高于全国水平 2.57。

在网络责任感维度方面，该校来自城镇的学生得分为 89.47，来自农村的学生得分为 86.76，来自城镇的学生得分高于来自农村的学生得分 2.71；该校来自城镇的学生得分高于全国水平 3.60，来自农村的学生得分高于全国水平 0.77。

表 6 - 7　该校生源地差异（均值百分制得分）

社会责任感维度	生源地类型	N	均值	全国均值
政治责任感	1	57	87.07	81.62
	2	172	85.76	82.15
生命责任感	1	57	86.58	83.94
	2	172	84.88	83.71
学习责任感	1	57	86.67	83.59
	2	172	83.77	83.15
学校责任感	1	57	79.47	78.91
	2	172	80.64	78.07
网络责任感	1	57	89.47	85.87
	2	172	86.76	85.99
社会责任感	1	57	86.44	83.15
	2	172	84.78	83.05

注：表中"生源地类型"列中 1 代表城镇，2 代表农村。

3. 毕业高中类型差异（见表6－8）

在社会责任感方面，该校毕业于重点高中的学生得分为86.69，毕业于普通高中的学生得分为83.95，毕业于重点高中的学生得分高于毕业于普通高中的学生得分2.74；该校毕业于重点高中的学生得分高于全国水平3.29，毕业于普通高中的学生得分高于全国水平1.25。

在政治责任感维度方面，该校毕业于重点高中的学生得分为87.83，毕业于普通高中的学生得分为84.64，毕业于重点高中的学生得分高于毕业于普通高中的学生得分3.19；该校毕业于重点高中的学生得分高于全国水平5.60，毕业于普通高中的学生得分高于全国水平3.05。

在生命责任感维度方面，该校毕业于重点高中的学生得分为86.90，毕业于普通高中的学生得分为83.98，毕业于重点高中的学生得分要高于毕业于普通高中的学生得分2.92；该校毕业于重点高中的学生得分高于全国水平2.82，毕业于普通高中的学生得分高于全国水平0.44。

在学习责任感维度方面，该校毕业于重点高中的学生得分为85.35，毕业于普通高中的学生得分为83.78，毕业于重点高中的学生得分要高于毕业于普通高中的学生得分1.57；该校毕业于重点高中的学生得分高于全国水平1.83，毕业于普通高中的学生得分高于全国水平0.71。

在学校责任感维度方面，该校毕业于重点高中的学生得分为81.54，毕业于普通高中的学生得分为79.36，毕业于重点高中的学生得分要高于毕业于普通高中的学生得分2.18；该校毕业于重点高中的学生得分高于全国水平2.95，毕业于普通高中的学生得分高于全国水平1.22。

在网络责任感维度方面，该校毕业于重点高中的学生得分为89.20，毕业于普通高中的学生得分为85.97，毕业于重点高中的学生得分高于毕业于普通高中的学生得分3.23；该校毕业于重点高中的学生得分高于全国水平2.76，毕业于普通高中的学生得分高于全国水平0.65。

表6－8　该校毕业高中类型差异（均值百分制得分）

社会责任感维度	毕业高中类型	N	均值	全国均值
政治责任感	1	104	87.83	82.23
	2	125	84.64	81.59
生命责任感	1	104	86.90	84.08
	2	125	83.98	83.44
学习责任感	1	104	85.35	83.52
	2	125	83.78	83.07

社会责任感维度	毕业高中类型	N	均值	全国均值
学校责任感	1	104	81.54	78.59
	2	125	79.36	78.14
网络责任感	1	104	89.20	86.44
	2	125	85.97	85.32
社会责任感	1	104	86.69	83.40
	2	125	83.95	82.70

注：表中"毕业高中类型"列中1代表区域内重点高中，2代表区域内普通高中。

4. 年级差异（见表6-9）

鉴于四年级人数较少，以下不对四年级情况进行统计。在社会责任感方面，该校一年级得分为83.99，二年级得分为88.93，三年级得分为88.79；二年级最高，三年级较高，一年级较低；该校一年级得分高于全国水平1.54，二年级得分高于全国水平6.20，三年级得分高于全国水平5.32。

在政治责任感维度方面，该校一年级得分为85.34，二年级得分为90.33，三年级得分为87.59；二年级最高，三年级较高，一年级较低；该校一年级得分高于全国水平3.70，二年级得分高于全国水平9.26，三年级得分高于全国水平5.24。

在生命责任感维度方面，该校一年级得分为83.99，二年级得分为88.85，三年级得分为89.61；三年级最高，二年级较高，一年级较低；该校一年级得分高于全国水平0.72，二年级得分高于全国水平5.31，三年级得分高于全国水平5.52。

在学习责任感维度方面，该校一年级得分为83.34，二年级得分为87.69，三年级得分为87.79；三年级最高，二年级较高，一年级较低。该校一年级得分高于全国水平0.95，二年级得分高于全国水平4.38，三年级得分高于全国水平4.02。

在学校责任感维度方面，该校一年级得分为78.17，二年级得分为87.31，三年级得分为87.63；三年级最高，二年级较高，一年级较低；该校一年级得分高于全国水平0.69，二年级得分高于全国水平9.83，三年级得分高于全国水平8.70。

在网络责任感维度方面，该校一年级得分为86.42，二年级得分为89.45，三年级得分为90.45；三年级最高，二年级较高，一年级较低；该校一年级得分高于全国水平 1.22，二年级得分高于全国水平 3.38，三年级得分高于全国水平 4.16。

表 6 – 9　该校年级差异（均值百分制得分）

社会责任感维度	年级	N	均值	全国均值
政治责任感	1	175	85.34	81.64
	2	13	90.33	81.07
	3	38	87.59	82.35
	总数	229	86.09	81.95
生命责任感	1	175	83.99	83.27
	2	13	88.85	83.54
	3	38	89.61	84.09
	总数	229	85.31	83.80
学习责任感	1	175	83.34	82.39
	2	13	87.69	83.31
	3	38	87.79	83.77
	总数	229	84.49	83.32
学校责任感	1	175	78.17	77.48
	2	13	87.31	77.48
	3	38	87.63	78.93
	总数	229	80.35	78.39
网络责任感	1	175	86.42	85.20
	2	13	89.45	86.07
	3	38	90.45	86.29
	总数	229	87.44	85.94
社会责任感	1	175	83.99	82.45
	2	13	88.93	82.73
	3	38	88.79	83.47
	总数	229	85.19	83.09

注：表中"年级"列中 1 代表一年级，2 代表二年级，3 代表三年级，4 代表四年级。

第七章 经济管理类高校调查报告

第一节 地方综合类骨干高校调查报告

一、调查样本

该高校为我国中部某省地方综合类骨干本科院校，参与调查总人数111人，其中经济学63人，占56.8%；管理学48人，占43.2%（有效问卷111份）。一年级36人，占32.4%；二年级15人，占13.5%；三年级14人，占12.6%；四年级46人，占41.4%。男生57人，占51.4%；女生54人，占48.6%。城镇67人，占60.4%；农村44人，占39.6%。区域内重点高中84人，占75.7%；区域内普通高中27人，占24.3%（见表7-1）。

表7-1 大学生社会责任感现状调查样本基本信息

学科	人数	比例（%）	年级	人数	比例（%）
经济学	63	56.8	一年级	36	32.4
管理学	48	43.2	二年级	15	13.5
性别			三年级	14	12.6
男	57	51.4	四年级	46	41.4
女	54	48.6	毕业高中类型		
生源地			普通	27	24.3
农村	44	39.6	重点	84	75.7
城镇	67	60.4			

二、调查结果

从总体看，该校大学生社会责任感略高于全国平均水平（83.09分），得分为83.62分，高于全国0.62分。

从大学生社会责任感形成的三个环节看，社会责任认知83.16分，高于全国0.91分；社会责任认同84.18分，低于全国水平0.31分；社会责任行动83.60分，高于全国0.81分。

从大学生社会责任感不同维度看，政治责任感82.83分，高于全国0.88分；生命责任感83.83分，高于全国0.03分；学习责任感82.88分，低于全国0.52分；学校责任感82.16分，高于全国水平3.77分；网络责任感85.51分，低于全国0.43分。

（一）三环节差异性分析

1. 性别差异（见表7-2）

在社会责任感方面，该校男生得分为81.25，女生得分为86.12，男生得分低于女生得分4.87；该校男生得分低于全国水平0.95，女生得分高于全国水平2.39。

在社会责任认知方面，该校男生得分为80.86，女生得分为85.59，男生得分低于女生得分4.73；该校男生得分低于全国水平0.63，女生得分高于全国水平2.80。

在社会责任认同方面，该校男生得分为81.64，女生得分为86.87，男生得分低于女生得分5.23；该校男生得分低于全国水平1.69，女生得分高于全国水平1.55。

在社会责任行动方面，该校男生得分为81.31，女生得分为86.03，男生得分低于女生得分4.72；该校男生得分低于全国水平0.67，女生得分高于全国水平2.66。

表7-2　该校性别差异（均值百分制得分）

社会责任感形成环节	性别	N	均值	全国均值
社会责任认知	1	57	80.86	81.49
	2	54	85.59	82.79
社会责任认同	1	57	81.64	83.33
	2	54	86.87	85.32
社会责任行动	1	57	81.31	81.98
	2	54	86.03	83.37
社会责任感	1	57	81.25	82.20
	2	54	86.12	83.73

注：表中"性别"列中1代表男生，2代表女生。

2. 生源地类型差异（见表 7 - 3）

在社会责任感方面，该校来自城镇的学生得分为 81.70，来自农村的学生得分为 86.52，来自城镇的学生得分低于来自农村的学生得分 4.82；该校来自城镇的学生得分低于全国水平 1.45，来自农村的学生得分高于全国水平 3.47。

在社会责任认知方面，该校来自城镇的学生得分为 80.98，来自农村的学生得分为 86.49，来自城镇的学生得分低于来自农村的学生得分 5.51；该校来自城镇的学生得分低于全国水平 1.13，来自农村的学生得分高于全国水平 4.16。

在社会责任认同方面，该校来自城镇的学生得分为 82.22，来自农村的学生得分为 87.17，来自城镇的学生得分低于来自农村的学生得分 4.95；该校来自城镇的学生得分低于全国水平 2.20，来自农村的学生得分高于全国水平 2.64。

在社会责任行动方面，该校来自城镇的学生得分为 82.01，来自农村的学生得分为 86.03，来自城镇的学生得分低于来自农村的学生得分 4.02；该校来自城镇的学生得分低于全国水平 1.13，来自农村的学生得分高于全国水平 3.46。

表 7 - 3　该校生源地差异（均值百分制得分）

社会责任感形成环节	生源地类型	N	均值	全国均值
社会责任认知	1	67	80.98	82.11
	2	44	86.49	82.33
社会责任认同	1	67	82.22	84.42
	2	44	87.17	84.53
社会责任行动	1	67	82.01	83.14
	2	44	86.03	82.57
社会责任感	1	67	81.70	83.15
	2	44	86.52	83.05

注：表中"生源地类型"列中 1 代表城镇，2 代表农村。

3. 毕业高中类型差异（见表 7 - 4）

在社会责任感方面，该校毕业于重点高中的学生得分为 82.56，毕业于普通高中的学生得分为 86.91，毕业于重点高中的学生得分低于毕业于普通高中的学生得分 4.35；该校毕业于重点高中的学生得分低于全国水平 0.84，毕业于普通高中的学生得分高于全国水平 4.21。

在社会责任认知方面，该校毕业于重点高中的学生得分为 82.42，毕业于普通高中的学生得分为 85.45，毕业于重点高中的学生得分低于毕业于普通高中的学生得分 3.03；该校毕业于重点高中的学生低于得分全国水平 0.15，毕业于普通高中的学生得分高于全国水平 3.62。

在社会责任认同方面，该校毕业于重点高中的学生得分为 83.25，毕业于普通高中的学生得分为 87.08，毕业于重点高中的学生得分低于毕业于普通高中的学生得分 3.83；该校毕业于重点高中的学生得分低于全国水平 1.53，毕业于普通高中的学生得分高于全国水平 2.97。

在社会责任行动方面，该校毕业于重点高中的学生得分为 82.12，毕业于普通高中的学生得分为 88.22，毕业于重点高中的学生得分低于毕业于普通高中的学生得分 6.10；该校毕业于重点高中的学生得分低于全国水平 0.97，毕业于普通高中的学生得分高于全国水平 5.80。

表 7-4　该校毕业高中类型差异（均值百分制得分）

社会责任感形成环节	毕业高中类型	N	均值	全国均值
社会责任认知	1	84	82.42	82.57
	2	27	85.45	81.83
社会责任认同	1	84	83.25	84.78
	2	27	87.08	84.11
社会责任行动	1	84	82.12	83.09
	2	27	88.22	82.42
社会责任感	1	84	82.56	83.40
	2	27	86.91	82.70

注：表中"毕业高中类型"列中 1 代表区域内重点高中，2 代表区域内普通高中。

4. 年级差异（见表 7-5）

在社会责任感方面，该校一年级得分为 76.63，二年级得分为 81.81，三年级得分为 87.83，四年级得分为 88.39；四年级最高，三年级较高，二年级一般，一年级较低；该校一年级得分低于全国水平 5.82，二年级得分低于全国水平 0.92，三年级得分高于全国水平 4.36，四年级得分高于全国水平 2.68。

在社会责任认知方面，该校一年级得分为 75.05，二年级得分为 82.55，三年级得分为 87.66，四年级得分为 88.34；四年级最高，三年级较高，二年级一般，一年级较低；该校一年级得分低于全国水平 6.44，二年级得分高于全国水平 0.62，三年级得分高于全国水平 4.92，四年级得分高于全国水平 3.33。

在社会责任认同方面，该校一年级得分为 77.16，二年级得分为 83.85，三年级得分为 87.78，四年级得分为 88.70；四年级最高，三年级较高，二年级一般，一年级较低；该校一年级得分低于全国水平 6.90，二年级得分低于全国水平

0.35，三年级得分高于全国水平 3.06，四年级得分高于全国水平 2.33。

在社会责任行动方面，该校一年级得分为 77.78，二年级得分为 79.39，三年级得分为 88.05，四年级得分为 88.18；四年级最高，三年级较高，二年级一般，一年级较低；该校一年级得分低于全国水平 4.31，二年级得分低于全国水平 2.95，三年级得分高于全国水平 4.86，四年级得分高于全国水平 2.31。

表 7 – 5　该校年级差异（均值百分制得分）

社会责任感形成环节	年级	N	均值	全国均值
社会责任认知	1	36	75.05	81.49
	2	15	82.55	81.93
	3	14	87.66	82.74
	4	46	88.34	85.01
	总数	111	83.16	82.25
社会责任认同	1	36	77.16	84.06
	2	15	83.85	84.20
	3	14	87.78	84.72
	4	46	88.70	86.37
	总数	111	84.18	84.49
社会责任行动	1	36	77.78	82.09
	2	15	79.39	82.34
	3	14	88.05	83.19
	4	46	88.18	85.87
	总数	111	83.60	82.79
社会责任感	1	36	76.63	82.45
	2	15	81.81	82.73
	3	14	87.83	83.47
	4	46	88.39	85.71
	总数	111	83.62	83.09

注：表中"年级"列中 1 代表一年级，2 代表二年级，3 代表三年级，4 代表四年级。

（二）五维度差异性分析

1. 性别差异（见表 7 – 6）

在社会责任感方面，该校男生得分为 81.25，女生得分为 86.12，男生得分低于女生得分 4.87；该校男生得分低于全国水平 0.95，女生得分高于全国水平 2.39。

在政治责任感维度方面，该校男生得分为 80.70，女生得分为 85.08，男生得分低于女生得分 4.38；该校男生得分低于全国水平 0.53，女生得分高于全国水平 2.62。

在生命责任感维度方面，该校男生得分为 81.49，女生得分为 86.30，男生得分低于女生得分 4.81；该校男生得分低于全国水平 1.35，女生得分高于全国水平 1.81。

在学习责任感维度方面，该校男生得分为 79.79，女生得分为 86.15，男生得分低于女生得分 6.36；该校男生得分低于全国水平 2.45，女生得分高于全国水平 2.05。

在学校责任感维度方面，该校男生得分为 81.14，女生得分为 83.24，男生得分低于女生得分 2.10；该校男生得分高于全国水平 2.42，女生得分高于全国水平 5.08。

在网络责任感维度方面，该校男生得分为 82.61，女生得分为 88.57，男生得分低于女生得分 5.96；该校男生得分低于全国水平 1.80，女生得分高于全国水平 1.52。

表 7-6　该校性别差异（均值百分制得分）

社会责任感维度	性别	N	均值	全国均值
政治责任感	1	57	80.70	81.23
	2	54	85.08	82.46
生命责任感	1	57	81.49	82.84
	2	54	86.30	84.49
学习责任感	1	57	79.79	82.24
	2	54	86.15	84.10
学校责任感	1	57	81.14	78.72
	2	54	83.24	78.16
网络责任感	1	57	82.61	84.41
	2	54	88.57	87.05
社会责任感	1	57	81.25	82.20
	2	54	86.12	83.73

注：表中"性别"列中 1 代表男生，2 代表女生。

2. 生源地类型差异（见表 7-7）

在社会责任感方面，该校来自城镇的学生得分为 81.70，来自农村的学生得分为 86.52，来自城镇的学生得分低于来自农村的学生得分 4.82；该校来自城镇

的学生得分低于全国水平1.45，来自农村的学生得分高于全国水平3.47。

在政治责任感维度方面，该校来自城镇的学生得分为81.45，来自农村的学生得分为84.94，来自城镇的学生得分低于来自农村的学生得分3.49；该校来自城镇的学生得分低于全国水平0.17，来自农村的学生得分高于全国水平2.79。

在生命责任感维度方面，该校来自城镇的学生得分为81.68，来自农村的学生得分为87.10，来自城镇的学生得分低于来自农村的学生得分5.42；该校来自城镇的学生得分低于全国水平2.26，来自农村的学生得分高于全国水平3.39。

在学习责任感维度方面，该校来自城镇的学生得分为80.06，来自农村的学生得分为87.18，来自城镇的学生得分低于来自农村的学生得分7.12；该校来自城镇的学生得分低于全国水平3.53，来自农村的学生得分高于全国水平4.03。

在学校责任感维度方面，该校来自城镇的学生得分为81.27，来自农村的学生得分为83.52，来自城镇的学生得分低于来自农村的学生得分2.25；该校来自城镇的学生得分高于全国水平2.36，来自农村的学生得分高于全国水平5.45。

在网络责任感维度方面，该校来自城镇的学生得分为83.41，来自农村的学生得分为88.70，来自城镇的学生得分低于来自农村的学生得分5.29；该校来自城镇的学生得分低于全国水平2.46，来自农村的学生得分高于全国水平2.71。

表7-7 该校生源地差异（均值百分制得分）

社会责任感维度	生源地类型	N	均值	全国均值
政治责任感	1	67	81.45	81.62
	2	44	84.94	82.15
生命责任感	1	67	81.68	83.94
	2	44	87.10	83.71
学习责任感	1	67	80.06	83.59
	2	44	87.18	83.15
学校责任感	1	67	81.27	78.91
	2	44	83.52	78.07
网络责任感	1	67	83.41	85.87
	2	44	88.70	85.99
社会责任感	1	67	81.70	83.15
	2	44	86.52	83.05

注：表中"生源地类型"列中1代表城镇，2代表农村。

3. 毕业高中类型差异（见表7-8）

在社会责任感方面，该校毕业于重点高中的学生得分为82.56，毕业于普通

高中的学生得分为86.91，毕业于重点高中的学生得分低于毕业于普通高中的学生得分4.35；该校毕业于重点高中的学生得分低于全国水平0.84，毕业于普通高中的学生得分高于全国水平4.21。

在政治责任感维度方面，该校毕业于重点高中的学生得分为81.50，毕业于普通高中的学生得分为86.98，毕业于重点高中的学生得分低于毕业于普通高中的学生得分5.48；该校毕业于重点高中的学生得分低于全国水平0.73，毕业于普通高中的学生得分高于全国水平5.39。

在生命责任感维度方面，该校毕业于重点高中的学生得分为82.92，毕业于普通高中的学生得分为86.67，毕业于重点高中的学生得分低于毕业于普通高中的学生得分3.75；该校毕业于重点高中的学生得分低于全国水平1.16，毕业于普通高中的学生得分高于全国水平3.23。

在学习责任感维度方面，该校毕业于重点高中的学生得分为81.57，毕业于普通高中的学生得分为86.96，毕业于重点高中的学生得分低于毕业于普通高中的学生得分5.39；该校毕业于重点高中的学生得分低于全国水平1.95，毕业于普通高中的学生得分高于全国水平3.89。

在学校责任感维度方面，该校毕业于重点高中的学生得分为82.44，毕业于普通高中的学生得分为81.30，毕业于重点高中的学生得分高于毕业于普通高中的学生得分1.14；该校毕业于重点高中的学生得分高于全国水平3.85，毕业于普通高中的学生得分高于全国水平3.16。

在网络责任感维度方面，该校毕业于重点高中的学生得分为83.98，毕业于普通高中的学生得分为90.26，毕业于重点高中的学生得分低于毕业于普通高中的学生得分6.28；该校毕业于重点高中的学生得分低于全国水平2.46，毕业于普通高中的学生得分高于全国水平4.94。

表7-8　该校毕业高中类型差异（均值百分制得分）

社会责任感维度	毕业高中类型	N	均值	全国均值
政治责任感	1	84	81.50	82.23
	2	27	86.98	81.59
生命责任感	1	84	82.92	84.08
	2	27	86.67	83.44
学习责任感	1	84	81.57	83.52
	2	27	86.96	83.07
学校责任感	1	84	82.44	78.59
	2	27	81.30	78.14

社会责任感维度	毕业高中类型	N	均值	全国均值
网络责任感	1	84	83.98	86.44
	2	27	90.26	85.32
社会责任感	1	84	82.56	83.40
	2	27	86.91	82.70

注：表中"毕业高中类型"列中1代表区域内重点高中，2代表区域内普通高中。

4. 年级差异（见表7-9）

在社会责任感方面，该校一年级得分为76.63，二年级得分为81.81，三年级得分为87.83，四年级得分为88.39；四年级最高，三年级较高，二年级一般，一年级较低；该校一年级得分低于全国水平5.82，二年级得分低于全国水平0.92，三年级得分高于全国水平4.36，四年级得分高于全国水平2.68。

在政治责任感维度方面，该校一年级得分为75.79，二年级得分为78.48，三年级得分为88.37，四年级得分为88.07；三年级最高，四年级较高，二年级一般，一年级较低；该校一年级得分低于全国水平5.85，二年级得分低于全国水平2.59，三年级得分高于全国水平6.02，四年级得分高于全国水平3.46。

在生命责任感维度方面，该校一年级得分为77.15，二年级得分为83.17，三年级得分为89.64，四年级得分为87.50；三年级最高，四年级较高，二年级一般，一年级较低；该校一年级得分低于全国水平6.12，二年级得分低于全国水平0.37，三年级得分高于全国水平5.55，四年级得分高于全国水平1.60。

在学习责任感维度方面，该校一年级得分为75.78，二年级得分为81.07，三年级得分为84.29，四年级得分为88.61；四年级最高，三年级较高，二年级一般，一年级较低；该校一年级得分低于全国水平6.61，二年级得分低于全国水平2.24，三年级得分高于全国水平0.52，四年级得分高于全国水平2.58。

在学校责任感维度方面，该校一年级得分为76.11，二年级得分为77.67，三年级得分为85.71，四年级得分为87.28；四年级最高，三年级较高，二年级一般，一年级较低；该校一年级得分低于全国水平1.37，二年级得分高于全国水平0.19，三年级得分高于全国水平6.78，四年级得分高于全国水平4.10。

在网络责任感维度方面，该校一年级得分为77.78，二年级得分为86.48，三年级得分为88.98，四年级得分为90.19；四年级最高，三年级较高，二年级一般，一年级较低；该校一年级得分低于全国水平7.42，二年级得分高于全国水平0.41，三年级得分高于全国水平2.69，四年级得分高于全国水平2.37。

表7-9 该校年级差异（均值百分制得分）

社会责任感维度	年级	N	均值	全国均值
政治责任感	1	36	75.79	81.64
	2	15	78.48	81.07
	3	14	88.37	82.35
	4	46	88.07	84.61
	总数	111	82.83	81.95
生命责任感	1	36	77.15	83.27
	2	15	83.17	83.54
	3	14	89.64	84.09
	4	46	87.50	85.90
	总数	111	83.83	83.80
学习责任感	1	36	75.78	82.39
	2	15	81.07	83.31
	3	14	84.29	83.77
	4	46	88.61	86.03
	总数	111	82.88	83.32
学校责任感	1	36	76.11	77.48
	2	15	77.67	77.48
	3	14	85.71	78.93
	4	46	87.28	83.18
	总数	111	82.16	78.39
网络责任感	1	36	77.78	85.20
	2	15	86.48	86.07
	3	14	88.98	86.29
	4	46	90.19	87.82
	总数	111	85.51	85.94
社会责任感	1	36	76.63	82.45
	2	15	81.81	82.73
	3	14	87.83	83.47
	4	46	88.39	85.71
	总数	111	83.62	83.09

注：表中"年级"列中1代表一年级，2代表二年级，3代表三年级，4代表四年级。

第二节　地方一般经管类高校调查报告

一、调查样本

该高校为我国中部某省地方经管类一般本科院校，参与调查总人数240人，其中经济学210人，占87.5%；法学28人，占11.7%；管理学2人，占0.8%。鉴于管理学科问卷数量偏少，以下统计数据仅以经济学、法学为例进行统计分析（有效问卷238份）。一年级89人，占37.4%；二年级86人，占36.1%；三年级47人，占19.7%；四年级16人，占6.8%。男生71人，占29.8%；女生167人，占70.2%。城镇93人，占39.1%；农村145人，占60.9%。区域内重点高中168人，占70.6%；区域内普通高中70人，占29.4%（见表7-10）。

表7-10　大学生社会责任感现状调查样本基本信息

学科	人数	比例（%）	年级	人数	比例（%）
经济学	210	88.2	一年级	89	37.4
法学	28	11.8	二年级	86	36.1
性别			三年级	47	19.7
男	71	29.8	四年级	16	6.8
女	167	70.2	毕业高中类型		
生源地			普通	70	29.4
农村	145	60.9	重点	168	70.6
城镇	93	39.1			

二、调查结果

从总体看，该校大学生社会责任感低于全国平均水平（83.09分），得分为81.63分，低于全国1.46分。

从大学生社会责任感形成的三个环节看，社会责任认知81.49分，低于全国0.76分；社会责任认同83.98分，低于全国2.93分；社会责任行动81.63分，低于全国1.46分。

从大学生社会责任感不同维度看，政治责任感79.83分，低于全国2.12分；生命责任感83.11分，低于全国0.69分；学习责任感81.08分，低于全国2.24分；学校责任感75.13分，低于全国8.05分；网络责任感85.87分，低于全国0.07分。

（一）三环节差异性分析

1. 性别差异（见表 7-11）

在社会责任感方面，该校男生得分为 79.16，女生得分为 82.68，男生得分低于女生得分 3.52；该校男生得分低于全国水平 3.04，女生得分低于全国水平 1.05。

在社会责任认知方面，该校男生得分为 78.49，女生得分为 82.77，男生得分低于女生得分 4.28；该校男生得分低于全国水平 3.00，女生得分低于全国水平 0.02。

在社会责任认同方面，该校男生得分为 82.69，女生得分为 84.52，男生得分低于女生得分 1.83；该校男生得分低于全国水平 0.64，女生得分低于全国水平 0.80。

在社会责任行动方面，该校男生得分为 76.95，女生得分为 81.10，男生得分低于女生得分 4.15；该校男生得分低于全国水平 5.03，女生得分低于全国水平 2.27。

表 7-11　该校性别差异（均值百分制得分）

社会责任感形成环节	性别	N	均值	全国均值
社会责任认知	1	71	78.49	81.49
	2	167	82.77	82.79
社会责任认同	1	71	82.69	83.33
	2	167	84.52	85.32
社会责任行动	1	71	76.95	81.98
	2	167	81.10	83.37
社会责任感	1	71	79.16	82.20
	2	167	82.68	83.73

注：表中"性别"列中 1 代表男生，2 代表女生。

2. 生源地类型差异（见表 7-12）

在社会责任感方面，该校来自城镇的学生得分为 81.24，来自农村的学生得分为 81.89，来自城镇的学生得分低于来自农村的学生得分 0.65；该校来自城镇的学生得分低于全国水平 1.91，来自农村的学生得分低于全国水平 1.16。

在社会责任认知方面，该校来自城镇的学生得分为 80.31，来自农村的学生得分为 82.24，来自城镇的学生得分要低于来自农村的学生得分 1.93；该校来自城镇的学生得分低于全国水平 1.80，来自农村的学生得分低于全国水平 0.09。

在社会责任认同方面，该校来自城镇的学生得分为83.46，来自农村的学生得分为84.31，来自城镇的学生得分要低于来自农村的学生得分0.85；该校来自城镇的学生得分低于全国水平0.96，来自农村的学生得分低于全国水平0.22。

在社会责任行动方面，该校来自城镇的学生得分为80.35，来自农村的学生得分为79.55，来自城镇的学生得分要高于来自农村的学生得分0.80；该校来自城镇的学生得分低于全国水平2.79，来自农村的学生得分低于全国水平3.02。

表7-12　该校生源地差异（均值百分制得分）

社会责任感形成环节	生源地类型	N	均值	全国均值
社会责任认知	1	93	80.31	82.11
	2	145	82.24	82.33
社会责任认同	1	93	83.46	84.42
	2	145	84.31	84.53
社会责任行动	1	93	80.35	83.14
	2	145	79.55	82.57
社会责任感	1	93	81.24	83.15
	2	145	81.89	83.05

注：表中"生源地类型"列中1代表城镇，2代表农村。

3. 毕业高中类型差异（见表7-13）

在社会责任感方面，该校毕业于重点高中的学生得分为81.24，毕业于普通高中的学生得分为82.57，毕业于重点高中的学生得分要低于毕业于普通高中的学生得分1.33；该校毕业于重点高中的学生得分低于全国水平2.16，毕业于普通高中的学生得分低于全国水平0.13。

在社会责任认知方面，该校毕业于重点高中的学生得分为80.94，毕业于普通高中的学生得分为82.81，毕业于重点高中的学生得分低于毕业于普通高中的学生得分1.87；该校毕业于重点高中的学生得分低于全国水平1.63，毕业于普通高中的学生得分高于全国水平0.98。

在社会责任认同方面，该校毕业于重点高中的学生得分为83.77，毕业于普通高中的学生得分为84.48，毕业于重点高中的学生得分低于毕业于普通高中的学生得分0.71；该校毕业于重点高中的学生得分低于全国水平1.01，毕业于普通高中的学生得分高于全国水平0.37。

在社会责任行动方面，该校毕业于重点高中的学生得分为 79.48，毕业于普通高中的学生得分为 80.78，毕业于重点高中的学生得分低于毕业于普通高中的学生得分 1.30；该校毕业于重点高中的学生得分低于全国水平 3.61，毕业于普通高中的学生得分低于全国水平 1.64。

表 7 - 13　该校毕业高中类型差异（均值百分制得分）

社会责任感形成环节	毕业高中类型	N	均值	全国均值
社会责任认知	1	168	80.94	82.57
	2	70	82.81	81.83
社会责任认同	1	168	83.77	84.78
	2	70	84.48	84.11
社会责任行动	1	168	79.48	83.09
	2	70	80.78	82.42
社会责任感	1	168	81.24	83.40
	2	70	82.57	82.70

注：表中"毕业高中类型"列中 1 代表区域内重点高中，2 代表区域内普通高中。

4. 年级差异（见表 7 - 14）

在社会责任感方面，该校一年级得分为 82.33，二年级得分为 83.25，三年级得分为 76.10，四年级得分为 85.36；四年级最高，一年级较高，二年级一般，三年级较低；该校一年级得分低于全国水平 0.12，二年级得分高于全国水平 0.52，三年级得分低于全国水平 7.37，四年级得分低于全国水平 0.35。

在社会责任认知方面，该校一年级得分为 82.72，二年级得分为 81.95，三年级得分为 76.36，四年级得分为 87.27；四年级最高，一年级较高，二年级一般，三年级较低；该校一年级得分高于全国水平 1.23，二年级得分高于全国水平 0.02，三年级得分低于全国水平 6.38，四年级得分高于全国水平 2.26。

在社会责任认同方面，该校一年级得分为 84.62，二年级得分为 86.38，三年级得分为 77.45，四年级得分为 86.67；四年级最高，二年级较高，一年级一般，三年级较低；该校一年级得分高于全国水平 0.56，二年级得分高于全国水平 2.18，三年级得分低于全国水平 7.27，四年级得分高于全国水平 0.30。

在社会责任行动方面，该校一年级得分为 80.06，二年级得分为 81.99，三年级得分为 74.74，四年级得分为 82.39；四年级最高，二年级较高，一年级一般，三年级较低；该校一年级得分低于全国水平 2.03，二年级得分低于全国水平 0.35，三年级得分低于全国水平 8.45，四年级得分低于全国水平 3.48。

表 7 - 14　该校年级差异（均值百分制得分）

社会责任感形成环节	年级	N	均值	全国均值
社会责任认知	1	89	82.72	81.49
	2	86	81.95	81.93
	3	47	76.36	82.74
	4	16	87.27	85.01
	总数	238	81.49	82.25
社会责任认同	1	89	84.62	84.06
	2	86	86.38	84.20
	3	47	77.45	84.72
	4	16	86.67	86.37
	总数	238	83.98	84.49
社会责任行动	1	89	80.06	82.09
	2	86	81.99	82.34
	3	47	74.74	83.19
	4	16	82.39	85.87
	总数	238	79.86	82.79
社会责任感	1	89	82.33	82.45
	2	86	83.25	82.73
	3	47	76.10	83.47
	4	16	85.36	85.71
	总数	238	81.63	83.09

注：表中"年级"列中1代表一年级，2代表二年级，3代表三年级，4代表四年级。

（二）五维度差异性分析

1. 性别差异（见表 7 - 15）

在社会责任感方面，该校男生得分为 79.16，女生得分为 82.68，男生得分低于女生得分 2.10；该校男生得分低于全国水平 3.04，女生得分低于全国水平 1.05。

在政治责任感维度方面，该校男生得分为 78.03，女生得分为 80.60，男生得分要低于女生得分 2.57；该校男生得分低于全国水平 3.20，女生得分低于全国水平 1.86。

在生命责任感维度方面，该校男生得分为 79.79，女生得分为 84.52，男生得分要低于女生得分 4.73；该校男生得分低于全国水平 3.05，女生得分高于全国水平 0.03。

在学习责任感维度方面，该校男生得分为 77.69，女生得分为 82.51，男生得分要低于女生得分4.82；该校男生得分低于全国水平4.55，女生得分低于全国水平 1.59。

在学校责任感维度方面，该校男生得分为 74.65，女生得分为 75.33，男生得分要低于女生得分0.68；该校男生得分低于全国水平4.07，女生得分低于全国水平 2.83。

在网络责任感维度方面，该校男生得分为 83.22，女生得分为 87.00，男生得分要低于女生得分3.78；该校男生得分低于全国水平1.19，女生得分低于全国水平 0.05。

表 7 - 15 该校性别差异（均值百分制得分）

社会责任感维度	性别	N	均值	全国均值
政治责任感	1	71	78.03	81.23
	2	167	80.60	82.46
生命责任感	1	71	79.79	82.84
	2	167	84.52	84.49
学习责任感	1	71	77.69	82.24
	2	167	82.51	84.10
学校责任感	1	71	74.65	78.72
	2	167	75.33	78.16
网络责任感	1	71	83.22	84.41
	2	167	87.00	87.05
社会责任感	1	71	79.16	82.20
	2	167	82.68	83.73

注：表中"性别"列中1代表男生，2代表女生。

2. 生源地类型差异（见表 7 - 16）

在社会责任感方面，该校来自城镇的学生得分为81.24，来自农村的学生得分为81.89，来自城镇的学生得分低于来自农村的学生得分0.65；该校来自城镇的学生得分低于全国水平1.91，来自农村的学生得分低于全国水平1.16。

在政治责任感维度方面，该校来自城镇的学生得分为79.02，来自农村的学生得分为80.35，来自城镇的学生得分要低于来自农村的学生得分1.33；该校来自城镇的学生得分低于全国水平2.60，来自农村的学生得分低于全国水平1.80。

在生命责任感维度方面，该校来自城镇的学生得分为83.25，来自农村的学

生得分为83.02，来自城镇的学生得分要高于来自农村的学生得分0.23；该校来自城镇的学得分生低于全国水平0.69，来自农村的学生得分低于全国水平0.69。

在学习责任感维度方面，该校来自城镇的学生得分为80.09，来自农村的学生得分为81.71，来自城镇的学生得分要低于来自农村的学生得分1.02；该校来自城镇的学生得分低于全国水平3.50，来自农村的学生得分低于全国水平1.44。

在学校责任感维度方面，该校来自城镇的学生得分为75.81，来自农村的学生得分为74.69，来自城镇的学生得分要高于来自农村的学生得分1.12；该校来自城镇的学生得分低于全国水平3.10，来自农村的学生得分低于全国水平3.38。

在网络责任感维度方面，该校来自城镇的学生得分为85.10，来自农村的学生得分为86.36，来自城镇的学生得分要低于来自农村的学生得分1.26；该校来自城镇的学生得分低于全国水平0.77，来自农村的学生得分高于全国水平0.37。

表7-16　该校生源地差异（均值百分制得分）

社会责任感维度	生源地类型	N	均值	全国均值
政治责任感	1	93	79.02	81.62
	2	145	80.35	82.15
生命责任感	1	93	83.25	83.94
	2	145	83.02	83.71
学习责任感	1	93	80.09	83.59
	2	145	81.71	83.15
学校责任感	1	93	75.81	78.91
	2	145	74.69	78.07
网络责任感	1	93	85.10	85.87
	2	145	86.36	85.99
社会责任感	1	93	81.24	83.15
	2	145	81.89	83.05

注：表中"生源地类型"列中1代表城镇，2代表农村。

3. 毕业高中类型差异（见表7-17）

在社会责任感方面，该校毕业于重点高中的学生得分为81.24，毕业于普通高中的学生得分为82.57，毕业于重点高中的学生得分低于毕业于普通高中的学生得分1.33；该校毕业于重点高中的学生得分低于全国水平2.16，毕业于普通高中的学生得分低于全国水平0.13。

在政治责任感维度方面，该校毕业于重点高中的学生得分为79.44，毕业于普通高中的学生得分为80.78，毕业于重点高中的学生得分要低于毕业于普通高中的学生得分 1.34；该校毕业于重点高中的学生得分低于全国水平 2.79，毕业于普通高中的学生得分低于全国水平 0.81。

在生命责任感维度方面，该校毕业于重点高中的学生得分为 82.81，毕业于普通高中的学生得分为 83.82，毕业于重点高中的学生得分要低于毕业于普通高中的学生得分 1.01；该校毕业于重点高中的学生得分低于全国水平 1.27，毕业于普通高中的学生得分高于全国水平 0.38。

在学习责任感维度方面，该校毕业于重点高中的学生得分为 80.79，毕业于普通高中的学生得分为 81.77，毕业于重点高中的学生得分要低于毕业于普通高中的学生得分 0.98；该校毕业于重点高中的学生得分低于全国水平 2.73，毕业于普通高中的学生得分低于全国水平 1.30。

在学校责任感维度方面，毕业于重点高中的学生得分为 73.87，毕业于普通高中的学生得分为 78.14，毕业于重点高中的学生得分要低于毕业于普通高中的学生得分 4.27；该校毕业于重点高中的学生得分低于全国水平 4.72，毕业于普通高中的学生得分与全国水平持平。

在网络责任感维度方面，该校毕业于重点高中的学生得分为 85.80，毕业于普通高中的学生得分为 86.04，毕业于重点高中的学生得分要低于毕业于普通高中的学生得分 1.04；该校毕业于重点高中的学生得分低于全国水平 0.64，毕业于普通高中的学生得分高于全国水平 0.72。

表 7 - 17　该校毕业高中类型差异（均值百分制得分）

社会责任感维度	毕业高中类型	N	均值	全国均值
政治责任感	1	168	79.44	82.23
	2	70	80.78	81.59
生命责任感	1	168	82.81	84.08
	2	70	83.82	83.44
学习责任感	1	168	80.79	83.52
	2	70	81.77	83.07
学校责任感	1	168	73.87	78.59
	2	70	78.14	78.14
网络责任感	1	168	85.80	86.44
	2	70	86.04	85.32
社会责任感	1	168	81.24	83.40
	2	70	82.57	82.70

注：表中"毕业高中类型"列中 1 代表区域内重点高中，2 代表区域内普通高中。

4. 年级差异（见表 7 - 18）

在社会责任感方面，该校一年级得分为 82.33，二年级得分为 83.25，三年级得分为 76.10，四年级得分为 85.36；四年级最高，一年级较高，二年级一般，三年级较低；该校一年级得分低于全国水平 0.12，二年级得分高于全国水平 0.52，三年级得分低于全国水平 7.37，四年级得分高于全国水平 0.35。

在政治责任感维度方面，该校一年级得分为 81.35，二年级得分为 81.06，三年级得分为 73.56，四年级得分为 83.21；四年级最高，一年级较高，二年级一般，三年级较低；该校一年级得分低于全国水平 0.29，二年级得分低于全国水平 0.01，三年级得分低于全国水平 8.79，四年级得分低于全国水平 1.40。

在生命责任感维度方面，该校一年级得分为 83.43，二年级得分为 84.94，三年级得分为 77.39，四年级得分为 88.28；四年级最高，二年级较高，一年级一般，三年级较低；该校一年级得分高于全国水平 0.16，二年级得分高于全国水平 1.40，三年级得分低于全国水平 6.70，四年级得分高于全国水平 2.38。

在学习责任感维度方面，该校一年级得分为 81.84，二年级得分为 83.02，三年级得分为 75.15，四年级得分为 83.75；四年级最高，二年级较高，一年级一般，三年级较低；该校一年级得分低于全国水平 0.55，二年级得分低于全国水平 0.29，三年级得分低于全国水平 8.62，四年级得分低于全国水平 2.28。

在学校责任感维度方面，该校一年级得分为 75.51，二年级得分为 74.83，三年级得分为 73.72，四年级得分为 78.75；四年级最高，一年级较高，二年级一般，三年级较低；该校一年级得分低于全国水平 1.97，二年级得分低于全国水平 2.65，三年级得分低于全国水平 5.21，四年级得分低于全国水平 4.43。

在网络责任感维度方面，该校一年级得分为 86.29，二年级得分为 88.47，三年级得分为 79.21，四年级得分为 89.11；二年级最高，四年级较高，一年级一般，三年级较低；该校一年级得分高于全国水平 1.09，二年级得分高于全国水平 2.40，三年级得分低于全国水平 7.08，四年级得分高于全国水平 1.29。

表 7 - 18　该校年级差异（均值百分制得分）

社会责任感维度	年级	N	均值	全国均值
政治责任感	1	89	81.35	81.64
	2	86	81.06	81.07
	3	47	73.56	82.35
	4	16	83.21	84.61
	总数	238	79.83	81.95

续表

社会责任感维度	年级	N	均值	全国均值
生命责任感	1	89	83.43	83.27
	2	86	84.94	83.54
	3	47	77.39	84.09
	4	16	88.28	85.90
	总数	238	83.11	83.80
学习责任感	1	89	81.84	82.39
	2	86	83.02	83.31
	3	47	75.15	83.77
	4	16	83.75	86.03
	总数	238	81.08	83.32
学校责任感	1	89	75.51	77.48
	2	86	74.83	77.48
	3	47	73.72	78.93
	4	16	78.75	83.18
	总数	238	75.13	78.39
网络责任感	1	89	86.29	85.20
	2	86	88.47	86.07
	3	47	79.21	86.29
	4	16	89.11	87.82
	总数	238	85.87	85.94
社会责任感	1	89	82.33	82.45
	2	86	83.25	82.73
	3	47	76.10	83.47
	4	16	85.36	85.71
	总数	238	81.63	83.09

注：表中"年级"列中1代表一年级，2代表二年级，3代表三年级，4代表四年级。

第三节 地方一般综合性高校调查报告

一、调查样本

该高校为我国东部某省地方一般综合类本科院校，参与调查总人数240人，其中经济学124人，占52%；管理学116人，占48%（有效问卷240份）。一年级62人，占25.8%；二年级54人，占22.5%；三年级62人，占25.8%；四年级 62 人，占 25.8%。男生 78 人，占 32.5%；女生 162 人，占 67.5%。城镇 55 人，占 22.9%；农村 185 人，占 77.1%。区域内重点高中 128 人，占 53.3%；区域内普通高中 112 人，46.7%（见表 7－19）。

表 7－19　大学生社会责任感现状调查样本基本信息

学科	人数	比例（%）	年级	人数	比例（%）
经济学	124	51.7	一年级	62	25.8
管理学	116	48.3	二年级	54	22.5
性别			三年级	62	25.8
男	78	32.5	四年级	62	25.8
女	162	67.5	毕业高中类型		
生源地			普通	112	46.7
农村	185	77.1	重点	128	53.3
城镇	55	22.9			

二、调查结果

从总体看，该校大学生社会责任感高于全国平均水平（83.09 分），得分为 90.53 分，高于全国 7.44 分。

从大学生社会责任感形成的三个环节看，社会责任认知 89.80 分，高于全国 7.55 分；社会责任认同 91.49 分，高于全国 7 分；社会责任行动 84.50 分，高于全国 7.69 分。

从大学生社会责任感不同维度看，政治责任感 91.10 分，高于全国 9.15 分；生命责任感 84.76 分，高于全国 6.90 分；学习责任感 90.62 分，高于全国 7.30 分；学校责任感 86.83 分，高于全国 8.44 分；网络责任感 91.83 分，高于全国 5.89 分。

（一）三环节差异性分析

1. 性别差异（见表 7－20）

在社会责任感方面，该校男生得分为 93.35，女生得分为 89.18，男生得分高于女生得分 4.17；该校男生得分高于全国水平 11.15，女生得分高于全国水平 5.45。

在社会责任认知方面，该校男生得分为 92.47，女生得分为 88.51，男生得分高于女生得分 3.96；该校男生得分高于全国水平 10.98，女生得分高于全国水平 5.72。

在社会责任认同方面，该校男生得分为93.87，女生得分为90.34，男生得分高于女生得分3.53；该校男生得分高于全国水平10.54，女生得分高于全国水平5.02。

在社会责任行动方面，该校男生得分为93.80，女生得分为88.89，男生得分高于女生得分4.91；该校男生得分低于全国水平11.82，女生得分低于全国水平5.52。

表7–20 该校性别差异（均值百分制得分）

社会责任感形成环节	性别	N	均值	全国均值
社会责任认知	1	78	92.47	81.49
	2	162	88.51	82.79
社会责任认同	1	78	93.87	83.33
	2	162	90.34	85.32
社会责任行动	1	78	93.80	81.98
	2	162	88.89	83.37
社会责任感	1	78	93.35	82.20
	2	162	89.18	83.73

注：表中"性别"列中1代表男生，2代表女生。

2. 生源地类型差异（见表7–21）

在社会责任感方面，该校来自城镇的学生得分为95.55，来自农村的学生得分为89.04，来自城镇的学生得分要高于来自农村的学生6.51；该校来自城镇的学生得分高于全国水平12.40，来自农村的学生得分高于全国水平5.99。

在社会责任认知方面，该校来自城镇的学生得分为94.61，来自农村的学生得分为88.36，来自城镇的学生得分要高于来自农村的学生6.25；该校来自城镇的学生得分高于全国水平12.50，来自农村的学生得分高于全国水平6.03。

在社会责任认同方面，该校来自城镇的学生得分为96.81，来自农村的学生得分为89.91，来自城镇的学生得分要高于来自农村的学生6.90；该校来自城镇的学生得分高于全国水平12.39，来自农村的学生得分高于全国水平5.38。

在社会责任行动方面，该校来自城镇的学生得分为95.47，来自农村的学生得分为89.00，来自城镇的学生得分要高于来自农村的学生6.47；该校来自城镇的学生得分高于全国水平 12.33，来自农村的学生得分高于全国水平 6.43。

表 7 - 21　该校生源地差异（均值百分制得分）

社会责任感形成环节	生源地类型	N	均值	全国均值
社会责任认知	1	55	94.61	82.11
	2	185	88.36	82.33
社会责任认同	1	55	96.81	84.42
	2	185	89.91	84.53
社会责任行动	1	55	95.47	83.14
	2	185	89.00	82.57
社会责任感	1	55	95.55	83.15
	2	185	89.04	83.05

注：表中"生源地类型"列中 1 代表城镇，2 代表农村。

3. 毕业高中类型差异（见表 7 - 22）

在社会责任感方面，该校毕业于重点高中的学生得分为 90.04，毕业于普通高中的学生得分为 91.10，毕业于重点高中的学生得分要低于毕业于普通高中的学生得分 1.06；该校毕业于重点高中的学生得分高于全国水平 6.64，毕业于普通高中的学生得分高于全国水平 8.40。

在社会责任认知方面，该校毕业于重点高中的学生得分为 89.45，毕业于普通高中的学生得分为 90.19，毕业于重点高中的学生得分低于毕业于普通高中的学生得分 0.74；该校毕业于重点高中的学生得分高于全国水平 6.88，毕业于普通高中的学生得分高于全国水平 8.36。

在社会责任认同方面，该校毕业于重点高中的学生得分为 91.28，毕业于普通高中的学生得分为 91.73，毕业于重点高中的学生得分低于毕业于普通高中的学生得分 0.45；该校毕业于重点高中的学生得分高于全国水平 6.50，毕业于普通高中的学生得分高于全国水平 7.62。

在社会责任行动方面，该校毕业于重点高中的学生得分为 89.60，毕业于普通高中的学生得分为 91.49，毕业于重点高中的学生得分低于毕业于普通高中的学生得分 1.89；该校毕业于重点高中的学生得分高于全国水平 6.51，毕业于普通高中的学生得分高于全国水平 7.07。

表 7 - 22 该校毕业高中类型差异（均值百分制得分）

社会责任感形成环节	毕业高中类型	N	均值	全国均值
社会责任认知	1	128	89.45	82.57
	2	112	90.19	81.83
社会责任认同	1	128	91.28	84.78
	2	112	91.73	84.11
社会责任行动	1	128	89.60	83.09
	2	112	91.49	82.42
社会责任感	1	128	90.04	83.40
	2	112	91.10	82.70

注：表中"毕业高中类型"列中 1 代表区域内重点高中，2 代表区域内普通高中。

4. 年级差异（见表 7 - 23）

在社会责任感方面，该校一年级得分为 93.15，二年级得分为 79.33，三年级得分为 91.44，四年级得分为 96.76；四年级最高，一年级较高，三年级一般，二年级较低；该校一年级得分高于全国水平 10.70，二年级得分低于全国水平 3.40，三年级得分高于全国水平 7.97，四年级得分高于全国水平 11.05。

在社会责任认知方面，该校一年级得分为 91.47，二年级得分为 78.96，三年级得分 90.62，四年级得分为 96.74；四年级最高，一年级较高，三年级一般，二年级较低；该校一年级得分高于全国水平 9.98，二年级得分低于全国水平 2.97，三年级得分高于全国水平 7.88，四年级得分高于全国水平 11.46。

在社会责任认同方面，该校一年级得分为 94.27，二年级得分为 79.92，三年级得分为 93.58，四年级得分为 96.70；四年级最高，一年级较高，三年级一般，二年级较低；该校一年级得分高于全国水平 10.21，二年级得分低于全国水平 4.28，三年级得分高于全国水平 8.86，四年级得分高于全国水平 10.33。

在社会责任行动方面，该校一年级得分为 93.93，二年级得分为 79.23，三年级得分为 90.50，四年级得分为 96.83；四年级最高，一年级较高，三年级一般，二年级较低；该校一年级得分高于全国水平 11.84，二年级得分低于全国水平 3.11，三年级得分高于全国水平 7.31，四年级得分高于全国水平 10.96。

表7-23　该校年级差异（均值百分制得分）

社会责任感形成环节	年级	N	均值	全国均值
社会责任认知	1	62	91.47	81.49
	2	54	78.96	81.93
	3	62	90.62	82.74
	4	62	96.74	85.01
	总数	240	89.80	82.25
社会责任认同	1	62	94.27	84.06
	2	54	79.92	84.20
	3	62	93.58	84.72
	4	62	96.70	86.37
	总数	240	91.49	84.49
社会责任行动	1	62	93.93	82.09
	2	54	79.23	82.34
	3	62	90.50	83.19
	4	62	96.83	85.87
	总数	240	90.48	82.79
社会责任感	1	62	93.15	82.45
	2	54	79.23	82.73
	3	62	91.44	83.47
	4	62	96.76	85.71
	总数	240	90.53	83.09

注：表中"年级"列中1代表一年级，2代表二年级，3代表三年级，4代表四年级。

（二）五维度差异性分析

1. 性别差异（见表7-24）

在社会责任感方面，该校男生得分为93.35，女生得分为89.18，男生得分高于女生得分4.17；该校男生得分高于全国水平11.15，女生得分高于全国水平5.45。

在政治责任感维度方面，该校男生得分为94.32，女生得分为89.54，男生得分高于女生得分4.78；该校男生得分高于全国水平13.09，女生得分高于全国水平7.08。

在生命责任感维度方面，该校男生得分为93.33，女生得分为89.43，男生得分高于女生得分3.90；该校男生得分高于全国水平10.49，女生得分高于全国水平 4.94。

在学习责任感维度方面，该校男生得分为 93.23，女生得分为 89.36，男生得分高于女生得分 3.87；该校男生得分高于全国水平 10.99，女生得分高于全国水平 5.26。

在学校责任感维度方面，该校男生得分为 91.03，女生得分为 84.81，男生得分高于女生得分 6.22；该校男生得分高于全国水平 12.31，女生得分高于全国水平 6.65。

在网络责任感维度方面，该校男生得分为 93.81，女生得分为 90.88，男生得分高于女生得分 2.93；该校男生得分高于全国水平 9.40，女生得分高于全国水平 3.83。

表 7 - 24　该校性别差异（均值百分制得分）

社会责任感维度	性别	N	均值	全国均值
政治责任感	1	78	94.32	81.23
	2	162	89.54	82.46
生命责任感	1	78	93.33	82.84
	2	162	89.43	84.49
学习责任感	1	78	93.23	82.24
	2	162	89.36	84.10
学校责任感	1	78	91.03	78.72
	2	162	84.81	78.16
网络责任感	1	78	93.81	84.41
	2	162	90.88	87.05
社会责任感	1	78	93.35	82.20
	2	162	89.18	83.73

注：表中"性别"列中1代表男生，2代表女生。

2. 生源地类型差异（见表 7 - 25）

在社会责任感方面，该校来自城镇的学生得分为 95.55，来自农村的学生得分为 89.04，来自城镇的学生得分高于来自农村的学生得分 6.51；该校来自城镇的学生得分高于全国水平 12.40，来自农村的学生得分高于全国水平 5.99。

在政治责任感维度方面，该校来自城镇的学生得分为 95.95，来自农村的学生得分为 89.65，来自城镇的学生得分高于来自农村的学生得分 6.30；该校来自城镇的学生得分高于全国水平 14.33，来自农村的学生得分高于全国水平 7.50。

在生命责任感维度方面，该校来自城镇的学生得分为 95.68，来自农村的学生得分为89.22，来自城镇的学生得分高于来自农村的学生得分6.46；该校来自城镇的学生得分低于全国水平11.74，来自农村的学生得分高于全国水平5.51。

在学习责任感维度方面，该校来自城镇的学生得分为95.42，来自农村的学生得分为89.19，来自城镇的学生得分高于来自农村的学生得分6.23；该校来自城镇的学生得分高于全国水平11.83，来自农村的学生得分高于全国水平6.04。

在学校责任感维度方面，该校来自城镇的学生得分为93.55，来自农村的学生得分为84.84，来自城镇的学生得分高于来自农村的学生得分8.71；该校来自城镇的学生得分高于全国水平14.64，来自农村的学生得分高于全国水平6.77。

在网络责任感维度方面，该校来自城镇的学生得分为96.26，来自农村的学生得分为90.52，来自城镇的学生得分高于来自农村的学生得分5.74；该校来自城镇的学生得分高于全国水平10.39，来自农村的学生得分高于全国水平4.53。

表7-25　该校生源地差异（均值百分制得分）

社会责任感维度	生源地类型	N	均值	全国均值
政治责任感	1	55	95.95	81.62
	2	185	89.65	82.15
生命责任感	1	55	95.68	83.94
	2	185	89.22	83.71
学习责任感	1	55	95.42	83.59
	2	185	89.19	83.15
学校责任感	1	55	93.55	78.91
	2	185	84.84	78.07
网络责任感	1	55	96.26	85.87
	2	185	90.52	85.99
社会责任感	1	55	95.55	83.15
	2	185	89.04	83.05

注：表中"生源地类型"列中1代表城镇，2代表农村。

3. 毕业高中类型差异（见表7-26）

在社会责任感方面，该校毕业于重点高中的学生得分为90.04，毕业于普通高中的学生得分为91.10，毕业于重点高中的学生得分低于毕业于普通高中的学生得分1.06；该校毕业于重点高中的学生得分高于全国水平6.64，毕业于普通高中的学生得分高于全国水平8.10。

在政治责任感维度方面，该校毕业于重点高中的学生得分为90.36，毕业于普通高中的学生得分为91.94，毕业于重点高中的学生得分低于毕业于普通高中的学生得分 1.58；该校毕业于重点高中的学生得分高于全国水平 8.13，毕业于普通高中的学生得分高于全国水平 10.35。

在生命责任感维度方面，该校毕业于重点高中的学生得分为 89.96，毕业于普通高中的学生得分为 91.54，毕业于重点高中的学生得分要低于毕业于普通高中的学生得分 1.58；该校毕业于重点高中的学生得分高于全国水平 5.88，毕业于普通高中的学生得分高于全国水平 8.10。

在学习责任感维度方面，该校毕业于重点高中的学生得分为 90.16，毕业于普通高中的学生得分为 91.14，毕业于重点高中的学生得分要低于毕业于普通高中的学生得分 0.98；该校毕业于重点高中的学生得分高于全国水平 6.64，毕业于普通高中的学生得分高于全国水平 8.07。

在学校责任感维度方面，该校毕业于重点高中的学生得分为 87.34，毕业于普通高中的学生得分为 86.25，毕业于重点高中的学生得分要高于毕业于普通高中的学生得分 1.09；该校毕业于重点高中的学生得分高于全国水平 8.75，毕业于普通高中的学生得分高于全国水平 8.11。

在网络责任感维度方面，该校毕业于重点高中的学生得分为 91.25，毕业于普通高中的学生得分为 92.50，毕业于重点高中的学生得分低于毕业于普通高中的学生得分 1.25；该校毕业于重点高中的学生得分高于全国水平 4.81，毕业于普通高中的学生得分高于全国水平 7.18。

表 7-26　该校毕业高中类型差异（均值百分制得分）

社会责任感维度	毕业高中类型	N	均值	全国均值
政治责任感	1	128	90.36	82.23
	2	112	91.94	81.59
生命责任感	1	128	89.96	84.08
	2	112	91.54	83.44
学习责任感	1	128	90.16	83.52
	2	112	91.14	83.07
学校责任感	1	128	87.34	78.59
	2	112	86.25	78.14
网络责任感	1	128	91.25	86.44
	2	112	92.50	85.32
社会责任感	1	128	90.04	83.40
	2	112	91.10	82.70

注：表中"毕业高中类型"列中 1 代表区域内重点高中，2 代表区域内普通高中。

4. 年级差异（见表 7 - 27）

在社会责任感方面，该校一年级得分为 93.15，二年级得分为 78.33，三年级得分为 91.44，四年级得分为 96.76；四年级最高，一年级较高，三年级一般，二年级较低；该校一年级得分高于全国水平 10.70，二年级得分低于全国水平 4.40，三年级得分高于全国水平 7.97，四年级得分高于全国水平 11.05。

在政治责任感维度方面，该校一年级得分为 93.46，二年级得分为 80.37，三年级得分为 92.03，四年级得分为 97.14；四年级最高，一年级较高，三年级一般，二年级较低；该校一年级得分高于全国水平 11.82，二年级得分低于全国水平 0.70，三年级得分高于全国水平 9.68，四年级得分高于全国水平 12.53。

在生命责任感维度方面，该校一年级得分为 93.47，二年级得分为 79.40，三年级得分为 91.65，四年级得分为 96.81；四年级最高，一年级较高，三年级一般，二年级较低；该校一年级得分低于全国水平 10.20，二年级得分低于全国水平 4.14，三年级得分高于全国水平 7.56，四年级得分高于全国水平 10.91。

在学习责任感维度方面，该校一年级得分为 93.16，二年级得分为 78.74，三年级得分为 92.06，四年级得分为 96.97；四年级最高，二年级较高，三年级一般，一年级较低。该校一年级得分高于全国水平 10.77，二年级得分低于全国水平 4.57，三年级得分高于全国水平 8.29，四年级得分高于全国水平 10.94。

在学校责任感维度方面，该校一年级得分为 90.48，二年级得分为 74.17，三年级得分为 84.52，四年级得分为 96.53；四年级最高，三年级较高，三年级一般，二年级较低；该校一年级得分高于全国水平 13.00，二年级得分低于全国水平 3.31，三年级得分高于全国水平 5.59，四年级得分高于全国水平 13.35。

在网络责任感维度方面，该校一年级得分为 94.01，二年级得分为 81.59，三年级得分为 94.10，四年级得分为 96.31；四年级最高，三年级较高，一年级一般，二年级较低；该校一年级得分高于全国水平 8.81，二年级得分低于全国水平 4.48，三年级得分高于全国水平 7.71，四年级得分高于全国水平 8.49。

表 7 - 27 该校年级差异（均值百分制得分）

社会责任感维度	年级	N	均值	全国均值
政治责任感	1	62	93.46	81.64
	2	54	80.37	81.07
	3	62	92.03	82.35
	4	62	97.14	84.61
	总数	240	91.10	81.95

社会责任感维度	年级	N	均值	全国均值
生命责任感	1	62	93.47	83.27
	2	54	79.40	83.54
	3	62	91.65	84.09
	4	62	96.81	85.90
	总数	240	90.70	83.80
学习责任感	1	62	93.16	82.39
	2	54	78.74	83.31
	3	62	92.06	83.77
	4	62	96.97	86.03
	总数	240	90.62	83.32
学校责任感	1	62	90.48	77.48
	2	54	74.17	77.48
	3	62	84.52	78.93
	4	62	96.53	83.18
	总数	240	86.83	78.39
网络责任感	1	62	94.01	85.20
	2	54	81.59	86.07
	3	62	94.10	86.29
	4	62	96.31	87.82
	总数	240	91.83	85.94
社会责任感	1	62	93.15	82.45
	2	54	79.33	82.73
	3	62	91.44	83.47
	4	62	96.76	85.71
	总数	240	90.53	83.09

注：表中"年级"列中 1 代表一年级，2 代表二年级，3 代表三年级，4 代表四年级。

第八章　艺术类高校调查报告

一、调查样本

该高校为我国东部某直辖市地方一般艺术类本科院校，参与调查总人数 176 人，其中艺术类 176 人，占 100%（有效问卷 176 份）。一年级 50 人，占 28.4%；二年级 46 人，占 26.1%；三年级 52 人，占 29.5%；四年级 28 人，占 15.9%。男生 50 人，占 28.4%；女生 126 人，占 71.6%。城镇 113 人，占 64.2%；农村 63 人，占 35.8%。区域内重点高中 82 人，占 46.6%；区域内普通高中 94 人，53.4%（见表 8 - 1）。

表 8 - 1　大学生社会责任感现状调查样本基本信息

学科	人数	比例（%）	年级	人数	比例（%）
艺术学	176	100	一年级	50	28.4
性别			二年级	46	26.1
男	50	28.4	三年级	52	29.5
女	126	71.6	四年级	28	15.9
生源地			毕业高中类型		
农村	63	35.8	普通	94	53.4
城镇	113	64.2	重点	82	46.6

二、调查结果

从总体看，该校大学生社会责任感高于全国平均水平（83.09 分），得分为 87.21 分，高于全国 4.21 分。

从大学生社会责任感形成的三个环节看，社会责任认知 86.32 分，高于全国 4.07 分；社会责任认同 88.28 分，高于全国 3.79 分；社会责任行动 87.23 分，高于全国 4.44 分。

从大学生社会责任感不同维度看,政治责任感 84.68 分,高于全国 2.73 分;生命责任感 88.04 分,高于全国 4.24 分;学习责任感 87.48 分,高于全国 4.08 分;学校责任感 83.72 分,高于全国 5.33 分;网络责任感 90.62 分,高于全国 4.68 分。

（一）三环节差异性分析

1. 性别差异（见表 8－2）

在社会责任感方面,该校男生得分为 86.12,女生得分为 87.65,男生得分低于女生得分 1.53;该校男生得分高于全国水平 5.45,女生得分高于全国水平 2.39。

在社会责任认知方面,该校男生得分为 85.89,女生得分为 86.49,男生得分低于女生得分 0.60;该校男生得分高于全国水平 4.40,女生得分高于全国水平 3.70。

在社会责任认同方面,该校男生得分为 86.09,女生得分为 89.15,男生得分低于女生得分 3.06;该校男生得分高于全国水平 2.76,女生得分高于全国水平 3.83。

在社会责任行动方面,该校男生得分为 86.36,女生得分为 87.58,男生得分低于女生得分 1.22;该校男生得分高于全国水平 4.38,女生得分高于全国水平 4.21。

表 8－2　该校性别差异（均值百分制得分）

社会责任感形成环节	性别	N	均值	全国均值
社会责任认知	1	50	85.89	81.49
	2	126	86.49	82.79
社会责任认同	1	50	86.09	83.33
	2	126	89.15	85.32
社会责任行动	1	50	86.36	81.98
	2	126	87.58	83.37
社会责任感	1	50	86.12	82.20
	2	126	87.65	83.73

注:表中"性别"列中 1 代表男生,2 代表女生。

2. 生源地类型差异（见表 8－3）

在社会责任感方面,该校来自城镇的学生得分为 87.39,来自农村的学生得分为86.89，来自城镇的学生得分高于来自农村的学生得分0.50；该校来自城镇的学生得分高于全国水平4.24，来自农村的学生得分高于全国水平3.84。

在社会责任认知方面，该校来自城镇的学生得分为86.90，来自农村的学生得分为85.28，来自城镇的学生得分高于来自农村的学生得分1.62；该校来自城镇的学生得分高于全国水平4.79，来自农村的学生得分高于全国水平2.95。

在社会责任认同方面，该校来自城镇的学生得分为87.96，来自农村的学生得分为88.85，来自城镇的学生得分低于来自农村的学生得分0.89；该校来自城镇的学生得分高于全国水平3.54，来自农村的学生得分高于全国水平4.32。

在社会责任行动方面，该校来自城镇的学生得分为87.42，来自农村的学生得分为86.90，来自城镇的学生得分高于来自农村的学生得分0.52；该校来自城镇的学生得分高于全国水平4.28，来自农村的学生得分高于全国水平4.33。

表8-3 该校生源地差异（均值百分制得分）

社会责任感形成环节	生源地类型	N	均值	全国均值
社会责任认知	1	113	86.90	82.11
	2	63	85.28	82.33
社会责任认同	1	113	87.96	84.42
	2	63	88.85	84.53
社会责任行动	1	113	87.42	83.14
	2	63	86.90	82.57
社会责任感	1	113	87.39	83.15
	2	63	86.89	83.05

注：表中"生源地类型"列中1代表城镇，2代表农村。

3. 毕业高中类型差异（见表8-4）

在社会责任感方面，该校毕业于重点高中的学生得分为88.08，毕业于普通高中的学生得分为86.46，毕业于重点高中的学生得分高于毕业于普通高中的学生得分1.62；该校毕业于重点高中的学生得分高于全国水平4.68，毕业于普通高中的学生得分高于全国水平3.76。

在社会责任认知方面，该校毕业于重点高中的学生得分为87.29，毕业于普通高中的学生得分为85.47，毕业于重点高中的学生得分高于毕业于普通高中的学生得分1.82；该校毕业于重点高中的学生得分高于全国水平4.72，毕业于普通高中的学生得分高于全国水平3.64。

在社会责任认同方面，该校毕业于重点高中的学生得分为88.89，毕业于普通高中的学生得分为87.75，毕业于重点高中的学生得分高于毕业于普通高中的学生得分1.14；该校毕业于重点高中的学生得分高于全国水平4.11，毕业于普通高中的学生得分高于全国水平3.64。

在社会责任行动方面，该校毕业于重点高中的学生得分为88.20，毕业于普通高中的学生得分为86.38，毕业于重点高中的学生得分高于毕业于普通高中的学生得分1.82；该校毕业于重点高中的学生得分高于全国水平5.11，毕业于普通高中的学生得分高于全国水平3.96。

表8－4　该校毕业高中类型差异（均值百分制得分）

社会责任感形成环节	毕业高中类型	N	均值	全国均值
社会责任认知	1	82	87.29	82.57
	2	94	85.47	81.83
社会责任认同	1	82	88.89	84.78
	2	94	87.75	84.11
社会责任行动	1	82	88.20	83.09
	2	94	86.38	82.42
社会责任感	1	82	88.08	83.40
	2	94	86.46	82.70

注：表中"毕业高中类型"列中1代表区域内重点高中，2代表区域内普通高中。

4. 年级差异（见表8－5）

在社会责任感方面，该校一年级得分为88.70，二年级得分为85.90，三年级得分为86.40，四年级得分为88.23；一年级最高，四年级较高，三年级一般，二年级较低；该校一年级得分高于全国水平6.25，二年级得分高于全国水平3.17，三年级得分高于全国水平2.93，四年级得分高于全国水平2.52。

在社会责任认知方面，该校一年级得分为88.00，二年级得分为84.35，三年级得分为86.54，四年级得分为86.17；一年级最高，三年级较高，四年级一般，二年级较低；该校一年级得分高于全国水平6.51，二年级得分高于全国水平2.42，三年级得分高于全国水平3.80，四年级得分高于全国水平1.16。

在社会责任认同方面，该校一年级得分为90.58，二年级得分为86.38，三年级得分为86.79，四年级得分为90.08；一年级最高，四年级较高，三年级一般，二年级较低；该校一年级得分高于全国水平6.52，二年级得分高于全国水平2.18，三年级得分高于全国水平2.07，四年级得分高于全国水平3.71。

在社会责任行动方面，该校一年级得分为87.85，二年级得分为87.08，三年级得分为85.94，四年级得分为88.77；四年级最高，一年级较高，二年级一般，三年级较低；该校一年级得分高于全国水平5.76，二年级得分高于全国水平4.74，三年级得分高于全国水平2.75，四年级得分高于全国水平2.90。

表8-5 该校年级差异（均值百分制得分）

社会责任感形成环节	年级	N	均值	全国均值
社会责任认知	1	50	88.00	81.49
	2	46	84.35	81.93
	3	52	86.54	82.74
	4	28	86.17	85.01
	总数	176	86.32	82.25
社会责任认同	1	50	90.58	84.06
	2	46	86.38	84.20
	3	52	86.79	84.72
	4	28	90.08	86.37
	总数	176	88.28	84.49
社会责任行动	1	50	87.85	82.09
	2	46	87.08	82.34
	3	52	85.94	83.19
	4	28	88.77	85.87
	总数	176	87.23	82.79
社会责任感	1	50	88.70	82.45
	2	46	85.90	82.73
	3	52	86.40	83.47
	4	28	88.23	85.71
	总数	176	87.21	83.09

注：表中"年级"列中1代表一年级，2代表二年级，3代表三年级，4代表四年级。

（二）五维度差异性分析

1. 性别差异（见表8-6）

在社会责任感方面，该校男生得分为86.12，女生得分为87.65，男生得分低于女生得分1.53；该校男生得分高于全国水平3.92，女生得分高于全国水平3.92。

在政治责任感维度方面，该校男生得分为84.69，女生得分为84.67，男生得分高于女生得分0.02；该校男生得分高于全国水平3.46，女生得分高于全国水平 2.21。

在生命责任感维度方面，该校男生得分为 87.30，女生得分为 88.33，男生得分低于女生得分 1.03；该校男生得分高于全国水平 4.46，女生得分高于全国水平 3.84。

在学习责任感维度方面，该校男生得分为 85.44，女生得分为 88.29，男生得分低于女生得分 2.85；该校男生得分高于全国水平 3.20，女生得分高于全国水平 4.19。

在学校责任感维度方面，该校男生得分为 82.90，女生得分为 84.05，男生得分低于女生得分 1.15；该校男生得分高于全国水平 4.18，女生得分高于全国水平 5.89。

在网络责任感维度方面，该校男生得分为 88.51，女生得分为 91.45，男生得分低于女生得分 2.94；该校男生得分高于全国水平 4.10，女生得分高于全国水平 4.40。

表 8－6　该校性别差异（均值百分制得分）

社会责任感维度	性别	N	均值	全国均值
政治责任感	1	50	84.69	81.23
	2	126	84.67	82.46
生命责任感	1	50	87.30	82.84
	2	126	88.33	84.49
学习责任感	1	50	85.44	82.24
	2	126	88.29	84.10
学校责任感	1	50	82.90	78.72
	2	126	84.05	78.16
网络责任感	1	50	88.51	84.41
	2	126	91.45	87.05
社会责任感	1	50	86.12	82.20
	2	126	87.65	83.73

注：表中"性别"列中 1 代表男生，2 代表女生。

2. 生源地类型差异（见表 8－7）

在社会责任感方面，该校来自城镇的学生得分为 87.39，来自农村的学生得分为 86.89，来自城镇的学生得分高于来自农村的学生得分 0.50；该校来自城镇的学生得分高于全国水平 4.24，来自农村的学生得分高于全国水平 3.84。

在政治责任感维度方面，该校来自城镇的学生得分为 84.93，来自农村的学生得分为 84.22，来自城镇的学生得分高于来自农村的学生得分 0.71；该校来自城镇的学生得分高于全国水平 3.31，来自农村的学生得分高于全国水平 2.07。

在生命责任感维度方面，该校来自城镇的学生得分为 88.43，来自农村的学生得分为 87.34，来自城镇的学生得分高于来自农村的学生得分 1.09；该校来自城镇的学生得分高于全国水平 4.49，来自农村的学生得分高于全国水平 3.63。

在学习责任感维度方面，该校来自城镇的学生得分为 87.86，来自农村的学生得分为 86.79，来自城镇的学生得分高于来自农村的学生得分 1.07；该校来自城镇的学生得分高于全国水平 4.27，来自农村的学生得分高于全国水平 3.64。

在学校责任感维度方面，该校来自城镇的学生得分为 83.98，来自农村的学生得分为 83.25，来自城镇的学生得分高于来自农村的学生得分 0.73；该校来自城镇的学生得分高于全国水平 5.07，来自农村的学生得分高于全国水平 5.18。

在网络责任感维度方面，该校来自城镇的学生得分为 90.29，来自农村的学生得分为 91.20，来自城镇的学生得分低于来自农村的学生得分 0.91；该校来自城镇的学生得分高于全国水平 4.42，来自农村的学生得分高于全国水平 5.21。

表 8-7　该校生源地差异（均值百分制得分）

社会责任感维度	生源地类型	N	均值	全国均值
政治责任感	1	113	84.93	81.62
	2	63	84.22	82.15
生命责任感	1	113	88.43	83.94
	2	63	87.34	83.71
学习责任感	1	113	87.86	83.59
	2	63	86.79	83.15
学校责任感	1	113	83.98	78.91
	2	63	83.25	78.07
网络责任感	1	113	90.29	85.87
	2	63	91.20	85.99
社会责任感	1	113	87.39	83.15
	2	63	86.89	83.05

注：表中"生源地类型"列中 1 代表城镇，2 代表农村。

3. 毕业高中类型差异（见表 8-8）

在社会责任感方面，该校毕业于重点高中的学生得分为 88.08，毕业于普通高中的学生得分为 86.46，毕业于重点高中的学生得分高于毕业于普通高中的学生得分 1.62；该校毕业于重点高中的学生得分高于全国水平 4.68，毕业于普通高中的学生得分高于全国水平3.76。

在政治责任感维度方面，该校毕业于重点高中的学生得分为85.23，毕业于普通高中的学生得分为84.19，毕业于重点高中的学生得分高于毕业于普通高中的学生得分1.04；该校毕业于重点高中的学生得分高于全国水平3.00，毕业于普通高中的学生得分高于全国水平2.60。

在生命责任感维度方面，该校毕业于重点高中的学生得分为89.02，毕业于普通高中的学生得分为87.18，毕业于重点高中的学生得分高于毕业于普通高中的学生得分1.84；该校毕业于重点高中的学生得分高于全国水平4.94，毕业于普通高中的学生得分高于全国水平3.74。

在学习责任感维度方面，该校毕业于重点高中的学生得分为88.20，毕业于普通高中的学生得分为86.85，毕业于重点高中的学生得分高于毕业于普通高中的学生得分1.35；该校毕业于重点高中的学生得分高于全国水平4.68，毕业于普通高中的学生得分高于全国水平3.78。

在学校责任感维度方面，该校毕业于重点高中的学生得分为84.02，毕业于普通高中的学生得分为83.46，毕业于重点高中的学生得分高于毕业于普通高中的学生得分0.56；该校毕业于重点高中的学生得分高于全国水平5.43，毕业于普通高中的学生得分高于全国水平5.32。

在网络责任感维度方面，该校毕业于重点高中的学生得分为92.09，毕业于普通高中的学生得分为89.33，毕业于重点高中的学生得分高于毕业于普通高中的学生得分2.76；该校毕业于重点高中的学生得分高于全国水平5.65，毕业于普通高中的学生得分高于全国水平4.01。

表8－8　该校毕业高中类型差异（均值百分制得分）

社会责任感维度	毕业高中类型	N	均值	全国均值
政治责任感	1	82	85.23	82.23
	2	94	84.19	81.59
生命责任感	1	82	89.02	84.08
	2	94	87.18	83.44
学习责任感	1	82	88.20	83.52
	2	94	86.85	83.07
学校责任感	1	82	84.02	78.59
	2	94	83.46	78.14

社会责任感维度	毕业高中类型	N	均值	全国均值
网络责任感	1	82	92.09	86.44
	2	94	89.33	85.32
社会责任感	1	82	88.08	83.40
	2	94	86.46	82.70

注：表中"毕业高中类型"列中 1 代表区域内重点高中，2 代表区域内普通高中。

4. 年级差异（见表 8-9）

在社会责任感方面，该校一年级得分为 88.70，二年级得分为 85.90，三年级得分为 86.40，四年级得分为 88.23；一年级最高，四年级较高，三年级一般，二年级较低；该校一年级得分高于全国水平 6.25，二年级得分高于全国水平 3.17，三年级得分高于全国水平 2.93，四年级得分高于全国水平 2.52。

在政治责任感维度方面，该校一年级得分为 86.74，二年级得分为 83.35，三年级得分为 83.08，四年级得分为 86.12；一年级最高，四年级较高，二年级一般，三年级较低；该校一年级得分高于全国水平 5.10，二年级得分高于全国水平 2.28，三年级得分高于全国水平 0.73，四年级得分高于全国水平 1.51。

在生命责任感维度方面，该校一年级得分为 88.75，二年级得分为 86.74，三年级得分为 88.51，四年级得分为 88.04；一年级最高，三年级较高，四年级一般，二年级较低；该校一年级得分高于全国水平 5.48，二年级得分高于全国水平 3.20，三年级得分高于全国水平 4.42，四年级得分高于全国水平 2.95。

在学习责任感维度方面，该校一年级得分为 88.72，二年级得分为 86.78，三年级得分为 87.15，四年级得分为 87.00；一年级最高，三年级较高，四年级一般，二年级较低；该校一年级得分高于全国水平 6.33，二年级得分高于全国水平 3.47，三年级得分高于全国水平 3.38，四年级得分高于全国水平 0.97。

在学校责任感维度方面，该校一年级得分为 84.50，二年级得分为 82.17，三年级得分为 82.02，四年级得分为 88.04；四年级最高，一年级较高，二年级一般，三年级较低；该校一年级得分高于全国水平 7.02，二年级得分高于全国水平 4.69，三年级得分高于全国水平 3.09，四年级得分高于全国水平 4.86。

在网络责任感维度方面，该校一年级得分为 92.97，二年级得分为 89.01，三年级得分为 89.29，四年级得分为 91.53；一年级最高，四年级较高，三年级一般，二年级较低；该校一年级得分高于全国水平 7.77，二年级得分高于全国水平 2.94，三年级得分高于全国水平 3.00，四年级得分高于全国水平 3.71。

表8-9 该校年级差异（均值百分制得分）

社会责任感维度	年级	N	均值	全国均值
政治责任感	1	50	86.74	81.64
	2	46	83.35	81.07
	3	52	83.08	82.35
	4	28	86.12	84.61
	总数	176	84.68	81.95
生命责任感	1	50	88.75	83.27
	2	46	86.74	83.54
	3	52	88.51	84.09
	4	28	88.04	85.90
	总数	176	88.04	83.80
学习责任感	1	50	88.72	82.39
	2	46	86.78	83.31
	3	52	87.15	83.77
	4	28	87.00	86.03
	总数	176	87.48	83.32
学校责任感	1	50	84.50	77.48
	2	46	82.17	77.48
	3	52	82.02	78.93
	4	28	88.04	83.18
	总数	176	83.72	78.39
网络责任感	1	50	92.97	85.20
	2	46	89.01	86.07
	3	52	89.29	86.29
	4	28	91.53	87.82
	总数	176	90.62	85.94
社会责任感	1	50	88.70	82.45
	2	46	85.90	82.73
	3	52	86.40	83.47
	4	28	88.23	85.71
	总数	176	87.21	83.09

注：表中"年级"列中1代表一年级，2代表二年级，3代表三年级，4代表四年级。

第九章　师范类高校调查报告

第一节　地方"211"师范类高校

一、调查样本

　　该高校为我国中部某省属地方"211"师范类院校，参与调查总人数240人，其中哲学专业24人，占10.0%；教育学专业24人，占10.0%；理学专业36人，占15.0%；法学专业71人，占29.6%；工学专业7人，占2.9%；管理学专业64人，占26.7%；经济学专业1人，占0.4%；文学专业6人，占2.5%；农学专业1人，占0.4%；医学专业1人，占0.4%；历史学专业3人，占1.3%；艺术专业2人，占0.8%。鉴于工学、经济学、文学、农学、医学、历史学、艺术这7门学科问卷数量偏少，以下统计数据以法学、管理学、理学、教育学、哲学为例进行统计分析（有效问卷219份）。一年级113人，占51.6%；二年级55人，占25.1%；三年级20人，占9.1%；四年级31人，占14.2%。男生59人，占26.9%；女生160人，占73.1%。城镇87人，占39.7%；农村132人，占60.3%。区域内重点高中175人，占79.9%；区域内普通高中44人，20.1%（见表9-1）。

表9-1　大学生社会责任感现状调查样本基本信息

学科	人数	比例（%）	年级	人数	比例（%）
法学	71	32.4	一年级	113	51.6
管理学	64	29.2	二年级	55	25.1
理学	36	16.4	三年级	20	9.1
教育学	24	11.0	四年级	31	14.2

学科	人数	比例（%）	年级	人数	比例（%）
哲学	24	11.0	毕业高中类型		
性别			普通	44	20.1
男	59	26.9	重点	175	79.9
女	160	73.1			
生源地					
农村	132	60.3			
城镇	87	39.7			

二、调查结果

从总体看，该校大学生社会责任感略低于全国平均水平（83.09），得分为82.44分，低于全国0.65分。

从大学生社会责任感形成的三个环节看，社会责任认知83.19分，高于全国0.94分；社会责任认同84.00分，低于全国2.13分；社会责任行动85.11分，高于全国2.32分。

从大学生社会责任感不同纬度看，政治责任感81.80分，低于全国0.15分；生命责任感84.04分，高于全国0.24分；学习责任感85.00分，高于全国1.68分；学校责任感73.74分，低于全国4.65分；网络责任感87.70分，高于全国1.76分。

（一）三环节差异性分析

1. 性别差异（见表9-2）

在社会责任感方面，该校男生得分为79.66，女生得分为84.49，男生得分低于女生得分4.83；该校男生得分低于全国水平2.54，女生得分高于全国水平0.76。

在社会责任认知方面，该校男生得分为81.17，女生得分为82.80，男生得分低于女生得分1.03；该校男生得分低于全国水平0.32，女生得分高于全国水平0.01。

在社会责任认同方面，该校男生得分为80.08，女生得分为86.97，男生得分低于女生得分6.89；该校男生得分低于全国水平3.25，女生得分高于全国水平 1.65。

在社会责任行动方面，该校男生得分为 77.81，女生得分为 84.15，男生得分低于女生得分 6.3；该校男生得分低于全国水平 4.17，女生得分高于全国水平 0.78。

表9－2 该校性别差异（均值百分制得分）

社会责任感形成环节	性别	N	均值	全国均值
社会责任认知	1	59	81.17	81.49
	2	160	82.80	82.79
社会责任认同	1	59	80.08	83.33
	2	160	86.97	85.32
社会责任行动	1	59	77.81	81.98
	2	160	84.15	83.37
社会责任感	1	59	79.66	82.20
	2	160	84.49	83.73

注：表中"性别"列中1代表男生，2代表女生。

2. 生源地类型差异（见表9－3）

在社会责任感方面，该校来自城镇的学生得分为 83.14，来自农村的学生得分为 83.22，来自城镇的学生得分低于来自农村的学生得分 0.08；该校来自城镇的学生得分低于全国水平 0.01，来自农村的学生得分高于全国水平 0.17。

在社会责任认知方面，该校来自城镇的学生得分为 82.32，来自农村的学生得分为 82.38，来自城镇的学生得分要低于来自农村的学生得分 0.06；该校来自城镇的学生得分高于全国水平 0.21，来自农村的学生得分高于全国水平 0.05。

在社会责任认同方面，该校来自城镇的学生得分为 84.90，来自农村的学生得分为 85.25，来自城镇的学生得分要低于来自农村的学生得分 0.35。

在社会责任行动方面，该校来自城镇的学生得分为 82.53，来自农村的学生得分为 82.38，来自城镇的学生得分要高于来自农村的学生得分 0.15；该校来自城镇的学生得分高于全国水平 0.48，来自农村的学生得分高于全国水平 0.72；该校来自城镇的学生得分低于全国水平 0.61，来自农村的学生得分低于全国水平 0.19。

表9-3　该校生源地差异（均值百分制得分）

社会责任感形成环节	生源地类型	N	均值	全国均值
社会责任认知	1	87	82.32	82.11
	2	132	82.38	82.33
社会责任认同	1	87	84.90	84.42
	2	132	85.25	84.53
社会责任行动	1	87	82.53	83.14
	2	132	82.38	82.57
社会责任感	1	87	83.14	83.15
	2	132	83.22	83.05

注：表中"生源地类型"列中1代表城镇，2代表农村。

3. 毕业高中类型差异（见表9-4）

在社会责任感方面，该校毕业于重点高中的学生得分为83.54，毕业于普通高中的学生得分为81.80，毕业于重点高中的学生得分要高于毕业于普通高中的学生得分1.74；该校毕业于重点高中的学生得分高于全国水平0.14，毕业于普通高中的学生得分低于全国水平0.90。

在社会责任认知方面，该校毕业于重点高中的学生得分为82.58，毕业于普通高中的学生得分为81.49，毕业于重点高中的学生得分高于毕业于普通高中的学生得分1.09；该校毕业于重点高中的学生得分高于全国水平0.01，毕业于普通高中的学生得分高于全国水平0.51。

在社会责任认同方面，该校毕业于重点高中的学生得分为85.40，毕业于普通高中的学生得分为83.99，毕业于重点高中的学生得分高于毕业于普通高中的学生得分1.41；该校毕业于重点高中的学生得分高于全国水平0.62，毕业于普通高中的学生得分低于全国水平0.12。

在社会责任行动方面，该校毕业于重点高中的学生得分为82.97，毕业于普通高中的学生得分为80.33，毕业于重点高中的学生得分高于毕业于普通高中的学生得分2.64；该校毕业于重点高中的学生得分低于全国水平0.12，毕业于普通高中的学生得分低于全国水平2.09。

表9-4 校毕业高中类型差异（均值百分制得分）

社会责任感形成环节	毕业高中类型	N	均值	全国均值
社会责任认知	1	175	82.58	82.57
	2	44	81.49	81.83
社会责任认同	1	175	85.40	84.78
	2	44	83.99	84.11
社会责任行动	1	175	82.97	83.09
	2	44	80.33	82.42
社会责任感	1	175	83.54	83.40
	2	44	81.80	82.70

注：表中"毕业高中类型"列中1代表区域内重点高中，2代表区域内普通高中。

4. 年级差异（见表9-5）

在社会责任感方面，该校一年级得分为84.04，二年级得分为84.59，三年级得分为82.16，四年级得分为78.25；二年级最高，一年级较高，三年级一般，四年级较低；该校一年级得分高于全国水平1.59，二年级得分高于全国水平1.86，三年级得分低于全国水平1.31，四年级得分低于全国水平7.46。

在社会责任认知方面，该校一年级得分为82.62，二年级得分为83.44，三年级得分为81.82，四年级得分为79.82；二年级最高，一年级较高，三年级一般，四年级较低；该校一年级得分高于全国水平1.13，二年级得分高于全国水平1.51，三年级得分低于全国水平0.92，四年级得分低于全国水平5.19。

在社会责任认同方面，该校一年级得分为86.29，二年级得分为86.83，三年级得分为84.67，四年级得分为78.06；二年级最高，一年级较高，三年级一般，四年级较低；该校一年级得分高于全国水平2.23，二年级得分高于全国水平2.63，三年级得分低于全国水平0.05，四年级得分低于全国水平8.31。

在社会责任行动方面，该校一年级得分为83.62，二年级得分为83.90，三年级得分为80.45，四年级得分为76.83；二年级最高，一年级较高，三年级一般，四年级较低；该校一年级得分高于全国水平1.53，二年级得分高于全国水平1.56，三年级得分低于全国水平2.74，四年级得分低于全国水平9.04。

表 9-5 该校年级差异（均值百分制得分）

社会责任感形成环节	年级	N	均值	全国均值
社会责任认知	1	113	82.62	81.49
	2	55	83.44	81.93
	3	20	81.82	82.74
	4	31	79.82	85.01
	总数	219	82.36	82.25
社会责任认同	1	113	86.29	84.06
	2	55	86.83	84.20
	3	20	84.67	84.72
	4	31	78.06	86.37
	总数	219	85.11	84.49
社会责任行动	1	113	83.62	82.09
	2	55	83.90	82.34
	3	20	80.45	83.19
	4	31	76.83	85.87
	总数	219	82.44	82.79
社会责任感	1	113	84.04	82.45
	2	55	84.59	82.73
	3	20	82.16	83.47
	4	31	78.25	85.71
	总数	219	83.19	83.09

注：表中"年级"列中1代表一年级，2代表二年级，3代表三年级，4代表四年级。

（二）五维度差异性分析

1. 性别差异（见表 9-6）

在社会责任感方面，该校男生得分为 79.66，女生得分为 84.49，男生得分低于女生得分 4.83；该校男生得分低于全国水平 2.54，女生得分高于全国水平 0.76。

在政治责任感维度方面，该校男生得分为 77.34，女生得分为 83.45，男生得分低于女生得分 6.11；该校男生得分低于全国水平 3.89，女生得分高于全国水平 0.99。

在生命责任感维度方面，该校男生得分为 81.78，女生得分为 84.88，男生得分低于女生得分 4.35；该校男生得分低于全国水平 1.06，女生得分高于全水平0.39。

在学习责任感维度方面，该校男生得分为81.97，女生得分为86.13，男生得分低于女生得分4.16；该校男生得分低于全国水平0.27，女生得分高于全国水平2.03。

在学校责任感维度方面，该校男生得分为69.92，女生得分为75.16，男生得分低于女生得分5.24；该校男生得分低于全国水平8.80，女生得分低于全国水平3.00。

在网络责任感维度方面，该校男生得分为83.49，女生得分为89.25，男生得分低于女生得分5.76；该校男生得分低于全国水平0.92，女生得分高于全国水平2.20。

表9-6 该校性别差异（均值百分制得分）

社会责任感纬度	性别	N	均值	全国均值
政治责任感	1	59	77.34	81.23
	2	160	83.45	82.46
生命责任感	1	59	81.78	82.84
	2	160	84.88	84.49
学习责任感	1	59	81.97	82.24
	2	160	86.13	84.10
学校责任感	1	59	69.92	78.72
	2	160	75.16	78.16
网络责任感	1	59	83.49	84.41
	2	160	89.25	87.05
社会责任感	1	59	79.66	82.20
	2	160	84.49	83.73

注：表中"性别"列中1代表男生，2代表女生。

2. 生源地类型差异（见表9-7）

在社会责任感方面，该校来自城镇的学生得分为83.14，来自农村的学生得分为83.22，来自城镇的学生得分低于来自农村的学生得分0.08；该校来自城镇的学生得分低于全国水平0.01，来自农村的学生得分高于全国水平0.17。

在政治责任感维度方面，该校来自城镇的学生得分为80.72，来自农村的学生得分为82.51，来自城镇的学生得分低于来自农村的学生得分1.79；该校来自城镇的学生得分低于全国水平0.90，来自农村的学生得分高于全国水平0.36。

在生命责任感维度方面，该校来自城镇的学生得分为84.57，来自农村的学

生得分为 83.69，来自城镇的学生得分高于来自农村的学生得分 0.88；该校来自城镇的学生得分高于全国水平 0.63，来自农村的学生得分低于全国水平 0.02。

在学习责任感维度方面，该校来自城镇的学生得分为 84.83，来自农村的学生得分为 85.12，来自城镇的学生得分低于来自农村的学生得分 0.29；该校来自城镇的学生得分高于全国水平 1.24，来自农村的学生得分高于全国水平 1.97。

在学校责任感维度方面，该校来自城镇的学生得分为 74.25，来自农村的学生得分为 73.41，来自城镇的学生得分高于来自农村的学生得分 0.84；该校来自城镇的学生得分低于全国水平 4.66，来自农村的学生得分低于全国水平 4.66。

在网络责任感维度方面，该校来自城镇的学生得分为 87.82，来自农村的学生得分为 87.62，来自城镇的学生得分高于来自农村的学生得分 0.20；该校来自城镇的学生得分高于全国水平 1.95，来自农村的学生得分高于全国水平 1.63。

表 9-7　该校生源地差异（均值百分制得分）

社会责任感纬度	生源地类型	N	均值	全国均值
政治责任感	1	87	80.72	81.62
	2	132	82.51	82.15
生命责任感	1	87	84.57	83.94
	2	132	83.69	83.71
学习责任感	1	87	84.83	83.59
	2	132	85.12	83.15
学校责任感	1	87	74.25	78.91
	2	132	73.41	78.07
网络责任感	1	87	87.82	85.87
	2	132	87.62	85.99
社会责任感	1	87	83.14	83.15
	2	132	83.22	83.05

注：表中"生源地类型"列中 1 代表城镇，2 代表农村。

3. 毕业高中类型差异（见表 9-8）

在社会责任感方面，该校毕业于重点高中的学生得分为 83.54，毕业于普通高中的学生得分为 81.80，毕业于重点高中的学生得分高于毕业于普通高中的学生得分 1.74；该校毕业于重点高中的学生得分高于全国水平 0.14，毕业于普通高中的学生得分低于全国水平 0.90。

在政治责任感维度方面，该校毕业于重点高中的学生得分为 82.29，毕业于普通高中的学生得分为 79.87，毕业于重点高中的学生得分高于毕业于普通高中的学生得分 2.42；该校毕业于重点高中的学生得分高于全国水平 0.06，毕业于普通高中的学生得分低于全国水平 1.72。

在生命责任感维度方面，该校毕业于重点高中的学生得分为 84.19，毕业于普通高中的学生得分为 83.47，毕业于重点高中的学生得分要高于毕业于普通高中的学生得分 0.72；该校毕业于重点高中的学生得分高于全国水平 0.11，毕业于普通高中的学生得分高于全国水平 0.03。

在学习责任感维度方面，该校毕业于重点高中的学生得分为 85.30，毕业于普通高中的学生得分为 83.82，毕业于重点高中的学生得分要高于毕业于普通高中的学生得分 1.48；该校毕业于重点高中的学生得分高于全国水平 1.78，毕业于普通高中的学生得分高于全国水平 0.75。

在学校责任感维度方面，该校毕业于重点高中的学生得分为 74.54，毕业于普通高中的学生得分为 70.57，毕业于重点高中的学生得分要高于毕业于普通高中的学生得分 3.97；该校毕业于重点高中的学生得分低于全国水平 4.05，毕业于普通高中的学生得分低于全国水平 7.57。

在网络责任感维度方面，该校毕业于重点高中的学生得分为 87.92，毕业于普通高中的学生得分为 86.82，毕业于重点高中的学生得分要高于毕业于普通高中的学生得分 1.11；该校毕业于重点高中的学生得分高于全国水平 1.48，毕业于普通高中的学生得分高于全国水平 1.50。

表 9 - 8　该校毕业高中类型差异（均值百分制得分）

社会责任感维度	毕业高中类型	N	均值	全国均值
政治责任感	1	175	82.29	82.23
	2	44	79.87	81.59
生命责任感	1	175	84.19	84.08
	2	44	83.47	83.44
学习责任感	1	175	85.30	83.52
	2	44	83.82	83.07
学校责任感	1	175	74.54	78.59
	2	44	70.57	78.14
网络责任感	1	175	87.92	86.44
	2	44	86.82	85.32
社会责任感	1	175	83.54	83.40
	2	44	81.80	82.70

注：表中"毕业高中类型"列中 1 代表区域内重点高中，2 代表区域内普通高中。

4. 年级差异（见表9-9）

在社会责任感方面，该校一年级得分为84.04，二年级得分为84.59，三年级得分为82.16，四年级得分为78.25；二年级最高，一年级较高，三年级一般，四年级较低；该校一年级得分高于全国水平1.59，二年级得分高于全国水平1.86，三年级得分低于全国水平6.31，四年级得分低于全国水平7.46。

在政治责任感维度方面，该校一年级得分为83.54，二年级得分为83.58，三年级得分为77.29，四年级得分为75.21；二年级最高，一年级较高，三年级一般，四年级较低；该校一年级得分高于全国水平1.90，二年级得分高于全国水平2.51，三年级得分低于全国水平5.06，四年级得分低于全国水平9.40。

在生命责任感维度方面，该校一年级得分为84.71，二年级得分为85.59，三年级得分为83.63，四年级得分为79.11；二年级最高，一年级较高，三年级一般，四年级较低；该校一年级得分高于全国水平1.44，二年级得分高于全国水平2.05，三年级得分低于全国水平0.46，四年级得分低于全国水平6.79。

在学习责任感维度方面，该校一年级得分为85.45，二年级得分为85.82，三年级得分为86.80，四年级得分为80.77；三年级最高，二年级较高，一年级一般，四年级较低。

在学习责任感维度方面，该校一年级得分高于全国水平3.06，二年级得分高于全国水平2.51，三年级得分高于全国水平3.09，四年级得分低于全国水平5.26。

在学校责任感维度方面，该校一年级得分为74.47，二年级得分为74.27，三年级得分为72.50，四年级得分为70.97；一年级最高，二年级较高，三年级一般，四年级较低；该校一年级得分低于全国水平3.01，二年级得分低于全国水平3.21，三年级得分低于全国水平6.43，四年级得分低于全国水平12.21。

在网络责任感维度方面，该校一年级得分为88.24，二年级得分为89.45，三年级得分为87.57，四年级得分为82.67；二年级最高，一年级较高，三年级一般，四年级较低；该校一年级得分高于全国水平3.04，二年级得分高于全国水平3.38，三年级得分高于全国水平1.28，四年级得分低于全国水平5.15。

表9-9 该校年级差异（均值百分制得分）

社会责任感维度	年级	N	均值	全国均值
政治责任感	1	113	83.54	81.64
	2	55	83.58	81.07
	3	20	77.29	82.35
	4	31	75.21	84.61
	总数	219	81.80	81.95
生命责任感	1	113	84.71	83.27
	2	55	85.59	83.54
	3	20	83.63	84.09
	4	31	79.11	85.90
	总数	219	84.04	83.80
学习责任感	1	113	85.45	82.39
	2	55	85.82	83.31
	3	20	86.80	83.77
	4	31	80.77	86.03
	总数	219	85.00	83.32
学校责任感	1	113	74.47	77.48
	2	55	74.27	77.48
	3	20	72.50	78.93
	4	31	70.97	83.18
	总数	219	73.74	78.39
网络责任感	1	113	88.24	85.20
	2	55	89.45	86.07
	3	20	87.57	86.29
	4	31	82.67	87.82
	总数	219	87.70	85.94
社会责任感	1	113	84.04	82.45
	2	55	84.59	82.73
	3	20	82.16	83.47
	4	31	78.25	85.71
	总数	219	83.19	83.09

注：表中"年级"列中1代表一年级，2代表二年级，3代表三年级，4代表四年级。

第二节 一般地方师范类高校调查报告

一、调查样本

该高校为我国中部某省属地方师范类院校，参与调查总人数240人，其中军事学专业1人，占0.4%；法学专业7人，占2.9%；艺术专业3人，占1.3%；工学专业36人，占15.0%；农学专业1人，占0.4%；管理学专业3人，占1.3%；教育专业26人，占10.8；经济学专业17人，占7.1%；理学专业67人，占27.9%；历史学专业28人，占11.7%；文学专业36人，占15.0%；哲学专业15人，占6.3%。鉴于军事、法学、艺术、农学、管理学这五门学科问卷数量偏少，以下统计数据仅以理学、文学、工学、历史学、教育学、经济学、哲学为例进行统计分析（有效问卷225份）。一年级108人，占48.0%；二年级67人，占29.8%；三年级36人，占16.0%；四年级14人，占6.2%。男生61人，占27.1%；女生164人，占72.9%。城镇61人，占27.1%；农村164人，占72.9%。区域内重点高中136人，占60.4%；区域内普通高中89人，39.6%。（见表9－10）。

表9－10 大学生社会责任感现状调查样本基本信息

学科	人数	比例（%）	年级	人数	比例（%）
理学	67	29.8	一年级	108	48.0
文学	36	16	二年级	67	29.8
工学	36	16	三年级	36	16
历史学	28	12.4	四年级	14	6.2
教育学	26	11.6			
经济学	17	7.6			
哲学	15	6.7	毕业高中类型		
性别			普通	89	39.6
男	61	27.1	重点	136	60.4
女	164	72.9			
生源地					
农村	164	72.9			
城镇	61	27.1			

二、调查结果

从总体看，该校大学生社会责任感低于全国平均水平（83.09分），得分为81.02分，低于全国2.07分。

从大学生社会责任感形成的三个环节看，社会责任认知79.92分，低于全国2.33分；社会责任认同83.11分，低于全国1.38分；社会责任行动80.40分，低于全国2.39分。

从大学生社会责任感不同维度看，政治责任感79.58分，低于全国2.37分；生命责任感82.37分，低于全国1.43分；学习责任感80.25分，低于全国3.07分；学校责任感72.78分，低于全国5.61分；网络责任感86.16分，高于全国0.22分。

（一）三环节差异性分析

1. 性别差异（见表9-11）

在社会责任感方面，该校男生得分为79.84，女生得分为81.45，男生得分低于女生得分1.61；该校男生得分低于全国水平2.36，女生得分低于全国水平2.28。

在社会责任认知方面，该校男生得分为78.18，女生得分为80.57，男生得分低于女生得分2.39；该校男生得分低于全国水平3.31，女生得分低于全国水平2.22。

在社会责任认同方面，该校男生得分为81.79，女生得分为83.60，男生得分低于女生得分1.81；该校男生得分低于全国水平1.54，女生得分低于全国水平1.72；该校男生得分低于全国水平2.07，女生得分低于全国水平2.79。

表9-11 该校性别差异（均值百分制得分）

社会责任感形成环节	性别	N	均值	全国均值
社会责任认知	1	61	78.18	81.49
	2	164	80.57	82.79
社会责任认同	1	61	81.79	83.33
	2	164	83.60	85.32
社会责任行动	1	61	79.91	81.98
	2	164	80.58	83.37
社会责任感	1	61	79.84	82.20
	2	164	81.45	83.73

注：表中"性别"列中1代表男生，2代表女生。

2. 生源地类型差异（见表 9 - 12）

在社会责任感方面，该校来自城镇的学生得分为 79.12，来自农村的学生得分为 81.72，来自城镇的学生得分低于来自农村的学生得分 2.60；该校来自城镇的学生得分低于全国水平 4.03，来自农村的学生得分低于全国水平 1.33。

在社会责任认知方面，该校来自城镇的学生得分为 77.26，来自农村的学生得分为 80.91，来自城镇的学生得分低于来自农村的学生得分 3.65；该校来自城镇的学生得分低于全国水平 4.85，来自农村的学生得分低于全国水平 1.42。

在社会责任认同方面，该校来自城镇的学生得分为 80.62，来自农村的学生得分为 84.04，来自城镇的学生得分低于来自农村的学生得分 3.42；该校来自城镇的学生得分低于全国水平 3.80，来自农村的学生得分低于全国水平 0.49。

在社会责任行动方面，该校来自城镇的学生得分为 79.76，来自农村的学生得分为 80.63，来自城镇的学生得分低于来自农村的学生得分 0.87；该校来自城镇的学生得分低于全国水平 3.38，来自农村的学生得分低于全国水平 1.94。

表 9 - 12 该校生源地差异（均值百分制得分）

社会责任感形成环节	生源地类型	N	均值	全国均值
社会责任认知	1	61	77.26	82.11
	2	164	80.91	82.33
社会责任认同	1	61	80.62	84.42
	2	164	84.04	84.53
社会责任行动	1	61	79.76	83.14
	2	164	80.63	82.57
社会责任感	1	61	79.12	83.15
	2	164	81.72	83.05

注：表中"生源地类型"列中 1 代表城镇，2 代表农村。

3. 毕业高中类型差异（见表 9 - 13）

在社会责任感方面，该校毕业于重点高中的学生得分为 80.19，毕业于普通高中的学生得分为 82.27，毕业于重点高中的学生得分低于毕业于普通高中的学生得分 2.08；该校毕业于重点高中的学生得分低于全国水平 3.21，毕业于普通高中的学生得分低于全国水平 0.43。

在社会责任认知方面，该校毕业于重点高中的学生得分为 79.09，毕业于普通高中的学生得分为 81.18，毕业于重点高中的学生得分低于毕业于普通高中的学生得分 2.09；该校毕业于重点高中的学生得分低于全国水平 3.48，毕业于普通高中的学生得分低于全国水平 0.65。

在社会责任认同方面，该校毕业于重点高中的学生得分为 82.61，毕业于普通高中的学生得分为 83.87，毕业于重点高中的学生得分低于毕业于普通高中的学生得分 1.26；该校毕业于重点高中的学生得分低于全国水平 2.17，毕业于普通高中的学生得分低于全国水平 0.24。

在社会责任行动方面，该校毕业于重点高中的学生得分为 79.32，毕业于普通高中的学生得分为 82.04，毕业于重点高中的学生得分低于毕业于普通高中的学生得分 2.72；该校毕业于重点高中的学生得分低于全国水平 3.77，毕业于普通高中的学生得分低于全国水平 0.38。

表 9 – 13 该校毕业高中类型差异（均值百分制得分）

社会责任感形成环节	毕业高中类型	N	均值	全国均值
社会责任认知	1	136	79.09	82.57
	2	89	81.18	81.83
社会责任认同	1	136	82.61	84.78
	2	89	83.87	84.11
社会责任行动	1	136	79.32	83.09
	2	89	82.04	82.42
社会责任感	1	136	80.19	83.40
	2	89	82.27	82.70

注：表中"毕业高中类型"列中 1 代表区域内重点高中，2 代表区域内普通高中。

4. 年级差异（见表 9 – 14）

在社会责任感方面，该校一年级得分为 82.32，二年级得分为 80.21，三年级得分为 77.28，四年级得分为 84.38；四年级最高，一年级较高，二年级一般，三年级较低；该校一年级得分低于全国水平 0.13，二年级得分低于全国水平 2.52，三年级得分低于全国水平 6.19，四年级得分低于全国水平 1.33。

在社会责任认知方面，一年级得分为 81.82，二年级得分为 78.64，三年级得分为 75.35，四年级得分为 83.12；四年级最高，一年级较高，二年级一般，三年级较低；该校一年级得分高于全国水平 0.33，二年级得分低于全国水平 3.29，三年级得分低于全国水平 7.39，四年级得分低于全国水平 1.89。

在社会责任认同方面，一年级得分为 84.65，二年级得分为 82.26，三年级得分为 78.77，四年级得分为 86.51；四年级最高，一年级较高，二年级一般，三年级较低；该校一年级得分高于全国水平 0.59，二年级得分低于全国水平

1.94，三年级得分低于全国水平5.95，四年级得分高于全国水平0.14。

在社会责任行动方面，一年级得分为80.93，二年级得分为80.11，三年级得分为77.98，四年级得分为83.90；四年级最高，一年级较高，二年级一般，三年级较低；该校一年级得分低于全国水平1.16，二年级得分低于全国水平2.23，三年级得分低于全国水平5.21，四年级得分低于全国水平1.97。

表9-14　该校年级差异（均值百分制得分）

社会责任感形成环节	年级	N	均值	全国均值
社会责任认知	1	108	81.82	
	2	67	78.64	
	3	36	75.35	
	4	14	83.12	
	总数	225	79.92	
社会责任认同	1	108	84.65	
	2	67	82.26	
	3	36	78.77	
	4	14	86.51	
	总数	225	83.11	
社会责任行动	1	108	80.93	
	2	67	80.11	
	3	36	77.98	
	4	14	83.90	
	总数	225	80.40	
社会责任感	1	108	82.32	
	2	67	80.21	
	3	36	77.28	
	4	14	84.38	
	总数	225	81.02	

注：表中"年级"列中1代表一年级，2代表二年级，3代表三年级，4代表四年级。

（二）五维度差异性分析

1. 性别差异（见表9-15）

在社会责任感方面，该校男生得分为79.84，女生得分为81.45，男生得分低于女生得分1.61；该校男生得分低于全国水平2.36，女生得分低于全国水平2.28。

在政治责任感维度方面，该校男生得分为77.94，女生得分为80.19，男生得分低于女生得分2.25；该校男生得分低于全国水平3.29，女生得分低于全国水平2.27。

在生命责任感维度方面，该校男生得分为81.72，女生得分为82.61，男生得分低于女生得分0.89；该校男生得分低于全国水平1.12，女生得分低于全国水平1.88。

在学习责任感维度方面，该校男生得分为78.03，女生得分为81.07，男生得分低于女生得分3.04；该校男生得分低于全国水平4.21，女生得分低于全国水平3.03。

在学校责任感维度方面，该校男生得分为74.34，女生得分为72.20，男生得分高于女生得分2.14；该校男生得分低于全国水平4.38，女生得分低于全国水平5.96。

在网络责任感维度方面，该校男生得分为84.03，女生得分为86.95，男生得分低于女生得分2.92；该校男生得分低于全国水平0.38，女生得分低于全国水平0.10。

表9-15 该校性别差异（均值百分制得分）

社会责任感纬度	性别	N	均值	全国均值
政治责任感	1	61	77.94	81.23
	2	164	80.19	82.46
生命责任感	1	61	81.72	82.84
	2	164	82.61	84.49
学习责任感	1	61	78.03	82.24
	2	164	81.07	84.10
学校责任感	1	61	74.34	78.72
	2	164	72.20	78.16
网络责任感	1	61	84.03	84.41
	2	164	86.95	87.05
社会责任感	1	61	79.84	82.20
	2	164	81.45	83.73

注：表中"性别"列中1代表男生，2代表女生。

2. 生源地类型差异（见表9-16）

在社会责任感方面，该校来自城镇的学生得分为79.12，来自农村的学生得分为 81.72，来自城镇的学生得分低于来自农村的学生得分 2.60；该校来自城镇的学生得分低于全国水平 4.03，来自农村的学生得分低于全国水平 1.33。

在政治责任感维度方面，该校来自城镇的学生得分为 77.38，来自农村的学生得分为 80.40，来自城镇的学生得分低于来自农村的学生得分 3.02；该校来自城镇的学生得分低于全国水平 4.24，来自农村的学生得分低于全国水平 1.75。

在生命责任感维度方面，该校来自城镇的学生得分为 80.66，来自农村的学生得分为 83.00，来自城镇的学生得分低于来自农村的学生得分 2.34；该校来自城镇的学生得分低于全国水平 3.28，来自农村的学生得分低于全国水平 0.71。

在学习责任感维度方面，该校来自城镇的学生得分为 80.07，来自农村的学生得分为 80.32，来自城镇的学生得分低于来自农村的学生得分 0.25；该校来自城镇的学生得分低于全国水平 3.52，来自农村的学生得分低于全国水平 2.83。

在学校责任感维度方面，该校来自城镇的学生得分为 71.31，来自农村的学生得分为 73.32，来自城镇的学生得分低于来自农村的学生得分 2.01；该校来自城镇的学生得分低于全国水平 7.60，来自农村的学生得分低于全国水平 4.75。

在网络责任感维度方面，该校来自城镇的学生得分为 82.90，来自农村的学生得分为 87.37，来自城镇的学生得分低于来自农村的学生得分 4.47；该校来自城镇的学生得分低于全国水平 2.97，来自农村的学生得分高于全国水平 1.38。

表 9 - 16　该校生源地差异（均值百分制得分）

社会责任感纬度	生源地类型	N	均值	全国均值
政治责任感	1	61	77.38	81.62
	2	164	80.40	82.15
生命责任感	1	61	80.66	83.94
	2	164	83.00	83.71
学习责任感	1	61	80.07	83.59
	2	164	80.32	83.15
学校责任感	1	61	71.31	78.91
	2	164	73.32	78.07
网络责任感	1	61	82.90	85.87
	2	164	87.37	85.99
社会责任感	1	61	79.12	83.15
	2	164	81.72	83.05

注：表中"生源地类型"列中 1 代表城镇，2 代表农村。

3. 毕业高中类型差异（见表 9 - 17）

在社会责任感方面，该校毕业于重点高中的学生得分为 80.19，毕业于普通高中的学生得分为 82.27，毕业于重点高中的学生得分低于毕业于普通高中的学生得分 2.08；该校毕业于重点高中的学生得分低于全国水平 3.21，毕业于普通高中的学生得分低于全国水平 0.43。

在政治责任感维度方面，该校毕业于重点高中的学生得分为 78.82，毕业于普通高中的学生得分为 80.74，毕业于重点高中的学生得分低于毕业于普通高中的学生得分 1.92；该校毕业于重点高中的学生得分低于全国水平 3.41，毕业于普通高中的学生得分低于全国水平 0.85。

在生命责任感维度方面，该校毕业于重点高中的学生得分为 81.40，毕业于普通高中的学生得分为 83.85，毕业于重点高中的学生得分低于毕业于普通高中的学生得分 2.45；该校毕业于重点高中的学生得分低于全国水平 2.68，毕业于普通高中的学得分生高于全国水平 0.41。

在学习责任感维度方面，该校毕业于重点高中的学生得分为 79.74，毕业于普通高中的学生得分为 81.03，毕业于重点高中的学生得分低于毕业于普通高中的学生得分 1.29；该校毕业于重点高中的学生得分低于全国水平 3.78，毕业于普通高中的学生得分低于全国水平 2.04。

在学校责任感维度方面，该校毕业于重点高中的学生得分为 72.02，毕业于普通高中的学生得分为 73.93，毕业于重点高中的学生得分低于毕业于普通高中的学生 1.91；该校毕业于重点高中的学生得分低于全国水平 6.57，毕业于普通高中的学生得分低于全国水平 4.21。

在网络责任感维度方面，该校毕业于重点高中的学生得分为 85.19，毕业于普通高中的学生得分为 87.64，毕业于重点高中的学生得分低于毕业于普通高中的学生得分 2.45；该校毕业于重点高中的学生得分低于全国水平 1.25，毕业于普通高中的学生得分高于全国水平 2.32。

表 9 - 17 该校毕业高中类型差异（均值百分制得分）

社会责任感维度	毕业高中类型	N	均值	全国均值
政治责任感	1	136	78.82	82.23
	2	89	80.74	81.59
生命责任感	1	136	81.40	84.08
	2	89	83.85	83.44
学习责任感	1	136	79.74	83.52
	2	89	81.03	83.07

续表

社会责任感维度	毕业高中类型	N	均值	全国均值
学校责任感	1	136	72.02	78.59
	2	89	73.93	78.14
网络责任感	1	136	85.19	86.44
	2	89	87.64	85.32
社会责任感	1	136	80.19	83.40
	2	89	82.27	82.70

注：表中"毕业高中类型"列中1代表区域内重点高中，2代表区域内普通高中。

4. 年级差异（见表9－18）

在社会责任感方面，该校一年级得分为82.32，二年级得分为80.21，三年级得分为77.28，四年级得分为84.38；四年级最高，一年级较高，二年级一般，三年级较低；该校一年级得分低于全国水平0.13，二年级得分低于全国水平2.52，三年级得分低于全国水平6.19，四年级得分低于全国水平1.33。

在政治责任感维度方面，该校一年级得分为80.66，二年级得分为79.02，三年级得分为75.87，四年级得分为83.47；四年级最高，一年级较高，二年级一般，三年级较低；该校一年级得分低于全国水平0.98，二年级得分低于全国水平2.05，三年级得分低于全国水平6.48，四年级得分低于全国水平1.14。

在生命责任感维度方面，该校一年级得分为83.56，二年级得分为81.83，三年级得分为77.71，四年级得分为87.68；四年级最高，一年级较高，二年级一般，三年级较低；该校一年级得分高于全国水平0.29，二年级得分低于全国水平1.71，三年级得分低于全国水平6.38，四年级得分高于全国水平1.78。

在学习责任感维度方面，该校一年级得分为81.74，二年级得分为79.58，三年级得分为76.89，四年级得分为80.57；一年级最高，四年级较高，二年级一般，三年级较低；该校一年级得分低于全国水平0.65，二年级得分低于全国水平3.73，三年级得分低于全国水平6.88，四年级得分低于全国水平5.46。

在学校责任感维度方面，该校一年级得分为73.70，二年级得分为70.97，三年级得分为72.08，四年级得分为76.07；四年级最高，一年级较高，三年级一般，二年级较低；该校一年级得分低于全国水平3.70，二年级得分低于全国水平6.51，三年级得分低于全国水平6.85，四年级得分低于全国水平7.11。

在网络责任感维度方面，该校一年级得分为87.91，二年级得分为85.29，三年级得分为81.43，四年级得分为88.98；四年级最高，一年级较高，二年级一般，三年级较低；该校一年级得分高于全国水平 2.71，二年级得分低于全国水平 0.78，三年级得分低于全国水平 4.86，四年级得分高于全国水平 1.16。

表 9-18　该校年级差异（均值百分制得分）

社会责任感维度	年级	N	均值	全国均值
政治责任感	1	108	80.66	81.64
	2	67	79.02	81.07
	3	36	75.87	82.35
	4	14	83.47	84.61
	总数	225	79.58	81.95
生命责任感	1	108	83.56	83.27
	2	67	81.83	83.54
	3	36	77.71	84.09
	4	14	87.68	85.90
	总数	225	82.37	83.80
学习责任感	1	108	81.74	82.39
	2	67	79.58	83.31
	3	36	76.89	83.77
	4	14	80.57	86.03
	总数	225	80.25	83.32
学校责任感	1	108	73.70	77.48
	2	67	70.97	77.48
	3	36	72.08	78.93
	4	14	76.07	83.18
	总数	225	72.78	78.39
网络责任感	1	108	87.91	85.20
	2	67	85.29	86.07
	3	36	81.43	86.29
	4	14	88.98	87.82
	总数	225	86.16	85.94
社会责任感	1	108	82.32	82.45
	2	67	80.21	82.73
	3	36	77.28	83.47
	4	14	84.38	85.71
	总数	225	81.02	83.09

注：表中"年级"列中 1 代表一年级，2 代表二年级，3 代表三年级，4 代表四年级。

第十章　高职院校调查报告

第一节　东部高职院校调查报告

一、调查样本

该高校为我国东部某省地方教育类高职院校，参与调查总人数 155 人，其中工学专业 1 人，占 0.6%；管理学专业 2 人，占 1.3%；艺术专业 4 人，占 2.6%；教育学专业 148 人，占 95.5%。鉴于其他学科问卷数量偏少，以下统计数据仅以教育学为例进行统计分析（有效问卷 148 份）。一年级 108 人，占 73.0%；二年级 40 人，占 27.0%。男生 10 人，占 6.8%；女生 138 人，占 93.2%。城镇 41 人，占 27.7%；农村 107 人，占 72.3%。区域内重点高中 18 人，占 12.2%；区域内普通高中 130 人，87.8%（见表 10-1）。

表 10-1　大学生社会责任感现状调查样本基本信息

学科	人数	比例（%）	年级	人数	比例（%）
教育学	148	100	一年级	108	73.0
性别			二年级	40	27.0
男	10	6.8	毕业高中类型		
女	138	93.2	普通	130	87.8
生源地			重点	18	12.2
农村	107	72.3			
城镇	41	27.7			

二、调查结果

从总体看，该校大学生社会责任感低于全国平均水平（83.09 分），得分为

80.83 分，低于全国 2.17 分。

从大学生社会责任感形成的三个环节看，社会责任认知 79.84 分，低于全国 2.41 分；社会责任认同 82.73 分，低于全国 1.76 分；社会责任行动 80.27 分，低于全国 2.52 分。

从大学生社会责任感不同维度看，政治责任感 79.15 分，低于全国 2.80 分；生命责任感 83.29 分，低于全国 0.51 分；学习责任感 79.84 分，低于全国 3.56 分；学校责任感 75.03 分，低于全国 3.36 分；网络责任感 83.73 分，低于全国 2.21 分。

（一）三环节差异性分析

1. 性别差异（见表 10-2）

在社会责任感方面，该校男生得分为 82.39，女生得分为 80.72，男生得分高于女生得分 1.67；该校男生得分高于全国水平 0.19，女生得分低于全国水平 3.01。

在社会责任认知方面，该校男生得分为 80.55，女生得分为 79.79，男生得分高于女生得分 0.76；该校男生得分低于全国水平 0.94，女生得分低于全国水平 3.00。

在社会责任认同方面，该校男生得分为 86.67，女生得分为 82.45，男生得分高于女生得分 4.22；该校男生得分高于全国水平 3.34，女生得分低于全国水平 2.87。

在社会责任行动方面，该校男生得分为 80.73，女生得分为 80.24，男生得分高于女生得分 0.49；该校男生得分低于全国水平 1.25，女生得分低于全国水平 3.13。

表 10-2　该校性别差异（均值百分制得分）

社会责任感形成环节	性别	N	均值	全国均值
社会责任认知	1	10	80.55	81.49
	2	138	79.79	82.79
社会责任认同	1	10	86.67	83.33
	2	138	82.45	85.32
社会责任行动	1	10	80.73	81.98
	2	138	80.24	83.37
社会责任感	1	10	82.39	82.20
	2	138	80.72	83.73

注：表中"性别"列中 1 代表男生，2 代表女生。

2. 生源地类型差异（见表 10－3）

在社会责任感方面，该校来自城镇的学生得分为 78.36，来自农村的学生得分为 81.78，来自城镇的学生得分低于来自农村的学生得分 3.42；该校来自城镇的学生得分低于全国水平 4.79，来自农村的学生得分低于全国水平 1.27。

在社会责任认知方面，该校来自城镇的学生得分为 75.88，来自农村的学生得分为 81.36，来自城镇的学生得分低于来自农村的学生得分 5.48；该校来自城镇的学生得分低于全国水平 6.23，来自农村的学生得分低于全国水平 0.97。

在社会责任认同方面，该校来自城镇的学生得分为 80.60，来自农村的学生得分为 83.55，来自城镇的学生得分低于来自农村的学生得分 2.95；该校来自城镇的学生得分低于全国水平 3.82，来自农村的学生得分低于全国水平 0.98。

在社会责任行动方面，该校来自城镇的学生得分为 79.02，来自农村的学生得分为 80.75，来自城镇的学生得分低于来自农村的学生得分 1.73；该校来自城镇的学生得分低于全国水平 4.12，来自农村的学生得分低于全国水平 1.82。

表 10－3　该校生源地差异（均值百分制得分）

社会责任感形成环节	生源地类型	N	均值	全国均值
社会责任认知	1	41	75.88	82.11
	2	107	81.36	82.33
社会责任认同	1	41	80.60	84.42
	2	107	83.55	84.53
社会责任行动	1	41	79.02	83.14
	2	107	80.75	82.57
社会责任感	1	41	78.36	83.15
	2	107	81.78	83.05

注：表中"生源地类型"列中 1 代表城镇，2 代表农村。

3. 毕业高中类型差异（见表 10－4）

在社会责任感方面，该校毕业于重点高中的学生得分为 84.44，毕业于普通高中的学生得分为 80.33，毕业于重点高中的学生得分高于毕业于普通高中的学生得分 4.11；该校毕业于重点高中的学生得分高于全国水平 1.04，毕业于普通高中的学生得分低于全国水平 2.37。

在社会责任认知方面，该校毕业于重点高中的学生得分为 76.67，毕业于普通高中的学生得分为80.28，毕业于重点高中的学生得分低于毕业于普通高中的学生得分3.61；该校毕业于重点高中的学生得分低于全国水平5.90，毕业于普通高中的学生得分低于全国水平1.55。

在社会责任认同方面，该校毕业于重点高中的学生得分为89.88，毕业于普通高中的学生得分为81.74，毕业于重点高中的学生得分高于毕业于普通高中的学生得分8.14；该校毕业于重点高中的学生得分高于全国水平5.10，毕业于普通高中的学生得分低于全国水平2.37。

在社会责任行动方面，该校毕业于重点高中的学生得分为87.78，毕业于普通高中的学生得分为79.23，毕业于重点高中的学生得分高于毕业于普通高中的学生得分8.55；该校毕业于重点高中的学生得分高于全国水平4.69，毕业于普通高中的学生得分低于全国水平3.19。

表10－4 该校毕业高中类型差异（均值百分制得分）

社会责任感形成环节	毕业高中类型	N	均值	全国均值
社会责任认知	1	18	76.67	82.57
	2	130	80.28	81.83
社会责任认同	1	18	89.88	84.78
	2	130	81.74	84.11
社会责任行动	1	18	87.78	83.09
	2	130	79.23	82.42
社会责任感	1	18	84.44	83.40
	2	130	80.33	82.70

注：表中"毕业高中类型"列中1代表区域内重点高中，2代表区域内普通高中。

4. 年级差异（见表10－5）

在社会责任感方面，该校一年级得分为80.64，二年级得分为81.35；二年级较高，一年级较低；该校一年级得分低于全国水平1.81，二年级得分低于全国水平1.38。

在社会责任认知方面，该校一年级得分为79.43，二年级得分为80.95；二年级较高，一年级较低；该校一年级得分低于全国水平2.06，二年级得分低于全国水平0.98。

在社会责任认同方面，该校一年级得分为82.12，二年级得分为84.39；二年级较高，一年级较低；该校一年级得分低于全国水平1.94，二年级得分高于全国水平 0.19。

在社会责任行动方面，该校一年级得分为 80.64，二年级得分为 79.27；一年级较高，二年级较低；该校一年级得分低于全国水平 1.45，二年级得分低于全国水平 3.07。

表 10 − 5 该校年级差异（均值百分制得分）

社会责任感形成环节	年级	N	均值	全国均值
社会责任认知	1	108	79.43	81.49
	2	40	80.95	81.93
	总数	148	79.84	82.25
社会责任认同	1	108	82.12	84.06
	2	40	84.39	84.20
	总数	148	82.73	84.49
社会责任行动	1	108	80.64	82.09
	2	40	79.27	82.34
	总数	148	80.27	82.79
社会责任感	1	108	80.64	82.45
	2	40	81.35	82.73
	总数	148	80.83	83.09

注：表中"年级"列中1代表一年级，2代表二年级。

（二）五维度差异性分析

1. 性别差异（见表 10 − 6）

在社会责任感方面，该校男生得分为 82.39，女生得分为 80.72，男生得分高于女生得分 1.67；该校男生得分高于全国水平 0.19，女生得分低于全国水平 3.01。

在政治责任感维度方面，该校男生得分为 84.00，女生得分为 78.80，男生得分高于女生得分 5.20；该校男生得分高于全国水平 2.77，女生得分低于全国水平 3.66。

在生命责任感维度方面，该校男生得分为 85.50，女生得分为 83.13，男生得分高于女生得分 2.37；该校男生得分高于全国水平 2.66，女生得分低于全国水平 1.36。

在学习责任感维度方面，该校男生得分为 81.20，女生得分为 79.74，男生得分高于女生得分 1.46；该校男生得分低于全国水平 1.04，女生得分低于全国水平 4.36。

在学校责任感维度方面，该校男生得分为 77.00，女生得分为 74.89，男生得分高于女生得分 2.11；该校男生得分低于全国水平 1.72，女生得分低于全国水平 3.27。

在网络责任感维度方面，该校男生得分为 81.14，女生得分为 83.91，男生得分低于女生得分 2.77；该校男生得分低于全国水平 3.27，女生得分低于全国水平 3.14。

表 10 – 6　该校性别差异（均值百分制得分）

社会责任感维度	性别	N	均值	全国均值
政治责任感	1	10	84.00	81.23
	2	138	78.80	82.46
生命责任感	1	10	85.50	82.84
	2	138	83.13	84.49
学习责任感	1	10	81.20	82.24
	2	138	79.74	84.10
学校责任感	1	10	77.00	78.72
	2	138	74.89	78.16
网络责任感	1	10	81.14	84.41
	2	138	83.91	87.05
社会责任感	1	10	82.39	82.20
	2	138	80.72	83.73

注：表中"性别"列中 1 代表男生，2 代表女生。

2. 生源地类型差异（见表 10 – 7）

在社会责任感方面，该校来自城镇的学生得分为 78.36，来自农村的学生得分为 81.78，来自城镇的学生得分低于来自农村的学生得分 3.42；该校来自城镇的学生得分低于全国水平 4.59，来自农村的学生得分低于全国水平 1.27。

在政治责任感维度方面，该校来自城镇的学生得分为 77.14，来自农村的学生得分为 79.92，来自城镇的学生得分低于来自农村的学生得分 2.78；该校来自城镇的学生得分低于全国水平 4.48，来自农村的学生得分低于全国水平 2.23。

在生命责任感维度方面，该校来自城镇的学生得分为 81.34，来自农村的学生得分为 84.04，来自城镇的学生得分低于来自农村的学生得分 2.70；该校来自城镇的学生得分低于全国水平 2.60，来自农村的学生得分高于全国水平 0.33。

在学习责任感维度方面，该校来自城镇的学生得分为 76.68，来自农村的学生得分为 81.05，来自城镇的学生得分低于来自农村的学生得分 4.37；该校来自城镇的学生得分低于全国水平 6.91，来自农村的学生得分低于全国水平 2.10。

在学校责任感维度方面，该校来自城镇的学生得分为 72.80，来自农村的学生得分为 75.89，来自城镇的学生得分低于来自农村的学生得分 3.09；该校来自城镇的学生得分低于全国水平 6.11，来自农村的学生得分低于全国水平 2.18。

在网络责任感维度方面，该校来自城镇的学生得分为 80.56，来自农村的学生得分为 84.94，来自城镇的学生得分低于来自农村的学生得分 4.38；该校来自城镇的学生得分低于全国水平 5.31，来自农村的学生得分低于全国水平 1.05。

表 10-7 该校生源地差异（均值百分制得分）

社会责任感维度	生源地类型	N	均值	全国均值
政治责任感	1	41	77.14	81.62
	2	107	79.92	82.15
生命责任感	1	41	81.34	83.94
	2	107	84.04	83.71
学习责任感	1	41	76.68	83.59
	2	107	81.05	83.15
学校责任感	1	41	72.80	78.91
	2	107	75.89	78.07
网络责任感	1	41	80.56	85.87
	2	107	84.94	85.99
社会责任感	1	41	78.36	83.15
	2	107	81.78	83.05

注：表中"生源地类型"列中 1 代表城镇，2 代表农村。

3. 毕业高中类型差异（见表 10-8）

在社会责任感方面，该校毕业于重点高中的学生得分为 84.44，毕业于普通高中的学生得分为 80.33，毕业于重点高中的学生得分高于毕业于普通高中的学生得分 4.11；该校毕业于重点高中的学生得分高于全国水平 1.04，毕业于普通高中的学生得分低于全国水平 2.37。

在政治责任感维度方面，该校毕业于重点高中的学生得分为 86.35，毕业于普通高中的学生得分为 78.15，毕业于重点高中的学生得分高于毕业于普通高中的学生得分8.20；该校毕业于重点高中的学生得分高于全国水平4.12，毕业于普通高中的学生得分低于全国水平3.44。

在生命责任感维度方面，该校毕业于重点高中的学生得分为86.11，毕业于普通高中的学生得分为82.90，毕业于重点高中的学生得分高于毕业于普通高中的学生得分3.21；该校毕业于重点高中的学生得分高于全国水平2.03，毕业于普通高中的学生得分低于全国水平0.54。

在学习责任感维度方面，该校毕业于重点高中的学生得分为82.00，毕业于普通高中的学生得分为79.54，毕业于重点高中的学生得分高于毕业于普通高中的学生得分2.46；该校毕业于重点高中的学生得分低于全国水平1.52，毕业于普通高中的学生得分低于全国水平3.53。

在学校责任感维度方面，该校毕业于重点高中的学生得分为76.11，毕业于普通高中的学生得分为74.88，毕业于重点高中的学生得分高于毕业于普通高中的学生得分1.23；该校毕业于重点高中的学生得分低于全国水平2.48，毕业于普通高中的学生得分低于全国水平3.26。

在网络责任感维度方面，该校毕业于重点高中的学生得分为87.14，毕业于普通高中的学生得分为83.25，毕业于重点高中的学生得分高于毕业于普通高中的学生得分3.89；该校毕业于重点高中的学生得分高于全国水平0.70，毕业于普通高中的学生得分低于全国水平2.07。

表 10-8　该校毕业高中类型差异（均值百分制得分）

社会责任感维度	毕业高中类型	N	均值	全国均值
政治责任感	1	18	86.35	82.23
	2	130	78.15	81.59
生命责任感	1	18	86.11	84.08
	2	130	82.90	83.44
学习责任感	1	18	82.00	83.52
	2	130	79.54	83.07
学校责任感	1	18	76.11	78.59
	2	130	74.88	78.14
网络责任感	1	18	87.14	86.44
	2	130	83.25	85.32
社会责任感	1	18	84.44	83.40
	2	130	80.33	82.70

注：表中"毕业高中类型"列中1代表区域内重点高中，2代表区域内普通高中。

4. 年级差异（见表 10 - 9）

在社会责任感方面，该校一年级得分为 80.64，二年级得分为 81.35；二年级较高，一年级较低；该校一年级得分低于全国水平 1.81，二年级得分低于全国水平 1.38。

在政治责任感维度方面，该校一年级得分为 78.84，二年级得分为 80.00；二年级较高，一年级较低；该校一年级得分低于全国水平 2.80，二年级得分低于全国水平 1.07。

在生命责任感维度方面，该校一年级得分为 82.92，二年级得分为 84.31；二年级较高，一年级较低；该校一年级得分低于全国水平 0.35，二年级得分高于全国水平 0.77。

在学习责任感维度方面，该校一年级得分为 80.07，二年级得分为 79.20；一年级较高，二年级较低；该校一年级得分低于全国水平 2.32，二年级得分低于全国水平 4.11。

在学校责任感维度方面，该校一年级得分为 73.71，二年级得分为 74.88；二年级较高，一年级较低；该校一年级得分低于全国水平 1.38，二年级得分低于全国水平 2.60。

在网络责任感维度方面，该校一年级得分为 74.78，二年级得分为 84.57；二年级较高，一年级较低；该校一年级得分低于全国水平 8.63，二年级得分低于全国水平 1.50。

表 10 - 9　该校年级差异（均值百分制得分）

社会责任感维度	年级	N	均值	全国均值
政治责任感	1	108	78.84	81.64
	2	40	80.00	81.07
	总数	148	79.15	81.95
生命责任感	1	108	82.92	83.27
	2	40	84.31	83.54
	总数	148	83.29	83.80
学习责任感	1	108	80.07	82.39
	2	40	79.20	83.31
	总数	148	79.84	83.32
学校责任感	1	108	75.09	77.48
	2	40	74.88	77.48
	总数	148	75.03	78.39

续表

社会责任感维度	年级	N	均值	全国均值
网络责任感	1	108	83.41	85.20
	2	40	84.57	86.07
	总数	148	83.73	85.94
社会责任感	1	108	80.64	82.45
	2	40	81.35	82.73
	总数	148	80.83	83.09

注：表中"年级"列中 1 代表一年级，2 代表二年级。

第二节 中部高职院校调查报告

一、调查样本

该高校为我国中部某省地方铁路类高职院校，参与调查总人数 111 人，其中法学 1 人，占 0.9%；管理学 2 人，占 1.8%；教育学 1 人，占 0.9%；经济学 3 人，占 2.7%；历史学 1 人，占 0.9%；农学 1 人，占 0.9%；文学 1 人，占 0.9%；哲学 1 人，占 0.9%；理学 11 人，占 9.9%；工学 89 人，占 80.2%。鉴于其他学科问卷数量偏少，以下统计数据以理学和工学为例进行统计分析（有效问卷 100 份）。一年级 100 人，占 100%。男生 81 人，占 81%；女生 19 人，占 19%。城镇 49 人，占 49%；农村 51 人，占 51%。区域内重点高中 53 人，占 53%；区域内普通高中 47 人，47%（见表 10 - 10）。

表 10 - 10 大学生社会责任感现状调查样本基本信息

学科	人数	比例（%）	年级	人数	比例（%）
工学	89	89	一年级	100	100
理学	11	11			
性别					
男	89	89	毕业高中类型		
女	11	11	普通	47	47
生源地			重点	53	53
农村	51	1			
城镇	49	49			

二、调查结果

从总体看，该校大学生社会责任感高于全国平均水平（83.09分），得分为 84.17分，高于全国1.17分。

从大学生社会责任感形成的三个环节看，社会责任认知82.25分，与全国持平；社会责任认同84.27分，低于全国0.22分；社会责任行动86.00分，高于全国3.21分。

从大学生社会责任感不同维度看，政治责任感84.09分，高于全国2.14分；生命责任感85.20分，高于全国1.40分；学习责任感83.32分，低于全国0.08分；学校责任感81.00分，高于全国2.61分；网络责任感85.49分，低于全国0.45分。

（一）三环节差异性分析

1. 性别差异（见表10-11）

在社会责任感方面，该校男生得分为83.27，女生得分为88.01，男生得分低于女生得分4.74；该校男生得分高于全国水平1.07，女生得分高于全国水平4.28。

在社会责任认知方面，该校男生得分为81.39，女生得分为85.93，男生得分低于女生得分4.54；该校男生得分低于全国水平0.10，女生得分高于全国水平3.14。

在社会责任认同方面，该校男生得分为83.29，女生得分为88.42，男生得分低于女生得分5.13；该校男生得分低于全国水平0.04，女生得分高于全国水平3.10。

在社会责任行动方面，该校男生得分为85.12，女生得分为89.76，男生得分低于女生得分4.64；该校男生得分高于全国水平3.14，女生得分高于全国水平6.39。

表 10-11　该校性别差异（均值百分制得分）

社会责任感形成环节	性别	N	均值	全国均值
社会责任认知	1	81	81.39	81.49
	2	19	85.93	82.79
社会责任认同	1	81	83.29	83.33
	2	19	88.42	85.32

社会责任感形成环节	性别	N	均值	全国均值
社会责任行动	1	81	85.12	81.98
	2	19	89.76	83.37
社会责任感	1	81	83.27	82.20
	2	19	88.01	83.73

注：表中"性别"列中1代表男生，2代表女生。

2. 生源地类型差异（见表10-12）

在社会责任感方面，该校来自城镇的学生得分为83.42，来自农村的学生得分为84.88，来自城镇的学生得分低于来自农村的学生得分1.46；该校来自城镇的学生得分高于全国水平0.27，来自农村的学生得分高于全国水平1.83。

在社会责任认知方面，该校来自城镇的学生得分为81.63，来自农村的学生得分为82.85，来自城镇的学生得分低于来自农村的学生得分1.22；该校来自城镇的学生得分低于全国水平0.48，来自农村的学生得分高于全国水平0.52。

在社会责任认同方面，该校来自城镇的学生得分为83.17，来自农村的学生得分为85.32，来自城镇的学生得分低于来自农村的学生得分2.15；该校来自城镇的学生得分低于全国水平1.25，来自农村的学生得分高于全国水平0.79。

在社会责任行动方面，该校来自城镇的学生得分为85.42，来自农村的学生得分为86.56，来自城镇的学生得分低于来自农村的学生得分1.14；该校来自城镇的学生得分高于全国水平2.28，来自农村的学生得分高于全国水平3.99。

表10-12 该校生源地差异（均值百分制得分）

社会责任感形成环节	生源地类型	N	均值	全国均值
社会责任认知	1	49	81.63	82.11
	2	51	82.85	82.33
社会责任认同	1	49	83.17	84.42
	2	51	85.32	84.53
社会责任行动	1	49	85.42	83.14
	2	51	86.56	82.57
社会责任感	1	49	83.42	83.15
	2	51	84.88	83.05

注：表中"生源地类型"列中1代表城镇，2代表农村。

3. 毕业高中类型差异（见表 10 - 13）

在社会责任感方面，该校毕业于重点高中的学生得分为 84.98，毕业于普通高中的学生得分为 83.25，毕业于重点高中的学生得分高于毕业于普通高中的学生得分 1.73；该校毕业于重点高中的学生得分高于全国水平 1.58，毕业于普通高中的学生得分高于全国水平 0.55。

在社会责任认知方面，该校毕业于重点高中的学生得分为 84.08，毕业于普通高中的学生得分为 80.19，毕业于重点高中的学生得分高于毕业于普通高中的学生得分 3.89；该校毕业于重点高中的学生得分高于全国水平 1.51，毕业于普通高中的学生得分低于全国水平 1.64。

在社会责任认同方面，该校毕业于重点高中的学生得分为 84.74，毕业于普通高中的学生得分为 83.74，毕业于重点高中的学生得分高于毕业于普通高中的学生得分 1.00；

在社会责任行动方面，该校毕业于重点高中的学生得分为 86.07，毕业于该校毕业于重点高中的学生得分低于全国水平 0.04，毕业于普通高中的学生得分低于全国水平 0.37。普通高中的学生得分为 85.92，毕业于重点高中的学生得分高于毕业于普通高中的学生得分 0.15；该校毕业于重点高中的学生得分高于全国水平 2.98，毕业于普通高中的学生得分高于全国水平 3.50。

表 10 - 13　该校毕业高中类型差异（均值百分制得分）

社会责任感形成环节	毕业高中类型	N	均值	全国均值
社会责任认知	1	53	84.08	82.57
	2	47	80.19	81.83
社会责任认同	1	53	84.74	84.78
	2	47	83.74	84.11
社会责任行动	1	53	86.07	83.09
	2	47	85.92	82.42
社会责任感	1	53	84.98	83.40
	2	47	83.25	82.70

注：表中"毕业高中类型"列中 1 代表区域内重点高中，2 代表区域内普通高中。

4. 年级差异（见表 10 - 14）

在社会责任感方面，该校一年级得分为 84.17，高于全国水平 1.72。

在社会责任认知方面，该校一年级得分为 82.25，级高于全国水平 0.76。

在社会责任认同方面，该校一年级得分为 84.27，级高于全国水平 0.21。

在社会责任行动方面，该校一年级得分为 86.00，高于全国水平 3.91。

表 10-14 该校年级差异（均值百分制得分）

社会责任感形成环节	年级	N	均值	全国均值
社会责任认知	1	100	82.25	81.49
社会责任认同	1	100	84.27	84.06
社会责任行动	1	100	86.00	82.09
社会责任感	1	100	84.17	82.45

注：表中"年级"列中 1 代表一年级。

（二）五维度差异分析

1. 性别差异（见表 10-15）

在社会责任感方面，该校男生得分为 83.27，女生得分为 88.01，男生得分低于女生得分 4.74；该校男生得分高于全国水平 1.07，女生得分高于全国水平 4.28。

在政治责任感维度方面，该校男生得分为 83.56，女生得分为 86.32，男生得分低于女生得分 2.76；该校男生得分高于全国水平 2.33，女生得分高于全国水平 3.86。

在生命责任感维度方面，该校男生得分为 84.04，女生得分为 90.13，男生得分低于女生得分 6.09；该校男生得分高于全国水平 1.20，女生得分高于全国水平 5.64。

在学习责任感维度方面，该校男生得分为 82.47，女生得分为 86.95，男生得分低于女生得分 4.48；该校男生得分高于全国水平 0.23，女生得分高于全国水平 2.85。

在学校责任感维度方面，该校男生得分为 80.62，女生得分为 82.63，男生得分低于女生得分 2.01；该校男生得分高于全国水平 1.90，女生得分高于全国水平 4.47。

在网络责任感维度方面，该校男生得分为 84.16，女生得分为 91.13，男生得分低于女生得分 6.97；该校男生得分低于全国水平 0.25，女生得分高于全国水平 4.08。

表 10 - 15 该校性别差异（均值百分制得分）

社会责任感维度	性别	N	均值	全国均值
政治责任感	1	81	83.56	81.23
	2	19	86.32	82.46
生命责任感	1	81	84.04	82.84
	2	19	90.13	84.49
学习责任感	1	81	82.47	82.24
	2	19	86.95	84.10
学校责任感	1	81	80.62	78.72
	2	19	82.63	78.16
网络责任感	1	81	84.16	84.41
	2	19	91.13	87.05
社会责任感	1	81	83.27	82.20
	2	19	88.01	83.73

注：表中"性别"列中1代表男生，2代表女生。

2. 生源地类型差异（见表 10 - 16）

在社会责任感方面，该校来自城镇的学生得分为83.42，来自农村的学生得分为84.88，来自城镇的学生得分低于来自农村的学生得分1.46；该校来自城镇的学生得分高于全国水平0.27，来自农村的学生得分高于全国水平1.83。

在政治责任感维度方面，该校来自城镇的学生得分为83.38，来自农村的学生得分为84.76，来自城镇的学生得分低于来自农村的学生得分1.38；该校来自城镇的学生得分高于全国水平1.76，来自农村的学生得分高于全国水平2.61。

在生命责任感维度方面，该校来自城镇的学生得分为85.00，来自农村的学生得分为85.39，来自城镇的学生得分低于来自农村的学生得分0.39；该校来自城镇的学生得分高于全国水平1.06，来自农村的学生得分高于全国水平1.68。

在学习责任感维度方面，该校来自城镇的学生得分为81.71，来自农村的学生得分为84.86，来自城镇的学生得分低于来自农村的学生得分3.15；该校来自城镇的学生得分低于全国水平1.88，来自农村的学生得分高于全国水平1.71。

在学校责任感维度方面，该校来自城镇的学生得分为79.90，来自农村的学生得分为82.06，来自城镇的学生得分低于来自农村的学生得分2.16；该校来自城镇的学生得分高于全国水平0.99，来自农村的学生得分高于全国水平3.99。

在网络责任感维度方面，该校来自城镇的学生得分为84.90，来自农村的学生得分为86.05，来自城镇的学生得分低于来自农村的学生得分1.15；该校来自城镇的学生得分低于全国水平0.97，来自农村的学生得分高于全国水平0.06。

表10-16 该校生源地差异（均值百分制得分）

社会责任感维度	生源地类型	N	均值	全国均值
政治责任感	1	49	83.38	81.62
	2	51	84.76	82.15
生命责任感	1	49	85.00	83.94
	2	51	85.39	83.71
学习责任感	1	49	81.71	83.59
	2	51	84.86	83.15
学校责任感	1	49	79.90	78.91
	2	51	82.06	78.07
网络责任感	1	49	84.90	85.87
	2	51	86.05	85.99
社会责任感	1	49	83.42	83.15
	2	51	84.88	83.05

注：表中"生源地类型"列中1代表城镇，2代表农村。

3. 毕业高中类型差异（见表10-17）

在社会责任感方面，该校毕业于重点高中的学生得分为84.98，毕业于普通高中的学生得分为83.25，毕业于重点高中的学生得分高于毕业于普通高中的学生得分1.73；该校毕业于重点高中的学生得分高于全国水平1.58，毕业于普通高中的学生得分高于全国水平0.55。

在政治责任感维度方面，该校毕业于重点高中的学生得分为85.12，毕业于普通高中的学生得分为82.92，毕业于重点高中的学生得分高于毕业于普通高中的学生得分2.20；该校毕业于重点高中的学生得分高于全国水平2.89，毕业于普通高中的学生得分高于全国水平1.33。

在生命责任感维度方面，该校毕业于重点高中的学生得分为86.18，毕业于普通高中的学生得分为84.10，毕业于重点高中的学生得分高于毕业于普通高中的学生得分2.08；该校毕业于重点高中的学生得分高于全国水平2.10，毕业于普通高中的学生得分高于全国水平0.66；

在学习责任感维度方面，该校毕业于重点高中的学生得分为84.15，毕业于普通高中的学生得分为82.38，毕业于重点高中的学生得分高于毕业于普通高中的学生得分1.77；该校毕业于重点高中的学生得分高于全国水平0.63，毕业于普通高中的学生得分低于全国水平0.69；

在学校责任感维度方面，该校毕业于重点高中的学生得分为81.98，毕业于普通高中的学生得分为79.89，毕业于重点高中的学生得分高于毕业于普通高中的学生得分2.09；该校毕业于重点高中的学生得分高于全国水平3.39，毕业于普通高中的学生得分高于全国水平1.75；

在网络责任感维度方面，该校毕业于重点高中的学生得分为85.77，毕业于普通高中的学生得分为85.17，毕业于重点高中的学生得分高于毕业于普通高中的学生得分0.60；该校毕业于重点高中的学生得分低于全国水平0.67，毕业于普通高中的学生得分低于全国水平0.15。

表 10 – 17　该校毕业高中类型差异（均值百分制得分）

社会责任感维度	毕业高中类型	N	均值	全国均值
政治责任感	1	53	85.12	82.23
	2	47	82.92	81.59
生命责任感	1	53	86.18	84.08
	2	47	84.10	83.44
学习责任感	1	53	84.15	83.52
	2	47	82.38	83.07
学校责任感	1	53	81.98	78.59
	2	47	79.89	78.14
网络责任感	1	53	85.77	86.44
	2	47	85.17	85.32
社会责任感	1	53	84.98	83.40
	2	47	83.25	82.70

注：表中"毕业高中类型"列中1代表区域内重点高中，2代表区域内普通高中。

4. 年级差异（见表10 – 18）

在社会责任感方面，该校一年级得分为84.17，高于全国水平1.72。

在政治责任感维度方面，该校一年级得分为84.09，高于全国水平2.45。

在生命责任感维度方面，该校一年级得分为85.20，高于全国水平1.93。

在学习责任感维度方面，该校一年级得分为83.32，高于全国水平0.93。

在学校责任感维度方面，该校一年级得分为81.00，高于全国水平3.52。

在网络责任感维度方面，该校一年级得分为85.49，高于全国水平0.29。

表10-18　该校年级差异（均值百分制得分）

社会责任感维度	年级	N	均值	全国均值
政治责任感	1	100	84.09	81.64
生命责任感	1	100	85.20	83.27
学习责任感	1	100	83.32	82.39
学校责任感	1	100	81.00	77.48
网络责任感	1	100	85.49	85.20
社会责任感	1	100	84.17	82.45

注：表中"年级"列中1代表一年级。

第三节　西部高职院校调查报告

一、调查样本

该高校为我国西部某省地方医学类高职院校，参与调查总人数113人，其中医学113人，占100%（有效问卷113份）。一年级113人，占100%。男生6人，占5.3%；女生107人，占94.7%。城镇21人，占18.6%；农村92人，占81.4%。区域内重点高中11人，占9.7%；区域内普通高中102人，90.3%（见表10-19）。

表10-19　大学生社会责任感现状调查样本基本信息

学科	人数	比例（%）	年级	人数	比例（%）
医学学	113	100	一年级	108	73.0
性别			二年级	40	27.0
男	6	5.3	毕业高中类型		
女	107	94.7	普通	102	90.3
生源地			重点	11	9.7
农村	92	81.4			
城镇	21	18.6			

二、调查结果

从总体看，该校大学生社会责任感低于全国平均水平（83.09分），得分为80.83分，低于全国2.17分。

　　从大学生社会责任感形成的三个环节看，社会责任认知 79.84 分，低于全国 2.41 分；社会责任认同 82.73 分，低于全国 1.76 分；社会责任行动 80.27 分，低于全国 2.52 分。

　　从大学生社会责任感不同维度看，政治责任感 79.15 分，低于全国 2.80 分；生命责任感 83.29 分，低于全国 0.51 分；学习责任感 79.84 分，低于全国 3.56 分；学校责任感 75.03 分，低于全国 3.36 分；网络责任感 83.73 分，低于全国 2.21 分。

（一）三环节差异性分析

1. 性别差异（见表 10 - 20）

　　在社会责任感方面，该校男生得分为 82.04，女生得分为 79.78，男生得分高于女生得分 2.26；该校男生得分低于全国水平 0.16，女生得分低于全国水平 3.95。

　　在社会责任认知方面，该校男生得分为 81.21，女生得分为 79.98，男生得分高于女生得分 1.23；该校男生得分低于全国水平 0.28，女生得分低于全国水平 2.81。

　　在社会责任认同方面，该校男生得分为 84.07，女生得分为 80.64，男生得分高于女生得分 3.34；该校男生得分高于全国水平 0.74，女生得分低于全国水平 4.68。

　　在社会责任行动方面，该校男生得分为 81.21，女生得分为 78.86，男生得分高于女生得分 2.35；该校男生得分低于全国水平 0.77，女生得分低于全国水平 4.51。

表 10 - 20　该校性别差异（均值百分制得分）

社会责任感形成环节	性别	N	均值	全国均值
社会责任认知	1	6	81.21	81.49
	2	107	79.98	82.79
社会责任认同	1	6	84.07	83.33
	2	107	80.64	85.32
社会责任行动	1	6	81.21	81.98
	2	107	78.86	83.37
社会责任感	1	6	82.04	82.20
	2	107	79.78	83.73

　　注：表中"性别"列中 1 代表男生，2 代表女生。

2. 生源地类型差异（见表 10 - 21）

　　在社会责任感方面，该校来自城镇的学生得分为 78.96，来自农村的学生得分为 80.11，来自城镇的学生得分低于来自农村的学生得分 1.15；该校来自城镇

的学生得分低于全国水平4.19，来自农村的学生得分低于全国水平2.94。

在社会责任认知方面，该校来自城镇的学生得分为79.48，来自农村的学生得分为80.18，来自城镇的学生得分低于来自农村的学生得分0.70；该校来自城镇的学生得分低于全国水平2.63，来自农村的学生得分低于全国水平2.15。

在社会责任认同方面，该校来自城镇的学生得分为79.37，来自农村的学生得分为81.16，来自城镇的学生得分低于来自农村的学生得分1.79；该校来自城镇的学生得分低于全国水平5.05，来自农村的学生得分低于全国水平3.37。

在社会责任行动方面，该校来自城镇的学生得分为78.10，来自农村的学生得分为79.19，来自城镇的学生得分低于来自农村的学生得分1.09；该校来自城镇的学生得分低于全国水平5.04，来自农村的学生得分低于全国水平3.38。

表 10 - 21　该校生源地差异（均值百分制得分）

社会责任感形成环节	生源地类型	N	均值	全国均值
社会责任认知	1	21	79.48	82.11
	2	92	80.18	82.33
社会责任认同	1	21	79.37	84.42
	2	92	81.16	84.53
社会责任行动	1	21	78.10	83.14
	2	92	79.19	82.57
社会责任感	1	21	78.96	83.15
	2	92	80.11	83.05

注：表中"生源地类型"列中1代表城镇，2代表农村。

3. 毕业高中类型差异（见表10－22）

在社会责任感方面，该校毕业于重点高中的学生得分为77.13，毕业于普通高中的学生得分为80.20，毕业于重点高中的学生得分低于毕业于普通高中的学生得分3.07；该校毕业于重点高中的学生得分低于全国水平6.27，毕业于普通高中的学生得分低于全国水平2.50。

在社会责任认知方面，该校毕业于重点高中的学生得分为76.86，毕业于普通高中的学生得分为80.39，毕业于重点高中的学生得分低于毕业于普通高中的学生得分3.53；该校毕业于重点高中的学生得分低于全国水平5.71，毕业于普通高中的学生得分低于全国水平1.44。

在社会责任认同方面，该校毕业于重点高中的学生得分为77.78，毕业于普通高中的学生得分为81.15，毕业于重点高中的学生得分低于毕业于普通高中的学生得分 3.37；该校毕业于重点高中的学生得分低于全国水平 7.00，毕业于普通高中的学生得分低于全国水平 2.96。

在社会责任行动方面，该校毕业于重点高中的学生得分为 76.86，毕业于普通高中的学生得分为 79.22，毕业于重点高中的学生得分低于毕业于普通高中的学生得分 2.36；该校毕业于重点高中的学生得分低于全国水平 6.23，毕业于普通高中的学生得分低于全国水平 3.20。

表 10-22　该校毕业高中类型差异（均值百分制得分）

社会责任感形成环节	毕业高中类型	N	均值	全国均值
社会责任认知	1	11	76.86	82.57
	2	102	80.39	81.83
社会责任认同	1	11	77.78	84.78
	2	102	81.15	84.11
社会责任行动	1	11	76.86	83.09
	2	102	79.22	82.42
社会责任感	1	11	77.13	83.40
	2	102	80.20	82.70

注：表中"毕业高中类型"列中 1 代表区域内重点高中，2 代表区域内普通高中。

4. 年级差异（见表 10-23）

在社会责任感方面，该校一年级得分为 79.90，低于全国水平 2.55。

在社会责任认知方面，该校一年级得分为 80.05，低于全国水平 1.44。

在社会责任认同方面，该校一年级得分为 80.83，低于全国水平 3.23。

在社会责任行动方面，该校一年级得分为 78.99，低于全国水平 3.10。

表 10-23　该校年级差异（均值百分制得分）

社会责任感形成环节	年级	N	均值	全国均值
社会责任认知	1	113	80.05	81.49
社会责任认同	1	113	80.83	84.06
社会责任行动	1	113	78.99	82.09
社会责任感	1	113	79.90	82.45

注：表中"年级"列中 1 代表一年级。

（二）五维度差异分析

1. 性别差异（见表 10-24）

在社会责任感方面，该校男生得分为 82.04，女生得分为 79.78，男生得分高于女生得分 2.26；该校男生得分低于全国水平 0.16，女生得分低于全国水平 3.95。

在政治责任感维度方面，该校男生得分为 78.57，女生得分为 78.93，男生得分低于女生得分 0.36；该校男生得分低于全国水平 2.66，女生得分低于全国水平 3.53。

在生命责任感维度方面，该校男生得分为 84.17，女生得分为 79.84，男生得分高于女生得分 4.33；该校男生得分高于全国水平 1.33，女生得分低于全国水平 4.65。

在学习责任感维度方面，该校男生得分为 83.33，女生得分为 81.27，男生得分高于女生得分 2.06；该校男生得分高于全国水平 1.09，女生得分低于全国水平 2.83。

在学校责任感维度方面，该校男生得分为 82.50，女生得分为 76.68，男生得分高于女生得分 5.82；该校男生得分高于全国水平 3.78，女生得分低于全国水平 1.48。

在网络责任感维度方面，该校男生得分为 81.90，女生得分为 81.26，男生得分高于女生得分 0.64；该校男生得分低于全国水平 2.51，女生得分低于全国水平 5.79。

表 10－24　该校性别差异（均值百分制得分）

社会责任感维度	性别	N	均值	全国均值
政治责任感	1	6	78.57	81.23
	2	107	78.93	82.46
生命责任感	1	6	84.17	82.84
	2	107	79.84	84.49
学习责任感	1	6	83.33	82.24
	2	107	81.27	84.10
学校责任感	1	6	82.50	78.72
	2	107	76.68	78.16
网络责任感	1	6	81.90	84.41
	2	107	81.26	87.05
社会责任感	1	6	82.04	82.20
	2	107	79.78	83.73

注：表中"性别"列中 1 代表男生，2 代表女生。

2. 生源地类型差异（见表10-25）

在社会责任感方面，该校来自城镇的学生得分为78.96，来自农村的学生得分为80.11，来自城镇的学生得分低于来自农村的学生得分1.15；该校来自城镇的学生得分低于全国水平4.19，来自农村的学生得分低于全国水平2.94。

在政治责任感维度方面，该校来自城镇的学生得分为77.55，来自农村的学生得分为79.22，来自城镇的学生得分低于来自农村的学生得分1.67；该校来自城镇的学生得分低于全国水平4.07，来自农村的学生得分低于全国水平2.93。

在生命责任感维度方面，该校来自城镇的学生得分为78.10，来自农村的学生得分为80.52，来自城镇的学生得分低于来自农村的学生得分2.42；该校来自城镇的学生得分低于全国水平5.84，来自农村的学生得分低于全国水平3.19。

在学习责任感维度方面，该校来自城镇的学生得分为79.24，来自农村的学生得分为81.87，来自城镇的学生得分低于来自农村的学生得分2.63；该校来自城镇的学生得分低于全国水平4.35，来自农村的学生得分低于全国水平1.28。

在学校责任感维度方面，该校来自城镇的学生得分为77.62，来自农村的学生得分为76.85，来自城镇的学生得分高于来自农村的学生得分0.77；该校来自城镇的学生得分低于全国水平1.29，来自农村的学生得分低于全国水平1.22。

在网络责任感维度方面，该校来自城镇的学生得分为81.90，来自农村的学生得分为81.15，来自城镇的学生得分高于来自农村的学生得分0.75；该校来自城镇的学生得分低于全国水平3.97，来自农村的学生得分低于全国水平4.84。

表10-25　该校生源地差异（均值百分制得分）

社会责任感维度	生源地类型	N	均值	全国均值
政治责任感	1	21	77.55	81.62
	2	92	79.22	82.15
生命责任感	1	21	78.10	83.94
	2	92	80.52	83.71
学习责任感	1	21	79.24	83.59
	2	92	81.87	83.15
学校责任感	1	21	77.62	78.91
	2	92	76.85	78.07
网络责任感	1	21	81.90	85.87
	2	92	81.15	85.99
社会责任感	1	21	78.96	83.15
	2	92	80.11	83.05

注：表中"生源地类型"列中1代表城镇，2代表农村。

3. 毕业高中类型差异（见表 10-26）

在社会责任感方面，该校毕业于重点高中的学生得分为77.13，毕业于普通高中的学生得分为80.20，毕业于重点高中的学生得分低于毕业于普通高中的学生得分3.07；该校毕业于重点高中的学生得分低于全国水平6.27，毕业于普通高中的学生得分低于全国水平2.50。

在政治责任感维度方面，该校毕业于重点高中的学生得分为73.25，毕业于普通高中的学生得分为79.52，毕业于重点高中的学生得分低于毕业于普通高中的学生得分6.27；该校毕业于重点高中的学生得分低于全国水平8.98，毕业于普通高中的学生得分低于全国水平2.07。

在生命责任感维度方面，该校毕业于重点高中的学生得分为77.05，毕业于普通高中的学生得分为80.39，毕业于重点高中的学生得分低于毕业于普通高中的学生得分3.34；该校毕业于重点高中的学生得分低于全国水平7.03，毕业于普通高中的学生得分低于全国水平3.05。

在学习责任感维度方面，该校毕业于重点高中的学生得分为80.36，毕业于普通高中的学生得分为81.49，毕业于重点高中的学生得分低于毕业于普通高中的学生得分1.13；该校毕业于重点高中的学生得分低于全国水平3.16，毕业于普通高中的学生得分低于全国水平1.58。

在学校责任感维度方面，该校毕业于重点高中的学生得分为75.45，毕业于普通高中的学生得分为77.16，毕业于重点高中的学生得分低于毕业于普通高中的学生得分1.71；该校毕业于重点高中的学生得分低于全国水平3.14，毕业于普通高中的学生得分低于全国水平0.98。

在网络责任感维度方面，该校毕业于重点高中的学生得分为79.74，毕业于普通高中的学生得分为81.46，毕业于重点高中的学生得分低于毕业于普通高中的学生得分1.72；该校毕业于重点高中的学生得分低于全国水平6.70，毕业于普通高中的学生得分低于全国水平3.86。

表 10-26 该校毕业高中类型差异（均值百分制得分）

社会责任感维度	毕业高中类型	N	均值	全国均值
政治责任感	1	11	73.25	82.23
	2	102	79.52	81.59
生命责任感	1	11	77.05	84.08
	2	102	80.39	83.44
学习责任感	1	11	80.36	83.52
	2	102	81.49	83.07

社会责任感维度	毕业高中类型	N	均值	全国均值
学校责任感	1	11	75.45	78.59
	2	102	77.16	78.14
网络责任感	1	11	79.74	86.44
	2	102	81.46	85.32
社会责任感	1	11	77.13	83.40
	2	102	80.20	82.70

注：表中"毕业高中类型"列中1代表区域内重点高中，2代表区域内普通高中。

4. 年级差异（见表10－27）

在社会责任感方面，该校一年级得分为79.90，低于全国水平2.25。

在政治责任感维度方面，该校一年级得分为78.91，低于全国水平2.73。

在生命责任感维度方面，该校一年级得分为80.07，低于全国水平3.20。

在学习责任感维度方面，该校一年级得分为81.38，低于全国水平1.01。

在学校责任感维度方面，该校一年级得分为76.99，低于全国水平0.49。

在网络责任感维度方面，该校一年级得分为81.29，低于全国水平3.91。

表10－27 该校年级差异（均值百分制得分）

社会责任感维度	年级	N	均值	全国均值
政治责任感	1	113	78.91	81.64
生命责任感	1	113	80.07	83.27
学习责任感	1	113	81.38	82.39
学校责任感	1	113	76.99	77.48
网络责任感	1	113	81.29	85.20
社会责任感	1	113	79.90	82.45

注：表中"年级"列中1代表一年级。

附　录

附录一　全国大学生社会责任感现状调查问卷（预测试）

您好！这项调查主要目的是了解当前大学生社会责任感的现状。请您根据自己的真实情况与题目的符合程度做答，在相应的等级上划"√"。所回收的问卷将予以保密处理，请放心作答，谢谢您对本项研究的支持。

学生个人基本信息（请在合适的序号前划"√"，或填写相关内容）

1. 性别：（1）男（2）女
2. 年级：（1）一年级（2）二年级（3）三年级（4）四年级
3. 生源地：（1）城镇（2）农村
4. 所学学科：＿＿＿＿＿＿
5. 毕业高中类型：（1）区域内重点高中（2）区域内普通高中

测量维度	题项编号	题项内容描述	符合度				
			非常不符合	比较不符合	中间状态	比较符合	非常符合
责任认知层面	1	我知道党的"十八大"是在2012年11月8日~11月14日召开的	1	2	3	4	5
	2	我知道社会主义核心价值体系的基本内容是马克思主义指导思想、中国特色社会主义共同理想、以爱国主义为核心的民族精神和以改革创新为核心的时代精神、社会主义荣辱观	1	2	3	4	5
	3	我知道当前我国周边国际局势和我国采取的外交政策	1	2	3	4	5
	4	我了解《孝经》的名句："身体发肤，受之父母，不敢毁伤"	1	2	3	4	5
	5	我知道遇到危险不仅要见义勇为，还要学会见义智为	1	2	3	4	5
	6	我知道发生地震、火灾等危险时，应遵守秩序，有序逃生，不会只想自己逃生，不顾他人性命慌忙逃生，导致不必要的事故（踩踏等）发生	1	2	3	4	5

测量维度	题项编号	题项内容描述	符合度				
			非常不符合	比较不符合	中间状态	比较符合	非常符合
责任认知层面	7	我有明确的学习目标，知道学习本身也是一种责任	1	2	3	4	5
	8	我清楚我每周的课程安排，每天有几节课	1	2	3	4	5
	9	我知道在论文（课程论文或者毕业论文）的写作过程中，应严格遵守学校规章制度，不抄袭，不做假	1	2	3	4	5
	10	我了解所在学校的历史、现状和发展思路	1	2	3	4	5
	11	我了解所在学校的校训或办学宗旨	1	2	3	4	5
	12	我知道大学生应维护学校和集体的荣誉和利益，积极为学校争光，不做有损学校形象的事，不给学校抹黑	1	2	3	4	5
	13	我了解大学生应该在新浪微博等网络社区传递正能量	1	2	3	4	5
	14	对于网络游戏，我知道应适度，不应沉溺其中	1	2	3	4	5
	15	我了解最近网络上薛蛮子、秦火火、立二拆四等人的相关新闻	1	2	3	4	5
责任认同层面	16	我赞同当代大学生学习马克思主义理论和中国特色社会主义理论体系是非常有价值的	1	2	3	4	5
	17	我赞同学校大力宣讲十八届三中全会的重要精神，让广大师生坚定中国特色社会主义的道路自信、理论自信、制度自信	1	2	3	4	5
	18	我赞同应从自己、从小事、从身边、从现在做起，维护党和国家的形象和利益的观点	1	2	3	4	5
	19	我赞同国家对危害食品安全的犯罪行为进行严惩	1	2	3	4	5
	20	我赞同见义勇为、见义智为、舍己为人等行为	1	2	3	4	5
	21	我赞同人生中阳光总比风雨多的看法	1	2	3	4	5
	22	我赞同学生应该按时上课，不迟到早退，如遇特殊情况，应履行请、销假手续	1	2	3	4	5
	23	我赞同奖学金应奖励那些致力于提高自身综合素质，学习勤奋刻苦，品学兼优的学生	1	2	3	4	5
	24	我赞同知识是改变命运的重要途径	1	2	3	4	5
	25	我赞同学校是学生的另一个家	1	2	3	4	5
	26	我赞同大学生的行为代表了他（她）所在学校形象的观点	1	2	3	4	5
	27	我赞同大学生在校期间应积极参与社团活动的观点	1	2	3	4	5
	28	我赞同国家对通过网络散布传播谣言的人进行严惩	1	2	3	4	5
	29	我支持通过网络对腐败、环保等问题揭发和曝光的行为	1	2	3	4	5
	30	我赞同网络应该是大家交流学习，获取知识的重要渠道	1	2	3	4	5

续表

测量维度	题项编号	题项内容描述	符合度				
			非常不符合	比较不符合	中间状态	比较符合	非常符合
责任行动层面	31	我坚决拥护中国共产党，相信并坚定中国特色社会主义的道路自信、理论自信、制度自信	1	2	3	4	5
	32	中国梦是国家的、民族的，也是每一个中国人的，国家好、民族好，大家才会好，我会发奋图强，成才报国，以行动为实现中国梦贡献力量	1	2	3	4	5
	33	近年来国家出台一系列鼓励大学生去西部或基层的政策，我愿意去支教或投身基层工作，为我们早日实现中国梦贡献力量	1	2	3	4	5
	34	我通过《思想道德修养与法律基础》等相关课程的学习，提高了自己的思想道德水平，尤其是社会责任感	1	2	3	4	5
	35	我参加过义务劳动、献血、救灾、捐赠等社会公益活动	1	2	3	4	5
	36	看到马路上有老年人跌倒了，我会去搀扶起老人，并帮助其联系家人或医院	1	2	3	4	5
	37	我能够遵守交通规则，宁等一分不抢一秒，避免发生交通事故	1	2	3	4	5
	38	我能够按时、认真、独立完成作业，考试不作弊	1	2	3	4	5
	39	我有明确的学习规划和理想，并着手付诸实施	1	2	3	4	5
	40	在学校等公共场所我能够做到文明礼貌、帮助他人，树立良好的大学生形象，并积极主动地参加各类社团或班级活动，为学校增光添彩	1	2	3	4	5
	41	我能够自觉维护宿舍、教室的环境，不随地乱扔垃圾，不破坏公共设施	1	2	3	4	5
	42	平时我会关注学校网站的新闻动态，了解最近学校举办的或将要举办的活动	1	2	3	4	5
	43	在网络上，经常会看到一些对国家政策的负面评论，我没有在网上毫无根据地跟风评论，发泄自己不满	1	2	3	4	5
	44	我能做到爱微博、不狂热；勤探知、善学习；维护网络安全、传播社会文明	1	2	3	4	5
	45	我曾经劝阻或制止同学在网上发布虚假信息的行为	1	2	3	4	5

附录二　全国大学生社会责任感现状调查问卷（正式测试）

　　您好！这项调查主要目的是了解当前大学生社会责任感的现状。请您根据自己的真实情况与题目的符合程度做答，在相应的等级上划"√"。所回收的问卷将予以保密处理，请放心作答，谢谢您对本项研究的支持。

　　学生个人基本信息（请在合适的序号前划"√"，或填写相关内容）

　　1. 性别：（1）男（2）女

　　2. 年级：（1）一年级（2）二年级（3）三年级（4）四年级

　　3. 生源地：（1）城镇（2）农村

　　4. 所学学科：＿＿＿＿＿＿＿

　　5. 毕业高中类型：（1）区域内重点高中（2）区域内普通高中

三个环节	五个维度	题　项	符合度				
			非常不符合	比较不符合	中间状态	比较符合	非常符合
社会责任认知	政治责任认知	1. 我知道社会主义核心价值体系的基本内容是马克思主义指导思想、中国特色社会主义共同理想、以爱国主义为核心的民族精神和以改革创新为核心的时代精神、社会主义荣辱观	1	2	3	4	5
		2. 我知道当前我国周边国际局势和我国采取的外交政策	1	2	3	4	5
	生命责任认知	3. 我了解《孝经》的名句："身体发肤，受之父母，不敢毁伤"	1	2	3	4	5
		4. 我知道遇到危险不仅要见义勇为，还要学会见义智为	1	2	3	4	5
		5. 我知道发生地震、火灾等危险时，应遵守秩序，有序逃生，不会只想自己逃生，不顾他人性命慌忙逃生，导致不必要的事故（踩踏等）发生	1	2	3	4	5
	学习责任认知	6. 我有明确的学习目标，知道学习本身也是一种责任	1	2	3	4	5
		7. 我清楚我每周的课程安排，每天有几节课	1	2	3	4	5
	学校责任认知	8. 我了解所在学校的历史、现状和发展思路	1	2	3	4	5
		9. 我了解所在学校的校训或办学宗旨	1	2	3	4	5
	网络责任认知	10. 我了解大学生应该在新浪微博等网络社区传递正能量	1	2	3	4	5
		11. 对于网络游戏，我知道应适度，不应沉溺其中	1	2	3	4	5

续表

三个环节	五个维度	题　项	符合度				
			非常不符合	比较不符合	中间状态	比较符合	非常符合
社会责任认同	政治责任认同	12. 我赞同当代大学生学习马克思主义理论和中国特色社会主义理论体系是非常有价值的	1	2	3	4	5
		13. 我赞同学校大力宣讲十八届三中全会的重要精神，让广大师生坚定中国特色社会主义的道路自信、理论自信、制度自信	1	2	3	4	5
	生命责任认同	14. 我赞同见义勇为、见义智为、舍己为人等行为	1	2	3	4	5
		15. 我赞同人生中阳光总比风雨多的看法	1	2	3	4	5
	学习责任认同	16. 我赞同知识是改变命运的重要途径	1	2	3	4	5
	学校责任认同	17. 我赞同大学生在校期间应积极参与社团活动的观点	1	2	3	4	5
	网络责任认同	18. 我赞同国家对通过网络散布传播谣言的人进行严惩	1	2	3	4	5
		19. 我支持通过网络对腐败、环保等问题揭发和曝光的行为	1	2	3	4	5
		20. 我赞同网络应该是大家交流学习，获取知识的重要渠道	1	2	3	4	5
社会责任行动	政治责任行动	21. 我坚决拥护中国共产党，相信并坚定中国特色社会主义的道路自信、理论自信、制度自信	1	2	3	4	5
		22. 中国梦是国家的、民族的，也是每一个中国人的，国家好、民族好，大家才会好，我会发奋图强，成才报国，以行动为实现中国梦贡献力量	1	2	3	4	5
		23. 近年来国家出台一系列鼓励大学生去西部或基层的政策，我愿意去支教或投身基层工作，为我们早日实现中国梦贡献力量	1	2	3	4	5
	生命责任行动	24. 我参加过义务劳动、献血、救灾、捐赠等社会公益活动	1	2	3	4	5
		25. 看到马路上有老年人跌倒了，我会去搀扶起老人，并帮助其联系家人或医院	1	2	3	4	5
		26. 我能够遵守交通规则，宁等一分不抢一秒，避免发生交通事故	1	2	3	4	5

三个环节	五个维度	题　项	符合度				
			非常不符合	比较不符合	中间状态	比较符合	非常符合
社会责任行动	学习责任行动	27. 我能够按时、认真、独立完成作业，考试不作弊	1	2	3	4	5
		28. 我有明确的学习规划和理想，并着手付诸实施	1	2	3	4	5
	学校责任行动	29. 平时我会关注学校网站的新闻动态，了解最近学校举办的或将要举办的活动	1	2	3	4	5
	网络责任行动	30. 在网络上，经常会看到一些对国家政策的负面评论，我没有在网上毫无根据地跟风评论，发泄自己不满	1	2	3	4	5
		31. 我能做到爱微博、不狂热；勤探知、善学习；维护网络安全、传播社会文明	1	2	3	4	5

后 记

　　社会主义核心价值观是我们党凝聚全党全社会价值共识作出的重要论断，积极培育和践行社会主义核心价值观是高校落实立德树人根本任务的核心要求。大学生是青年中的优秀群体，是十分宝贵的人才资源，是民族的希望、国家的未来，是培育和践行社会主义核心价值观的主要对象。面对世界范围思想文化交流交融交锋形势下价值观较量的新态势，面对改革开放和发展社会主义市场经济条件下思想意识多元多样多变的新特点，抓好大学生社会主义核心价值观教育养成的任务十分艰巨而紧迫。

　　大学生社会责任感不仅仅是一种内在、静态的心理状态、自觉意识、情感体验或素质，更是大学生对社会责任的深刻认知、特殊情感认同和负责任的行动，是大学生发展的核心素养之一，是大学生培育和践行社会主义核心价值观的重要体现，是高校人才培养质量的重要标志。近年来，党和国家高度重视学生社会责任感的培养，2010 年发布的《国家中长期教育改革和发展规划纲要（2010—2020 年）》将"着力提高学生服务国家服务人民的社会责任感"列入素质教育的战略主题，党的十八大和十八届三中全会对"培养学生社会责任感"分别进行了强调。党的十八大以来，习近平总书记高度重视青年的责任担当和价值观养成问题。他深刻指出，"历史和现实都告诉我们，青年一代有理想、有担当，国家就有前途，民族就有希望，实现我们的发展目标就有源源不断的强大力量。""青年的价值取向决定了未来整个社会的价值取向。""青年要从现在做起、从自己做起，使社会主义核心价值观成为自己的基本遵循，并身体力行大力将其推广到全社会去。""青年是标志时代的最灵敏的晴雨表，时代的责任赋予青年，时代的光荣属于青年……要勤于学习、敏于求知，注重把所学知识内化于心，形成自己的见解，既要专攻博览，又要关心国家、关心人民、关心世界，学会担当社会责任。"

　　目前，在校本科生及专科生多为 1990 年以后出生，常被人们称为"90 后大学生"。他们的社会责任感总体状况怎么样？受什么因素影响？呈现什么样的特点？一般认为，当代大学生的社会责任感的主流是积极、健康、向上的，部分大学生的社会责任感与社会的期望相比还有差距，但这些评价更多停留在定性层面，缺乏有力的数据和实证研究作为支撑。因此，客观评价、准确把握 90 后大学生社会责任感现状，对于高校图书馆系统更有针对性并更好地服务大学生读者、学术界推进大学生社会责任教育研究、高校建立培育和践行社会主义核心价值观长效机制，具有重要的理论价值和现实意义。

2014 年上半年，课题组依托牵头成立的"全国大学生社会责任教育研究高校联盟"成员单位，基于全国东中西部的"985"院校、"211"院校、地方骨干院校、一般本科院校和高职院校等 54 所高校的 5237 份大学生样本，从大学生社会责任认知、认同和行动 3 个环节和政治责任感、生命责任感、学习责任感、学校责任感和网络责任感 5 个维度进行了测查，并对部分大学生进行了访谈、观察，对部分学校进行了个案分析，形成了系列调查报告，从中得出了 90 后大学生社会责任感总体较高等调查结论，佐证了关于大学生社会责任感主流是积极、健康、向上的定性评价，也发现了"知行不一""知行倒挂"等问题。此次调查的总体成果已纳入教育部思政司组织开展的"高校德育成果文库"出版计划，于 2015 年 3 月由中国书籍出版社出版。

本书作为此次调查的重要成果之一，重点呈现大学生社会责任感的多样性和差异性，由全国调查报告、区域调查报告、学科调查报告、院校调查报告（师范类、高职类）四类调查报告组成，尝试向读者分别呈现 90 后大学生社会责任感的全国总体、东中部不同区域及工、医、农、教育、经管、艺术等不同学科和师范类、高职等不同院校的多样性，及其各自在性别、年级、生源地、毕业高中类型等方面的差异性，是《全国大学生社会责任感调查报告》的有益补充，两者可配合参考使用。

该书得到了教育部人文社会科学研究规划基金项目（12YJA710073）、河北省社会科学基金项目（HB14WT029）、河北省燕赵文化英才资助项目（2014YZWHYCGCZZ021）、河北省高等学校人文社会科学研究项目（BJ2014070）的资助，为作者及河北工业大学马克思主义学院魏进平研究员主持相关项目的阶段成果，河北工业大学马克思主义学院研究生刘雪娟、薛玲、杨易、刘泽亚等做了大量数据统计分析工作。在此，对参与此次调查的各高校老师的辛勤工作和无私帮助表示衷心地感谢，对为完成本报告做出贡献的老师、同学表示衷心地感谢，对本报告的责任编辑李潇女士的敬业付出表示衷心地感谢。

由于目前，学术界对于大学生社会责任感现状尚未形成统一认识，本书基于前期研究和此次受测大学生样本数据得出。特别全国数据统计结果显示大学生社会责任感在生源地类型、毕业高中类型上差异不显著，故本报告提供的生源地类型差异和毕业高中类型差异相关数据，要慎重参考使用。

本书可供各级领导干部、高等教育管理者、相关决策部门和研究者阅读及使用，也适合相关学科本科生、研究生作为参考资料。作为一项探索性的研究成果，限于作者数据处理能力和业务水平，本书中可能存在这样或那样的不足、问题甚至错误，敬请批评指正。

作者

2015 年 1 月